유랑하는 영혼들

송명희 문학평론집

유랑하는 영혼들

인쇄 2024년 12월 14일
발행 2024년 12월 16일

지은이 송명희
발행인 서정환
펴낸곳 수필과비평사
주소 서울시 종로구 삼일대로 32길 36(익선동 30-6 운현신화타워) 305호
전화 (02) 3675-3885, (063) 275-4000·0484
팩스 (063) 274-3131
이메일 sina321@hanmail.net   essay321@hanmail.net
출판등록 제300-2013-133호
인쇄·제본 신아출판사

저작권자 ⓒ 2024, 송명희
이 책의 저작권은 저자에게 있습니다. 서면에 의한 저자의 허락 없이 내용의 일부를 인용하거나 발췌하는 것을 금합니다.
COPYRIGHT ⓒ 2024, by Song Myung Hee
All rights reserved including the rights of reproduction in whole or in part in any form.
저자와 협의, 인지는 생략합니다.
잘못된 책은 바꿔 드립니다.

ISBN 979-11-5933-574-7   03810

값 20,000원

Printed in KOREA

* 부산광역시, 부산문화재단 본 사업은 2024년 부산광역시, 부산문화재단 〈부산문화예술지원사업〉으로 지원을 받았습니다.

송명희 문학평론집

유랑하는 영혼들
– 재외한인의 디아스포라 문학

수필과비평사

머리말

교수로 37여 년을 재직하는 동안 나의 중요한 연구 분야의 하나는 재외한인문학이었다. 이 분야에서 나는 여러 권의 책을 저술했다. 『미주지역 한인문학의 어제와 오늘』(2010)(공저), 『캐나다한인 문학연구』(2016), 『트랜스내셔널리즘과 재외한인문학』(2017)이 그것이다. 이 가운데 『캐나다한인 문학연구』는 한국연구재단의 출판비를 지원받아 저술하였으며, 나머지 두 권의 책에 수록된 글들도 대부분 한국연구재단의 지원을 받아 연구하였고, 두 권 다 대한민국학술원의 우수학술도서로 선정되는 영예를 얻었다.

정년을 하고 나서도 재외한인문학에 대한 집필 요청은 계속되었다. 한국문학번역원의 프로젝트(2018)와 한국학중앙연구원에서 구축한 세계한민족문화대전 북미편 사전 집필(2021)에도 참여하였고, 학술대회에서 기조발제(2019)도 하였다. 미국의 '시카고 문인회'로부터는 그들의 세미나(2018)에 와서 '시카고 한인문학'에 대해 발표해 달라는 요청을 받기도 했다. 이번 책은 대체로 이와 같은 집필 요청에 의해 쓰여졌다.

재외한인문학에서 가장 취약한 분야는 비평이다. 시, 수필, 소설, 아동문학 같은 창작 분야와는 달리 비평은 고도의 전문적인 문학 교육과 글쓰기의 수련을 쌓은 후에야 가능하기 때문에 취약할 수밖에 없다. 비평의 취약 현상은 중국조선족문학을 제외한 어느 지역의 한인문학이나 마찬가지 상황이다. 만약 국내의 연구자나 비평가가 애정을 갖고 지원하지 않는다면 그들의 문학은 정리되고, 연구되고, 평가를 받지 못한 채로 남겨지게 될 것이다.

하지만 재외한인문학에 대한 연구와 평론은 자료수집 과정부터 난관에 부딪힌다. 그리고 단순히 텍스트만 놓고 비평할 수 없는 분야가 재외한인문학이다. 즉 그들의 이주 환경과 경험, 그리고 이주 역사에 대해서도 잘 알지 않고서는 제대로 작품을 파악하고 비평할 수 없다.

우리의 민족어인 한글로 지구의 어디에선가 한민족으로서의 정체성을 잃지 않고 문학을 하고 있다는 것 자체가 문학적 완성도를 넘어서서 재외한인문학이 주는 감동이다. 고난에 찬 그들의 이주 경험과 애환이 녹아 있는 글들이 코끝이 찡해지는 감동으로 다가오는 순간은 아무래도 그들의 글에서 국경을 넘어서는 장거리 민족주의(long distance nationalism)를 실감하게 될 때가 아닌가 한다.

베네딕트 앤더슨(Benedict Anderson)이 말했듯이 민족은 상상의 공동체(imagined community)이다. 재외한인들이 마음속에 잠재된 민족주의는 장거리 민족주의이다. 장거리 민족주의는 지역적 장소에 구애받지 않는다. 디아스포라가 보편화되고, 인터넷으로 세계가 연결된 시대에는 자연스럽게 초국가적이고 국경을 초월한 장거리 민족주의가 대두하게 된다는 것을 재외한인들의 디아스포라 문학에서 확인하지 않을 수 없다.

나는 재외한인문학을 연구한 덕택에 국내에 이주해온 외국인들에 대해 좀 더 따뜻한 시선으로 바라볼 수 있게 되었고, 국내의 다문화정책에 대해서도 관심을 갖게 되었다. 우리 한민족은 7,081,510(2023년 기준)명이 외국으로 이주하여 살아가고 있고, 반면 국내에 들어와 체류하는 외국인은 2,507,584(2023년 기준)명이다. 그야말로 글로벌 차원에서 이주가 일상화된 시대를 우리는 살아가고 있다. 인류는 정주가 아니라 이주의 정체성을 가졌다는 것을 인정하지 않을 수 없게 된다.

이번 저서의 목차는 총 5부로 구성되었다. 목차의 구성 방법은 지역별로 중앙아시아지역, 북미, 시카고, 캐나다 등으로 나누어서 구성하였으며, 현재 활동하고 있는 작가를 중심으로 쓴 글들을 엮었다.

제1부 〈고려인의 디아스포라와 장소상실〉에 수록하는 「고려인 시문학에 나타난 장소와 장소상실」은 카자흐스탄과 우즈베키스탄의 김병학(1992년 카자흐스탄으로 이주 후 2016년에 영구귀국), 이 스따니슬라브(카자흐스탄 고려인 4세), 최석(1997년 카자흐스탄으로 이주), 김 블라디미르(우즈베키스탄 고려인 3세, 2012년에 한국으로 귀화) 등의 디아스포라의 시세계를 분석한 글이다. 「이주의 정체성과 노마디즘 – 박미하일의 『밤은 태양이다』를 중심으로」는 소설가이자 화가로 활동하고 있는 재러한인 5세 박미하일의 소설 『밤은 태양이다』를 이주의 정체성과 노마디즘의 관점에서 분석한 글이다.

제2부 〈북미한인 시인의 시적 지향〉에서는 한국문인협회 미주지회 회장인 길버트 강(강정실)의 시에 대해 쓴 「혼성 장르로서의 사진시, 시와 사진의 상호텍스트성」이란 평론과 캐나다에서 활동하고 있는 시인 권천학에 대해 쓴 「생태적 윤리의식과 에코토피아의 꿈」이란 평론을 수록한다.

제3부 〈시카고 한인문학의 형성과 발전〉에서는 시카고 한인문학의 형성과정과 장르적 발전과정을 통계와 대표작가와 작품을 통해 살핀 글을 수록한다.

제4부 〈시카고의 시문학의 어제와 오늘〉에서 「시카고의 시문학의 역사적

전개」는 《시카고 문학》을 중심으로 시카고한인들의 시문학을 전반적으로 조감한 글이다. 한편, 단행본 시집을 발간한 김영숙, 신호철, 박창호, 고미자, 송인자 등 5명 시인들의 개별적 시세계를 분석한 5편의 평론도 함께 수록한다.

제5부 〈한민족 이산문학 현황 파악 및 문학교류 활성화 정책 연구 – 캐나다편〉에서는 문학을 넘어서는 캐나다한인의 이산 현황에 대해서 포괄적으로 접근한 글을 수록한다.

이 책을 통해 재외한인들의 삶과 그 삶의 기록인 재외한인문학에 대해서 조금이라도 이해의 폭이 넓어지기를 바란다.

2024년 11월
송 명 희 씀

차례

머 리 말 … 004

제1부   고려인의 디아스포라와 장소상실

01 고려인 시문학에 나타난 장소와 장소상실 … 14
Ⅰ. 들어가며 … 14
Ⅱ. 고려인 시에 나타난 장소와 장소상실 … 16
Ⅲ. 나가며 … 39

02 이주의 정체성과 노마디즘 … 41
Ⅰ. 박미하일과 이주의 정체성 … 41
Ⅱ. 등장인물들의 이주의 정체성과 노마디즘 … 46
Ⅲ. 나가며 - 이주의 정체성과 길의 크로노토프 … 66

제2부 북미한인 시인의 시적 지향

03 혼성 장르로서의 사진시, 시와 사진의 상호텍스트성 … 70
Ⅰ. 사진시라는 혼성 장르 … 70
Ⅱ. 사진과 시의 상호텍스트성 … 72
Ⅲ. 삶의 회한과 노년의 자화상 … 78

04 생태적 윤리의식과 에코토피아의 꿈 … 90
Ⅰ. 생태적 윤리의식 … 90
Ⅱ. 에코토피아를 꿈꾸며 … 102
Ⅲ. 나가며 … 110

제3부 시카고 한인문학의 형성과 발전

05 '시카고 문인회'의 형성과 인구학적 통계 … 114
Ⅰ. '시카고 문인회'의 형성 … 114
Ⅱ. 통계로 본 《시카고 문학》 … 116
Ⅲ. 시인 … 119
Ⅳ. 수필가 … 121
Ⅴ. 소설가 … 122

06 시카고 한인문학의 대표작가와 작품 … 124
Ⅰ. 소설 장르의 활동 … 124
Ⅱ. 수필 장르의 활동 … 138
Ⅲ. 평론과 희곡 장르의 활동 … 143

제4부 　시카고 시문학의 어제와 오늘

07 시카고 시문학의 역사적 전개 … 148
　Ⅰ. 들어가며 … 148
　Ⅱ. 《시카고 문학》의 시인들 … 149
　Ⅲ. 단행본 시집 발간의 러시 … 162
　Ⅳ. 나가며 … 163

08 자연과 교감하는 영성의 시학 … 167
　Ⅰ. 자연과 교감하는 영성의 순수체험 … 167
　Ⅱ. 행복과 그리움의 원천으로서의 고향과 어머니 … 179

09 그리움이 변주하는 앰비규티 … 190

10 다양한 시 형식의 실험 … 202

11 우주적 감성, 그리고 하느님과의 소통 … 215

12 자기 치유와 자아 성찰의 시 … 225

제5부 한민족 이산문학 현황 파악 및 문학교류 활성화 정책 연구-캐나다편

Ⅰ. 권역별 개관 … 236
Ⅱ. 조사 항목 … 243
Ⅲ. 결론 및 정책 제안 … 311

【색인】 … 325

【작가연보】 … 351

제 1 부

고려인의 디아스포라와 장소상실

01 고려인 시문학에 나타난 장소와 장소상실
02 이주의 정체성과 노마디즘

01

고려인 시문학에 나타난 장소와 장소상실

Ⅰ. 들어가며

장소에 대한 애착과 깊은 유대를 가진다는 것은 인간의 중요한 욕망 가운데 하나이다. 시몬느 베이유(Simone Weil)는 이를 '뿌리에의 욕망'이라는 말로 표현하였다. 인간이 한 장소에 뿌리를 내린다는 것은 세상을 내다보는 안전지대를 가지는 것이며, 사물의 질서 속에서 자신의 입장을 확고하게 파악하는 것이며, 그리고 특정한 어딘가에 의미 있는 정신적이고 심리적인 애착을 가지는 것이다. 뿌리에의 욕망은 질서·자유·책임·평등·안전에의 욕망과 동등하거나 그 이상이다.*

고려인들은 조선조 말 또는 일제강점기에 한반도를 떠나 두만강 북쪽의 연해주로 이주했지만 1937년에 중앙아시아지역으로 강제 이주된 후 소비에트연방 내 소수민족 가운데서도 가장 잘사는 민족으로 뿌리

---

* 에드워드 렐프, 김덕현 외 역, 『장소와 장소상실』, 논형, 2005, 95면.

를 내려왔다. 하지만 1991년에 소련이 해체됨으로써 러시아를 비롯한 독립국가들로 분리되면서 고려인들이 집중적으로 거주해온 우즈베키스탄, 카자흐스탄 등의 국가에서는 배타적인 민족주의 운동이 확산되었다. 따라서 그동안 러시아어를 사용해온 고려인들은 독립국가들의 민족어를 배우지 못한 결과 직장에서도 추방을 당하며 사회경제적으로 매우 어려운 처지에 놓이게 된다. 이에 고려인들은 중앙아시아지역을 떠나 강제 이주 전의 연해주로 다시 이주하는 사람들이 생겨나기 시작했다. 소련의 해체로 고려인들의 뿌리에의 욕망은 근본부터 다시 흔들리기 시작한 것이다. 처음 이주했던 연해주도, 강제로 이주당했던 중앙아시아지역도 결코 그들의 안전지대가 되어주지 못했던 것이다. 그들의 뿌리에의 욕망은 늘 좌절되고 지연되며 아직도 이주는 계속되고 있다.

　이 글은 고려인들의 뿌리에의 욕망과 그 좌절이 그들의 시문학에 어떻게 반영되어 나타나는지를 살펴보고자 한다. 여기서 말하는 '고려인'은 고려인의 후예뿐만 아니라 러시아를 비롯한 구소련권 독립국가연합에서 살고 있는 한국인 교포를 통틀어 일컫는다. 즉 일찍이 한반도를 떠나 연해주를 거쳐 중앙아시아지역에 이주한 고려인의 후예뿐만 아니라 우리나라가 중앙아시아지역 국가들과 수교를 시작한 이래 새롭게 이주한 한국인을 포함한다. 후자의 경우는 기존 고려인들과 역사적 경험은 다르지만 어떤 이주든 이주는 모국을 떠나 거주국이라는 새로운 장소에 뿌리를 내리고 정착하려는 욕망을 갖는다는 점에서는 동일하다. 뿐만 아니라 그들의 시에는 원체험으로서의 고려인의 경험들이 오버랩되고 있기 때문에 본고에서 논의할 근거는 충분하다.

따라서 카자흐스탄과 우즈베키스탄에서 현재 활동하고 있는 고려인 후손의 디아스포라 문학과 현대에 그곳으로 이주한 한국 출신의 디아스포라 문학 모두를 고찰 대상으로 삼을 것이다. 대상이 된 시인은 김병학, 이 스따니슬라브, 최석, 김 블라디미르이다.

그동안 고려인 시에 대한 연구는 자료의 부족이라는 근원적 한계로 인해 타 지역의 재외한인문학에 대한 연구와 비교할 때에도 매우 부진한 상황이었다. 더욱이 소련 해체 후 고려인이 처한 상황을 보여주는 연구는 거의 없었다. 따라서 이 글은 현재 생존하고 있는 고려인(이주 한국인 포함)의 시에 대한 평론이라는 점에서 큰 의의가 있다.

II. 고려인 시에 나타난 장소와 장소상실

이 글은 고려인들의 '뿌리에의 욕망'이란 주제를 살펴보기 위해 에드워드 렐프(Edward Relph)의 현상학에 토대를 둔 인본주의 지리학(humanistic geography)의 이론을 원용할 것이다. 인본주의(인문) 지리학자 렐프는 장소를 인간 공동체로서 뿌리를 내리고, 그곳을 중심으로 세계를 바라보고 세계와 관계를 맺는 인간 실존의 근원적 중심으로 파악했다.* 따라서 장소는 추상적 개념이 아니라 인간이 세계를 직접적으로 경험하는 의미 깊은 중심이자 생활세계가 직접 경험되는 곳이다. 의미, 실재, 사물, 계속적인 활동으로 가득 차 있는 장소는 개인과 공동체 정체성

---

* 위의 책, 96~100면.

의 중요한 원천이 되며, 사람들이 정서적·심리적으로 깊은 유대를 느끼는 인간 실존의 심오한 중심이 된다. 사실 장소와 인간의 관계는 사람과 사람의 관계와 마찬가지로 필수적이고, 다양하며, 때로는 불쾌하기조차 한 것이다.*

인본주의 지리학은 실증주의 지리학이 설정한 장소와는 다른 차원의 범주, 즉 인간의 실존이 이루어지는 실재하는 생활세계로서의 장소라는 공간적 범주를 연구대상으로 삼는다. 마찬가지로 문학에서 관심을 갖고 작가들이 그려내는 장소 역시 인간이 장소라는 세계와 맺는 방식, 인간의 실존이 이루어지는 구체적인 장소에 대한 경험과 의미를 다룬다. 따라서 이 글은 대상이 된 시인들의 시에 나타난 인본주의 지리학이 관심을 가지는 장소와 장소상실의 문제를 고찰하게 될 것이다.

인문(인본주의) 지리학자들은 아이덴티티와 장소와의 관계에 많은 관심을 가진다. 왜냐하면 사람들은 장소, 공간, 영역(영토), 경관 등과 같은 물질적이고 지리적인 요소를 매개로 자신들의 아이덴티티를 구축하기 때문이다. 또한 아이덴티티를 구축하는 과정에서 이러한 물질적이고 지리적인 요소, 특히 장소가 그 결과물로 생산되기도 한다.** 따라서 이 글이 관심을 가지는 장소의 문제는 근본적으로 고려인들의 아이덴티티에 대한 문제를 함축하고 있다.

1. 김병학의 시에 나타난 고려인의 원체험

시인 김병학***은 그의 첫 시집 『천산에 올라』(2005)의 후기에서 다음

---

* 위의 책, 287~288면.
** 류제헌, 「한국인의 장소와 정체성」, 《대한지리학회지》 47-1, 대한지리학회, 2012, 2면.
*** 김병학(1965~)은 1992년 카자흐스탄으로 건너가 알마아타대학교 한글학과 강사, 카자흐스탄

과 같이 적고 있다.

하지만 나는 자유인과 이방인의 경계에서 불안하게 흔들리며 서 있기도 하다. 1937년 연해주에서 중앙아시아로 강제 이주당한 구소비에트 동포들이 두 세대가 지난 지금까지도 여전히 그 경계에서 서성이고 있듯이. 그들의 집은 언제나 변두리에 있는 듯하다. 디아스포라에게 고향이란 오직 기억과 전승 속에서만 존재하는 것이므로. 더구나 자발적인 이주가 아닌 참혹한 집단 강제 이주의 비극이 드리운 그들은 누구에겐들 세대를 관통하는 상처로 남지 않겠는가.*

김병학은 카자흐스탄과 우리나라가 수교를 맺자마자 1992년에 곧바로 이주했다. 그의 자유인과 이방인의 경계에서 흔들리는 불안한 내면의식 속에는 중앙아시아로 강제 이주당한 고려인 후예들의 불안한 경계의식, 주변의식, 강제 이주의 기억과 집단적 트라우마가 오버랩되고 있다. 즉 고려인들은 여러 세대가 지난 시점, 구체적으로는 소련 해체 이후까지도 뿌리에의 욕망이 성취되지 못한 채 여전히 경계인으로, 주변인으로 이국땅을 서성이고 있다는 것을 그는 말한 것이다. 그의 시에는 실존의 안전지대를 확보하지 못한 디아스포라로서의 고려인의 불안한 주체의식이 원체험으로 자리 잡고 있다.

한국문화센터 연구소장을 지내며 고려인촌을 찾아가 채록한 노래와 《레닌기치》, 《선봉》 등의 고려인 잡지와 신문을 뒤져 찾아낸 600여 편의 노래를 수록한 역저 『재소고려인의 노래를 찾아서』(2007)을 펴냈다. 그는 고려인 시인과 카자흐스탄 시인의 시집을 한국어로 번역 출간했고, 자신의 시집 2권을 발간했다. 25년 간 영주권자로 카자흐스탄에서 살다 2016년 10월에 완전 한국으로 귀국했다. 현재는 광주 고려인마을에 위치한 '월곡고려인문화관 결'의 관장으로 있다.
* 김병학, 『천산에 올라』, 화남, 2005, 125면.

슬픔이 시작되었기에
슬픔이 끝나야 하는 곳
부끄러움이 시작되었기에
부끄러움도 끝나야 하는 곳

천산의 눈 녹은 물줄기가
북으로 천리 길을 달리며
눈물과 통곡의 땅을 적시고
헐벗은 우리 농민들의 자식
강제 이주 고려인들에게
한 줄기 희망을 심어준 곳

우리들 선배 고려인들은 뼈를 깎아 쟁기를 만들고
피땀으로 거름을 이겨
버려진 자의 땅 우슈또베를
서럽도록 푸른 논밭으로 일구었다
먼 나라에 새 고향을 만들어 주었다

카자흐스탄
고려인의 고향 우슈또베
낯섦도 추위도 굶주림도
위정자의 압제와 증오도
모질게 일어서는 잡초를
결코 짓이길 수 없었던 곳

죽음으로부터 희망은 절망이었지만
삶에겐 절망도 언제나 희망이었을까
— 김병학의 「우슈또베에서」 부분*

'우슈또베'는 러시아 연해주에 살던 고려인이 1937년에 중앙아시아로 강제 이주당해 처음 버려졌던 카자흐스탄 동남부에 위치한 황무지의 지명이다. 시인은 그곳을 슬픔과 부끄러움이 시작되었기에 슬픔과 부끄러움이 끝나야 하는 곳으로 인식한다. 나라 잃은 백성으로서의 슬픔, 추방당하는 이유도 모르는 채 짐짝처럼 화물차에 실려 우슈또베 황무지에 버려졌던 고려인의 존재에 대한 한恨은 우슈또베를 눈물과 통곡으로 얼룩지게 했다. 하지만 그들은 그곳을 흐르는 천산의 눈 녹은 물줄기를 끌어다가 옥토로 바꾸었다. 천산의 눈 녹은 물줄기야말로 헐벗고, 슬픔과 한에 빠져 있던 고려인들에게 한 줄기 희망을 심어준 생명의 물줄기였다. 고려인들은 극한의 절망 속에서도 희망을 잃지 않고 "버려진 자의 땅 우수또베"의 허허벌판을 옥토로 일구어 그들의 고향으로 만들었던 것이다. 그들은 강인한 생존본능으로 "뼈를 깎아 쟁기를 만들고/ 피땀으로 거름을 이겨" 농사를 지었고, 중앙아시아의 낯설고도 "먼 나라에 새 고향"을 건설했던 것이다. 고려인들의 강인한 생존본능은 "모질게 일어서는 잡초"에 비유된다. 그리고 그 어떠한 "낯섦도 추위도 굶주림도/ 위정자의 압제와 증오도" 그들의 생존본능을 결코 짓이길 수 없었다고 진술된다. 고려인들은 불굴의 의지와 강인한 생존본능을 가졌기에 척박한 황무지를 고향으로, 죽음을 삶으로, 절망을 희망으로 변화시킬 수 있었던 것이다. 우수또베는 바로 그것을 상징하는 장소이다. 즉 고려인들은 불굴의 의지와 생존본능으로 이-푸 투안(Yi-Fu Tuan)이 말한 추상적이고 적대적인 미지의 낯선 공간을 의

---

* 위의 책, 15~16면.

미로 가득한 친밀한 구체적 장소이자 고향으로* 변화시켰던 것이다.
 그런데 소련 해체 이후 고려인들의 뿌리에의 욕망은 다시 좌절되며 뿌리부터 흔들리기 시작한다.

> 얼마를 더 걸어야
> 그곳에 오를 수 있을까
> 얼마를 더 넘어져야
> 중심을 잡을 수 있을까
>
> 어머니 젖무덤 그리워
> 발길 멈춰 돌아보는 길
> 눈앞은 짙은 안개 속인데
> 떠나온 집은 아득해 서러워라
>
> 천 길 낭떠러지 위에
> 어미와 아비를 파묻고
> 아이는 가슴에 품은 채
> 위로만 앞으로만 올라간 길
>
> 얼마를 더 걸어야
> 그곳에 이를 수 있을까
> 얼마를 더 넘어져야
> 제 발로 일어설 수 있을까.
> - 김병학의 「계단에 서서 - 고려인 디아스포라를 기억하며」 전문**

---

* 이-푸 투안, 구동회·심승희 역, 『공간과 장소』, 대윤, 1999, 19~20면.
** 김병학, 『광야에서 부르는 노래』, 고요아침, 2012, 37면.

장소감은 장소를 명확하게 인식하고 구분해 낼 수 있는 능력 이상의 의미를 갖는 개념으로, 개인의 희망, 절망, 혼란의 감정 등과 뒤얽힌 감정이다.* 소련이 해체되기 이전까지 고려인들은 우슈또베의 척박한 황무지를 고향으로, 죽음을 삶으로, 절망을 희망으로 변화시켜왔다. 즉 우슈또베의 낯선 공간은 그들의 노력으로 의미로 가득 찬 진정한 장소로 변화되었다. 하지만 독립된 카자흐스탄에서 그들의 고향은 다시 타향으로, 풍요로웠던 삶은 죽음과 같은 박탈로, 희망은 절망으로 고려인들의 장소감은 변질된다. 즉 그들이 우슈또베라는 장소에 대해 가졌던 애착과 안정, 고향이라는 정체성은 부정당한다. 정치적 변화가 그곳을 진정한 장소감을 주는 장소가 아니라 장소상실의 공간으로 변화시켜버린 것이다.

진정한 장소감이란 개인들이 내부에 속해 있다는 소속감, 공동체의 일원으로서 내가 장소에 속해 있다는 느낌을 의미한다.** 그런데 소련의 해체로 인한 카자흐스탄의 독립은 고려인들의 진정한 장소감을 박탈하며, 그들을 일시에 뿌리가 없는 사실상의 무거주자로 만들어버렸다. 따라서 우슈또베는 더이상 그들과 동일시할 수 없는 공간이 되고 말았다. 소비에트라는 국가공동체의 일원으로서 뿌리를 내리고, 그곳을 중심으로 세계를 바라보고, 세계와 관계를 맺어온 고려인의 실존적 근원은 뿌리째 흔들리기 시작한 것이다. 고려인들은 동일한 장소에 발을 딛고 서 있음에도 자신이 공동체의 일원으로 받아들여지고 있다는 소속감과 깊고 완전한 동일시의 감정 대신 다시 이방인으로 배제되

---

* 에드워드 렐프, 앞의 책, 12면.
** 위의 책, 150면.

고 차별을 당하는 비진정한 장소감, 즉 장소상실에 빠지게 된 것이다.

시인 김병학은 강제 이주당한 고려인에 감정을 이입하며 그들의 끝나지 않은 이주를 더 걷고 올라가야 할 '계단'이라는 상징어로 표현한다. 화자에게 "떠나온 집은 아득해 서러"운 장소이다. 그들이 떠나온 집이란 식민지 '조선', 새로운 고향으로 만들기 위해 혼신의 노력을 다해 일구었던 '연해주', 그리고 사람이 살 수 있는 집조차 하나 없는 허허벌판에 버려졌지만 불굴의 생존본능으로 풍요로운 땅으로 가꾸었던 '우슈또베'로 대표되는 중앙아시아 등 고려인이 지난 100년의 세월을 살아온 세 장소이다. 고려인들은 뿌리에의 욕망을 이루기 위해 식민지 조선에서, 연해주에서, 그리고 우슈또베에서 "천 길 낭떠러지 위에/ 어미와 아비를 파묻고/ 아이는 가슴에 품은 채" 죽음의 험난한 길을 마다하지 않고 "위로만 앞으로만" 오르고 또 올라온 것이다. 그런데 그 고통스런 여정은 아직도 끝이 나지 않은 채 얼마를 더 걷고 얼마를 더 넘어져야 제 발로 일어설 수 있을지 알 수 없다. 더구나 "눈앞은 짙은 안개 속"으로 표현되었듯이 미래마저 불확실성에 휩싸여 그 끝을 알 수가 없다.

얼굴은 한 사람의 정체성을 인식하는 가장 확실한 수단이다. 프랑스에서 유학한 흑인 정신과 의사이자 알제리혁명의 이론적 지도자였고, 탈식민주의 이론가인 프란츠 파농(Frantz Omar Fanon)이 그의 저서 『검은 피부, 하얀 가면』에서 백인 문명에 종속된 유색인의 정체성과 흑인을 비롯한 유색인이 갖고 있는 열등감, 콤플렉스, 공포 등의 심리를 분석하여 내재화된 식민성의 극복이라는 화두를 던져 주었듯이 김병학은 '러시안 목각인형'이라는 시적 대상을 통해 고려인들의 세 겹의 얼굴, 즉 다중정체성의 문제를 성찰한다. 「러시안 목각인형」*이란 시에서 고려인은 "세 얼굴의 사나이"로 표현된다. 맨 겉은 카자흐스탄 국민, 그것을 벗기면 나타나는 두 번째 얼굴은 소련 사람, 세 번째 맨 속살의 얼굴은 고려인이다. 즉 현재 독립된 카자흐스탄 국민으로서 아직 서툰 몸짓을 하고 있는 겉 얼굴 밑에는 과거 소련이 해체되기 전의 소련 국민으로서의 얼굴이 나타난다. 강제 이주의 고통을 딛고 다수확의 기쁨에 젖어 있는 얼굴이다. 그리고 세 번째 맨 속살의 얼굴에는 "어미 아비 다 잃고/ 제 말도 제 노래도 제 꿈도 잊어버리고/ 몸뚱이는 남북으로 찢겨 피를 흘리고" 있는 고려인의 진짜 얼굴이 나타난다. 그들은 100년 세월의 고통이 아무렇지도 않은 듯 겉으로는 웃고 있지만 속으로는 항상 울고 있다.

러시안 목각인형은 겉 몸체를 열면 계속하여 새로운 얼굴의 인형이 나오는, 나무로 만든 러시안 전통인형이다. 마치 러시안 목각인형처럼 현재 고려인들은 겉으로 드러난 카자흐스탄 국민의 얼굴 아래, 소련 국민으로서의 얼굴, 그리고 맨 밑에 어미 아비 다 잃고 제 말과 노래와 꿈도 잃어버리고 겉으로는 웃고 있지만 속으로는 항상 울고 있는 고려인의 중층적 얼굴을 갖고 있다. 모국을 떠나 새로운 곳으로의 이주는 그 자체로서 단일정체성이 아니라 다원성의 다중정체성 혹은 이산자아로서 국민/비국민으로서의 차별과 배제를 인식하지 않을 수 없게 만든다. 이주민은 새로운 거주국에서 국민의 지위 획득 여부에 따라 법적인 위치가 달라지고, 인간적 우열마저 갈리게 된다. 러시안 목각

---

* 김병학, 『광야에서 부르는 노래』, 38~39면.

인형은 바로 그러한 고려인의 중층적인 얼굴, 비극적 운명으로 점철된 다중정체성과 이산자아에 대한 탁월한 메타포(metapho)다. 고려인은 100년이 넘는 비극적 역사 속에서 현재 "외국어가 모국어를/ 점령해버린 지 너무 오래"되어, 즉 모국어마저 잃어버리고 공용어로 사용해온 러시아어마저 쓸모없어지는 상황이다. 따라서 "멀리 한 줌 숲속에 몸을 숨긴 채/ 마지막 숨통이 끊어져가는 야수마냥/ 가냘픈 목소리로 구슬프게 울부짖는다."*처럼 자신의 감정과 정체성을 여러 겹으로 숨긴 채 마지막 숨통이 끊어져가는 야수마냥 가냘픈 목소리로 구슬프게 울부짖는다. 이것이 영원히 한 장소에 뿌리 내리지 못한 채 떠도는 고려인이 처한 비극적인 디아스포라 정체성이다.

피터 소머빌(Peter Sommerville)은 집의 강력한 의미를 일곱 가지로 정리한 바 있다. 즉 보금자리, 난로, 마음, 사생활, 뿌리, 체류지, 낙원 등이 그것이다. 이 가운데서 보금자리로서의 집은 자연으로부터 물리적 안전과 보호를 제공하는 물질적 구조를 의미한다. 난로로서의 집의 의미는 따뜻함, 편안함, 위로와 같은 느낌을 제공한다. 뿌리로서의 집이란 정체성과 의미로움의 원천이다. 이때 집은 소외감을 줄여주고, 소속감을 느끼며 돌아갈 곳이 있음을 느끼게 해주는 장소다. 실제로 집은 자아의 상징이 되기도 한다. 낙원으로서의 집은 모든 긍정적인 특징이 이상화된 것으로 일종의 정신적 행복을 의미한다.**

고려인들은 한 장소에 강력히 뿌리 내리길 원하는 욕망을 갖고 있었음에도 100년이 넘는 세월을 떠돌며 살아왔다. 즉 한곳에 뿌리를 내려

---

* 김병학, 「모국어」, 위의 책, 130면.
** 질 발렌타인, 박경환 역, 『사회지리학』, 논형, 2009, 99~101면.

타향을 고향으로 만들기를 갈망하며 강렬한 생존본능과 불굴의 의지로 연해주를, 중앙아시아를 그들에게 물리적 안전과 보호를 제공해 주는 집으로서의 기능과 의미, 난로와 같은 따뜻한 휴식을 제공하는 집의 기능과 의미, 나아가 뿌리로서의 집의 기능과 의미를 지닌 곳으로 만들고자 노력해 왔다. 하지만 결과적으로 그들이 거쳐 온 곳들은 그들에게 영원한 보금자리이자 영구히 뿌리내릴 집이 되어주지 못하였다. 그들의 피나는 노력에도 불구하고 그들은 이내 집 없는 상태, 즉 사실상 무거주자라는 원하지 않는 상황에 처하게 된 것이다. 그들은 처음 연해주에서 정착하며 고려인 자치국을 소망했지만 중앙아시아로 강제 이주당했다. 이후 그들은 중앙아시아에서 모국어마저 버리고 러시아어를 배워 소련 국민으로 성공적으로 동화해 왔다. 하지만 소련이 해체됨으로써 카자흐스탄 또는 우즈베키스탄의 국민으로 분리된 채 언어마저 낯선 이방인이 되어 또다시 이주를 모색해야 하는 상황에 처하게 된 것이다.

즉 한 장소에 뿌리를 내리고 정착하고자 한 그들의 뿌리에의 욕망은 그들의 집요하고도 강인한 노력에도 불구하고 정치적 상황으로 인해 늘 좌절되었고, 그들의 정체성은 늘 흔들렸다. 이주조선인에서, 소련 국민으로, 카자흐스탄(우즈베키스탄) 국민으로 고려인들의 정체성은 러시안 목각인형처럼 중층적일 뿐만 아니라 늘 불안정하고 불확실하다.

시인 김병학은 현대 한국에서 이주한 디아스포라이다. 전형적인 고려인의 입장에서 보면 그는 외부자다. 바로 그 이유 때문에 그는 내부자인 고려인보다 더 많은 것을 볼 수 있다. 그는 때로는 객관적인 외부자의 입장에서, 때로는 고려인에 감정을 동일시한 내부자의 입장에서 고려인이 보고 느낄 수 있는 것보다 더 많은 것을 보고 느낄 수 있었다. 그리고 그것을 세련된 한국어로 표현해냈다.

2. 고향 연해주를 그리워하는 이 스따니슬라브의 시

이 스따니슬라브(1959~)*는 카자흐스탄에서 태어난 고려인 4세로서 시인이자 화가이다.

> 바다가 뾰족하고 짠 혓바닥을
> 들이민 듯한
> 러시아 연해주 땅
> 뽀시예트 구역에
> 고려인 마을이 있었고
> 우리 할아버지가 태어난
> 집이 있었다
> 놀라워라
> 겨우 두 세대만
> 이 중앙아시아 초원에서
> 살아왔을 뿐인데
> 이보다 더 가까운 고향이
> 세상에는 없는 듯…
> 하지만 뽀시예트에서 사셨던
> 할아버지에 대한 추억에
> 난 또다시 잠기곤 한다

---

* 고려인 집성촌 모쁘르 마을에서 자랐으며 시집 『이랑』, 『재 속에서는 간혹 별들이 노란색을 띤다』, 『한 줌의 빛』 등의 시집을 출간해 카자흐스탄과 러시아 문단에서 큰 호평을 받았다. 『중세 한시집』과 고은의 『만인보』를 러시아어로 번역하여 소개하였다.

누군가의 거친 혓바닥 같은
연해주 땅, 한 조각 바다가
나의 상처를 핥는다
　　　　　― 이 스따니슬라브의 「시1」 전문*

　그가 경험하고 생각하는 고향은 바로 위 두 세대가 살아온 중앙아시아 초원이다. 이보다 더 가까운 고향이 없는 듯이 친밀감이 느껴지는 장소이다. 하지만 더 윗대의 할아버지가 사셨던 고향은 연해주의 뽀시예트(포시예트)**이다. 화자는 할아버지가 사셨던 뽀시예트를 마음속의 원향으로 생각하며, 현재 카자흐스탄 국민으로서 느끼는 소외감과 마음의 상처를 위로받는다. 중앙아시아의 고려인들은 강제 이주당하기 전의 연해주 뽀시예트를 마음속의 고향으로 생각함으로써 독립된 카자흐스탄의 국민으로서 소외받고 배제되고 있는 마음의 상처를 위로받는다. 즉 그들에게도 귀환할 고향이 있다는 데서 크나큰 위안을 얻는다. 연해주는 돌아갈 조국이 없는 고려인들에게는 언제든 귀환하고 싶은 신화적 장소이다. 하지만 연해주를 생각할 때는 강제 이주를 당해야 했던 고려인의 집단적 트라우마가 자동 소환된다. "바다가 뾰족하고 짠 혓바닥을/ 들이민 듯힌" 느낌을 갖는 것은 단순히 뽀시예트만灣의 지리적인 지형 때문만은 아니다. 강제로 이주당해야 했던 할아버지 세대가 겪은 과거의 집단적 상흔은 지금 그가 겪고 있는 상처와 오버랩되어 출렁이고 있는 것이다.

---
* 이 스따니슬라브, 김병학 역, 『모쁘르 마을에 대한 추억』, 인터북스, 2010, 12면.
** 19세기 중반 조선인들이 이주한 지역으로 러시아 연해주의 최남단의 항구로 두만강이 흘러드는 동해에 자리하고 있다.

되돌아가지는 못하리
언젠가 두고 떠나온
머나먼 해변으로

그러나 초원에는
광대한 바다가 있어라
튤립 꽃 눈부시고
말 떼들 마냥 달리는 곳
요란하게 취하는 밤엔
무수한 별똥별 생겨나며
별 무리 떨어지는 곳

무엇 때문인지
우리 운명으로 반복되면서
– 이 스따니슬라브의 「시2」 전문*

    화자는 할아버지의 고향인 연해주로의 귀환, "언젠가 두고 떠나온/ 머나먼 해변"을 그리워하면서도 되돌아가는 일이 어렵다고 토로한다. 쉽게 돌아갈 수 없기에 연해주는 더욱 강력한 낙원의 이미지로, 신화적 장소로 이상화된다. 즉 연해주의 초원은 황무지였던 중앙아시아와는 달리 광대한 바다가 있고, 튤립 꽃이 눈부시게 피어 있으며, 말 떼들이 마냥 자유롭게 달리는 풍요로운 땅이다. 그곳은 무수한 별똥별이 별 무리 되어 떨어지는 낙원의 이미지로 그려지며, 넓고 풍요롭고 아름답고 자유롭고 행복한 낙원으로, 언제든 되돌아가 살고 싶은 고향으

---

* 이 스따니슬라브, 앞의 책, 14면.

로 의미화되고 있다.

고려인들의 시에서 연해주가 이처럼 고향과 낙원의 이미지로, 고려인의 정체성의 원천으로 그려지는 이유는 소비에트 해체 이후 그들이 현재 살고 있는 중앙아시아가 그들에게 진정한 장소감을 주지 못하는 장소상실의 공간이 되어버렸기 때문이다. 그리고 그들에게 고향은 일제강점으로부터 해방된 대한민국도 될 수 없기 때문이다. 그들은 대한민국 국민으로서의 역사적 경험을 공유하지 않았기 때문에 대한민국이라는 국가에 그들의 정체성을 일치시킬 수가 없는 것이다. 이것이 그 어디에도 뿌리를 내릴 수 없는 고려인의 비극적 운명이다.

3. 최석의 이주의 부적응과 고려인과의 거리

시인 최석(1959~)[*]은 대한민국에서 1997년에 카자흐스탄으로 이주하여 현재 그곳에 영주권자로 살고 있다.

> 알마티 가가리나 115번지
> 여기가 우리 집
> 아들 현상이가 착상이 되었을 때 이사 와
> 이제 일곱 살이 되었으니 우리는
> 이곳에서 8년째 살고 있는 셈이다
> 아들에게는 고향과 진배없지만
> 나는 언제나 낯설다

---

[*] 최석은 1997년에 중앙아시아 카자흐스탄으로 이주하여 현재 그곳에 살고 있는 이주한인이다. 그는 2000년대 초 정상진, 양원식, 이정희 등의 현지 고려인 문인들과 한국에서 이주한 작가들을 모아 중앙아시아문인협회를 결성하였고, 2006년 고려인 문예지 《고려문화》를 창간하여 편집주간으로 활동하고 있다.

오래 살아도 삶에 더께가 끼지 않는다
인간들이 낯설고 땅이 낯설다
냄새가 낯설고 맛이 낯설다
체위가 낯설고 오르가슴이 낯설다
낯설음은 불안함이고
낯설음은 극단적 선택을 강요한다
끝내 아내가 낯설고
내가 낯설다
낯설음에 대한 익숙함
그것은 삶의 더께가 아니고 관성일 뿐이다
물이 끓고 있다
주전자 속에서 달아나려 하는
수많은 세월의 미립자들. 하모니카
소리를 내며 몰려나오는 수증기처럼
간혹 깨끗이 증발해버렸으면 싶다
허옇게 둘러붙은 석회 앙금
박박 문질러도 지워지지 않는데
그것이 내 삶의 더께일까?
— 최석의 「더께」*

시 「더께」를 썼을 당시 시인 최석은 카자흐스탄 이주 8년차에 접어들었다. 그럼에도 아직 모든 것이 낯설기만 하다. 인간이, 땅이, 냄새가, 맛이, 심지어 그곳에서 이루어지는 지극히 사적인 행위(체위나 오르가슴)마저 낯설다. 나아가 가장 친밀한 관계의 아내와 화자 자신마저 낯설기 그지없다. 낯설다는 것은 불안을, 극단적인 선택을 강요한다. 낯

---

* 최석, 『텐산 산맥 아래에서』, 천년의 시작, 2016, 21~22면.

설움이 유발하는 불안은 이주한 지 8년의 세월이 흘렀음에도 여전히 언어를 비롯하여 그곳의 모든 일상생활이 익숙해지지 않는 데서 발생한다. 카자흐스탄에서 오직 익숙한 것은 "낯설음에 대한 익숙함"뿐이다. 하지만 "그것은 삶의 더께가 아니고 관성일 뿐이다"라고 진술된다.

이때 관성은 오래되어 굳어진, 좋지 않은 버릇이나 습관이라는 의미에서 타성에 가까운 의미로 사용되었다. '더께'란 오랜 세월에 의해 찌든 물건에 앉은 거친 때를 의미한다. 하지만 이주자로서의 삶은 쉽사리 더께가 앉지 않고, 끝없이 낯설음과 불안을 유발할 뿐이다. 화자는 물이 끓고 있는 주전자 속의 수증기처럼 수많은 세월의 미립자들을, 즉 과거 모국에서의 기억들을 몰아내고 싶다. 그것들이 수증기처럼 깨끗이 증발해버리기를 갈망한다. 왜냐하면 과거의 기억들이 현재 카자흐스탄에서의 적응과 정착을 방해한다고 생각하기 때문이다. 그러나 그것들은 주전자에 "허옇게 둘러붙은 석회 앙금"처럼 박박 문질러도 결코 지워지지 않는다. 화자는 거주국 카자흐스탄 사람으로 쉽게 동화되지 않는 이유를 한국인으로서 살아온 오랜 세월의 관성 때문일 것으로 분석한다.

이 시는 새로운 거주국에 쉽게 적응하고 정착하지 못하는 불안과 낯설음을, 소외의식을, 즉 내부자가 되지 못하고 여전한 외부자로서 겪는 이주의 부적응을 표현한 것이다. 세계 10위권의 경제대국이 된 대한민국이라는 모국이 확실히 존재함에도 이주는 이처럼 불안과 소외를 유발한다. 하물며 기존의 고려인들이 느꼈을 불안과 소외는 어떠했을까?

> 흘레브
> 고려인들은 떡이라고 부르는 빵
> 옛날 봉놋방에 굴러다니던
> 목침 같다 해방 직후
> 소련군이 그랬다는 것처럼 사실
> 그것을 베고 잠을 자본 적도 있었다.
> 깨어나서 뜯어먹어 본 적도 있었다.
> 오늘 점심으로
> 고려인 통역 아줌마와 함께
> 흘레브를 먹는다
> 한민족의 근현대사를 먹는다
> 그녀는 떡을 먹는 것이고
> 나는 빵을 먹는다
> 그녀는 고기에 곁들여 먹고
> 나는 김치를 얹어서 먹고
> 그녀는 일용할 양식을 먹고
> 나는 대용식을 먹는다
> 바라보며 멋쩍게 웃는다
> 같은 피를 가졌어도
> 서로 신토불이다.
> — 최석의 「해방 60주년의 점심식사」 전문·

이 시는 '흘레브'라는 고려인들은 떡이라고 부르고, 화자인 '나'는 빵으로 부르는 대상을 통해 해방 60년 동안 벌어진 고려인과 이주 한국인의 거리를 성찰한다. '고려인 통역 아줌마'는 흘레브라는 떡을 고기

· 위의 책, 40면.

를 곁들여 일용할 양식으로 먹고, 화자인 '나'는 김치를 얹어 대용식으로 먹는다. 같은 피를 나누었고, 윗대의 조상은 같은 언어를 사용하는 조선의 같은 백성이었지만 현재는 통역이 있어야만 의사소통이 되는 관계가 되고 말았다. 즉 카자흐스탄 고려인과 현대에 대한민국에서 이주한 한국인 화자는 사용하는 언어가 다르다. 이 둘 사이의 서로 경험해온 역사가 다른 데서 나타나는 문화적 언어적 거리와 한민족의 근현대사가 만들어낸 비극적 간극에 대해 시인은 '홀레브'라는 시적 대상을 통해 진술하고 있다.

「고려인을 위하여」*에서 시인은 "중앙아시아에서는 스스로 고려인이라 부른다/ 그들에게는 조국이 없다/ 없어져버렸다" 또는 "동해물과 백두산을 모르고도 살아간다/ 그들의 조국은 카자흐스탄이고 우즈베키스탄이다/ 어쩌면 원동일지도 모른다"에서 보듯이 강제 이주에 의해 중앙아시아로 추방된 고려인들에게 대한민국은 조국이라 부를 대상이 아니며, 그들의 조국은 카자흐스탄이고 우즈베키스탄일 수밖에 없다는 것이다. 아니면 원동(연해주)일지도 모른다고 진술한다. 그와 같은 시적 진술 속에는 같은 조상과 혈통을 지녔지만 격변의 근현대사를 거쳐 오는 동안 운명이 달라진 고려인과 한국인은 정체성이 다른 민족이 되었다는 인식이 전제되어 있다. 그는 결코 동일시될 수 없는 외부자 의식을 갖고 고려인을 바라보고 있다.

4. 고려인에 대한 한국의 배제와 차별 - 김 블라디미르

김 블라디미르(1946~)**는 러시아 연해주에서 우즈베키스탄으로 강

---

* 위의 책, 41~42면.

제 이주당한 고려인 3세로서 2012년에 한국으로 귀화하였다. 그는 우즈베키스탄의 타시켄트에서 러시아문학을 강의하는 대학교수를 지냈지만 이주한 한국에서는 일용 노동자로 살아가고 있다.

> 나는 열강에서 태어났다.
> 그 이름은 바로 소비에트 연방.
> 내게는 자부심을 가질만한 권한이 있다!
> 그리고 마음으로는 소련 사람으로 남는다.
>
> 나는 학교도 소련 학교를 다녔다
> 사랑스런 우즈베크 땅에서.
> 비록 민족은 고려인이었지만
> 나는 러시아어로 책을 읽었다.
>
> 대학에 들어가 공부할 때
> 나는 거대한 강대국의 학생이었다.
> 러시아어의 억양으로
> 소련의 넓은 땅에서 이야기했다
>
> 헌데 한순간에 나라가 무너졌지
> 그게 누게 이익이 되는 건지 모른 채로.
> 갑자기 국경이라는 울타리가 생겨
> 이제는 비자를 받아야만 갈 수 있게 되었다.
> 　　　　- 김 블라디미르의 「나는 열강에서 태어났다」 부분*

** 김 블라디미르는 러시아 연해주에서 우즈베키스탄으로 강제 이주당한 고려인 2세로서 1946년 우즈베키스탄의 수도 타시켄트 근교에서 태어났다. 타시켄트 국립대학에서 언론학을, 사범대학에서는 한국어를 가르쳤다. 그리고 타시켄트 문학대학에서 교수로, 의과대학에서 러시아문학과 학과장으로 재직하다 2012년에 한국으로 귀화했다.

이 시의 화자는 한때 열강이었던 소비에트연방의 국민으로 태어나 소련 학교를 다니며 러시아어를 모국어로 익히며 공부를 했고, 강대국 소련 국민으로서의 자부심을 한껏 갖고 살았다고 진술한다. 하지만 소비에트 연방이 해체됨으로써 한순간에 그가 살고 있는 땅이 우즈베키스탄의 국토가 되고, 러시아는 국경이 생겨 비자를 받아야만 갈 수 있는 타국이 되고만 황당한 경험에 대해서 진술한다. 이 시에는 소비에트연방의 해체로 경제적 · 사회적 신분상승에 도움이 되는 러시아어를 배우는 데 열의를 보여 온˙ 고려인들의 난처하고 당황스런 처지가 잘 드러난다. 강제 이주 후 고려인들은 소비에트 주류사회로 동화되고 수용되기 위해 모국어를 버리고 빠르게 러시아어로 언어를 교체했다.˙˙ 그 결과 소비에트에서 중상류층의 지위를 빨리 획득할 수 있었다.˙˙˙ 이와 같은 고려인의 빠른 신분 상승은 다른 지역 한인의 이민사에서는 좀처럼 찾아보기 어려운 것으로, 고려인들의 거주국 적응전략이 성공적이었음을 말해준다.˙˙˙˙

김 블라디미르의 시에서 고려인이라는 민족정체성과 소련 국민으로서의 국민정체성 사이에 갈등은 전혀 보이지 않는다. 오히려 강대국 소련의 국민이었다는 사실에 동일성과 자부심을 드러내며, 열강 소련 국민으로서의 삶에 만족감을 표현하는 등 깊게 동화된 태도를 나타낸다. 뿐만 아니라 소비에트의 해체가 고려인들의 입장에서는 결코 긍정적이지 않았다는 사실을 말해준다. 우즈베키스탄의 독립은 고려인들

---

* 김 블라디미르, 김병학 역, 『회상열차 안에서』, 디자인하우스, 2018, 54면.
* 윤인진, 『코리안 디아스포라』, 고려대학교출판부, 2005, 104면.
** 위의 책, 137~140면.
*** 위의 책, 114~115면.
**** 송명희, 『트랜스내셔널리즘과 재외한인문학』, 지식과교양, 2017, 373면.

로 하여금 더이상 소련 국민으로서의 정체성을 갖지 못하도록 영향을 미쳤던 것이다. 김 블라디미르가 우즈베키스탄의 문학대학과 의과대학에서 러시아문학을 강의하는 교수 신분이었다는 데서 우즈베키스탄에 동화되지 못하는 부적응은 더욱 컸으리라 짐작된다. 카자흐민족이나 우즈베크인과는 달리 고려인은 돌아갈 조국마저 존재하지 않기 때문에 강제 이주 전의 연해주를 그들의 고향으로 여기며, 일부는 그곳으로 재이주하는 양상마저 보이고 있다. 그가 한국으로 귀화하여 현재 광주 고려인마을에서 고령의 나이에 일용 노동자로서 살아가는 삶을 선택을 하게 된 배경에는「나는 열강에서 태어났다」에서 진술되었듯이 소련 국민으로서의 정체성이 부정되고, 우즈베키스탄의 국민정체성에 동화되지 못함으로써 나온 처절한 선택이었다고 할 수 있다.

> 내 벗들이여, 역사적인 조국의 땅에서
> 살고 있는 그대들에게 바라는 바는
> 우리도 "이것이 내 조국이다!"라고 말하게 되는 것입니다.
> 우리도 조국의 자식들이기 때문입니다.
>
> 나는 '외국인'이라는 모욕적인 말을 원하지 않습니다.
> 그런 말은 듣거나 알게 되지 않기를 바랍니다.
> 나는 고려인, 나는 한국 사람이기 때문입니다!
> 정신적으로도, 양심적으로도, 혈통으로도 그렇습니다.
> — 김 블라디미르의「추석」부분*

---

* 김 블라디미르, 정막래 역,『광주에 내린 첫눈』, 금철사랑, 2017, 54면.

한국으로 귀화한 김 블라디미르는 「추석」에서 대한민국을 "역사적인 조국"으로 호명한다. 고려인들은 한 번도 대한민국의 국적을 가져본 적이 없기 때문에 대한민국이 모국은 될 수 없다. 하지만 혈통이 같고, 과거 윗대의 조상이 살았던 나라이기 때문에 역사적인 조국은 될 수 있다고 생각하는 것이다. 그러나 대한민국은 조국을 찾아온 고려인들을 환대하기는커녕 '외국인'이라고 부르며 배제하고 소외시킨다.

하지만 그는 그와 같은 호명에 결코 동의할 수 없으며, 심지어 모욕감마저 느낀다. 왜냐하면 고려인과 한국인은 분명 같은 한민족의 혈통을 공유하고 있기 때문이다. "정신적으로도, 양심적으로도, 혈통으로도" 고려인은 한국인과 동일성을 갖는다고 생각하기에 외국인이라는 호명은 수용할 수가 없는 것이다. 그가 고령에도 한국으로 귀화한 이유는 독립된 우즈베키스탄에서는 결코 그의 정체성을 찾을 수가 없었기 때문이다. 그런데도 한국은 그에게 역사적 민족 공동체로서의 정체성을 부여하지 않고 그를 외국인이라며 배제하고 차별한다.

결국 김 블라디미르는 우즈베키스탄에서도, 한국에서도 계속 소외되고 차별받으며 그의 정체성을 일치시킬 장소도, 진정한 장소감도 갖지 못한다. 한 장소에 뿌리를 내리고 그 장소에 심리적 애착과 유대를 느낄 수 있는 안전지대를 갖지 못한 장소상실을 경험하지 않을 수가 없는 것이다. 진정한 장소감은 무엇보다도 자신이 장소 공동체의 일원으로 공동체의 내부에 속해 있다는 느낌을 의미한다. 중앙아시아와 한반도를 둘러싼 지난 100년의 정치 상황은 고려인들의 뿌리 깊은 정착 욕구와는 달리 그들로부터 진정한 장소감을 박탈하고 장소상실의 부정적 느낌으로 살아가게 만들었다. 그것은 김 블라디미르 개인의 잘못도, 고려인들의 집단적 잘못도 아니다. 그럼에도 그들은 뿌리를 내릴 고향을 갖지 못한 채 계속 떠도는 디아스포라로, 아웃사이더로 살아갈 수밖에 없다. 그것이 오늘날 고려인이 처한 영원한 디아스포라로서의 운명이다.

Ⅲ. 나가며

이 글은 시인 김병학, 이 스따니슬라브, 최석, 김 블라디미르의 시를 통해 현재 고려인이 처한 '뿌리에의 욕망'의 지속적 좌절과 그로 인한 소외와 고립감, 고향 연해주에 대한 이상화, 현대에 이주한 한국인이 느끼는 중앙아시아 고려인과의 문화적 언어적 거리, 귀화한 고려인으로서 한국에서 느끼는 배제와 차별 등에 대해서 살펴보았다.

현재 생존해서 창작활동을 하고 있는 이들 시인들의 시에서 공통으로 드러나는 것은 이주 100년의 세월이 지났음에도 고려인들은 뿌리를 내릴 수 있는 삶의 안전지대를 갖지 못했다는 사실이다. 그들의 정신적이고 심리적인 애착과 유대감을 느낄 수 있는 뿌리에의 욕망은 늘 좌절되었으며, 그들의 장소경험은 진정한 장소감이 아니라 장소상실로 나타났다. 이는 고려인이 처한 비극적인 이주 역사를 함축적으로 드러내준다. 그들은 한반도에서 이주하여 연해주에 정착하고자 했지만 중앙아시아로 강제 이주되었고, 그 후 소련 국민으로서 적극적 동화를 추구했지만 소련의 해체로 다시 집 없는 존재가 되어 재이주를 해야 하는 비극적 운명에 처해진다. 즉 고려인들이 집중 거주해온 카자흐스탄과 우즈베키스탄의 독립은 고려인을 한순간에 뿌리가 없는 사실상의 무거주자로 만들어버렸다. 따라서 그들의 뿌리에의 욕망은 늘 좌절되고 지연되며 아직도 이주는 계속되고 있다.

그들이 장소상실의 혼란과 좌절을 벗어나 심리적 애착과 안정 그리고 정체성을 일치시킬 진정한 장소를 과연 어디에서 찾을 수 있을 것인가? 그들의 뿌리에의 욕망은 언제쯤이면 온전하게 이루어질 수 있을 것인가? 한국정치는 이에 제대로 응답해야 하는 것이 아닌가?

현재 우리나라는 외국인들의 유입이 200만 명을 넘어섰고, 결혼율과 출산율 감소로 머지않아 인구의 마이너스 성장이 우려되는 시점이다. 해외에 거주하는 동포들을 재외국민이라 호명하며, 대한민국 국민으로서 정체성과 참여의식을 갖고 조국의 번영을 위해 정치경제적 헌신을 하도록 참정권까지 부여하는 상황이기도 하다. 이와 같은 상황에서 중앙아시아를 떠돌다 돌아온 고려인을 외국인이 아니라 동일한 혈통을 가진 같은 민족으로 받아들일 정책이 새롭게 모색되어야 하는 것은 아닌가? 우리에게 민족이란 진정 어떤 의미를 지니는 것인가? 글을 쓰는 동안 끝없는 질문들이 이어졌다.

《한국문학이론과 비평》 23-3, 한국문학이론과 비평학회, 2019)

02
이주의 정체성과 노마디즘
― 박미하일의 『밤은 태양이다』를 중심으로

Ⅰ. 박미하일과 이주의 정체성

『호모 노마드』의 저자 자크 아탈리(Jacques Attali)는 "정주성은 아주 잠깐 인류 역사에 끼어들었을 뿐이다. 인간은 중대한 모험들 속에서 노마디즘으로 역사를 이루어왔고, 다시 여행자로 되돌아가고 있다"* 라고 했다. 노마디즘(nomadism)의 본질을 '여행'이라고 본 그는 여행에 대한 의지는 인간 내부에 각인된 근원적 욕망으로서 인간은 낯선 곳을 방문하고 낯선 것을 경험함으로써만이 역량을 키울 수 있었으며, 역사를 이룰 수 있었고, 끊임없이 여행하는 여행자의 삶을 통해 인류의 고유한 특성이 형성되고 진화했으며, 정주성은 잠시 인류 역사의 흐름에서 벗어난 일탈일 뿐이라고 주장한다.**

---

* 자크 아탈리, 이효숙 역, 『호모노마드, 유목하는 인간』, 웅진닷컴, 2005, 18면.
** 최영주, 「노마디즘의 수용상황 분석과 이해」, 《프랑스학연구》 52, 프랑스학회, 2010.5, 393면.

샘 밀러(Sam Miller)도 그의 저서 『이주하는 인류』에서 인류는 자신이 이주민이든 아니든 결국 이주민의 후예라고 설파한다. 오늘날 대부분의 사람들은 고정된 집 주소와 국적을 갖고 있으며, 많은 사람들이 토지와 집을 소유하고, 어딘가에 머물며 어딘가에 소속되어 있다. 하지만 이러한 정주의 역사는 길고 긴 인류의 역사에서 극히 짧은 일부분에 해당할 뿐이라는 것이다. 고정된 주거지와 국적을 갖는 것이 마치 인간의 한 조건이라도 되는 듯이 사람들은 여기지만 이와는 반대로 인류는 유례가 없을 정도로 많이 이주해 왔다는 것이다. 길고 긴 역사를 살펴볼 때에 인류는 정주가 아니라 이주의 정체성을 가졌다는 것을 그는 다양한 사례들을 통하여 입증하고 있다. 그는 이주민을 자유롭게 선택해 이동한 이들과 강제로 이주당한 이들로 구분한다.[*]

이처럼 논자들은 인류는 정주가 아니라 끊임없이 옮겨 다니는 이주를 정체성으로 하고 있다고 주장한다. 샘 밀러의 분류에 의한다면 박미하일의 선대는 중앙아시아지역으로 강제 이주당한 이들에 속한다. 박미하일의 고조부는 1863년에 연해주로 건너간 '조선인'이었다. 그곳에서 증조부는 러시아 여인과 결혼하였다. 1937년에 중앙아시아지역으로 강제 이주당한 그의 선대는 '고려인'으로 불리었다. 박미하일의 가계를 살펴보아도 정주가 아니라 이주의 정체성을 갖고 있다는 것을 알 수 있다. 그의 가계뿐만 아니라 '고려인으로 불리는 사람들은 모두 박미하일의 가계와 동일한 이주 경험을 갖고 있고, 이것은 고려인들에게 방랑자 의식으로 고착화되었다.'[**]

---

[*] 샘 밀러, 최정숙 역, 『이주하는 인류』, 미래의 창, 2023, 참조. 전자책에서는 페이지를 표기할 수 없음.
[**] 장윤수, 『노마디즘과 코리안 디아스포라 문학』, 북코리아, 2011, 215면.

자신을 '고려인'이 아니라 '재러한인 5세'로 지칭하는 박미하일이 태어난 곳은 우즈베키스탄, 성장한 곳은 타지키스탄, 본격적으로 창작활동을 시작한 곳은 카자흐스탄이었다.* 1949년생인 박미하일은 자신의 당대에 강제로 이주당한 경험은 없지만 강제 이주당한 선대의 후예이고, 그 자신도 우즈베스탄, 타지키스탄, 카자흐스탄을 두루 이주하며 살아온 이주민이다. 그는 소비에트연방이 해체(1991)되자 국경을 넘지 않았음에도 이주 아닌 또 다른 이주를 경험해야만 했다. 즉 소비에트연방 시절에 태어나 '러시아어를 모국어로 사용하며 창작활동'**을 해온 그에게 연방의 붕괴는 그가 거주하고 있는 독립국가의 민족언어를 새롭게 배워야 하는 문화충격을 안겨주었다.

소련의 해체가 왜 그에게 "이주 아닌 또 다른 이주를 경험"하도록 작용했는가는 샘 밀러가 그레그 메디슨의 견해를 빌어 "이주민은 한 문화에서 다른 문화로 옮겨간 사람"***이라 정의하며, 이동한 거리나 통과한 국경보다 문화와 경험이 더 중요하다고 한 견해에 근거한다. 즉 박미하일은 소련의 해체로 공간을 이동하거나 국경을 넘지 않았음에도 이주에 해당할 만한 엄청난 문화적 충격과 도전, 그리고 일상생활의 변화를 경험해야만 했다. 무엇보다도 러시아어를 창작언어와 생활언어로 사용해온 그가 현지의 독립국가 언어인 카자흐어 등을 새롭게 배워야 하는 당혹스런 상황에 직면하게 된 것이다. 이 위기와 도전

---

* 나소정, 「포스트디아스포라, 한국어문학의 새로운 접경-박미하일론」, 《문화와 융합》 43-10, 한국문화융합학회, 2021.10, 308면.
** 1949년생인 박미하일은 1976년에 러시아어로 작품 활동을 시작했으며, 카자흐스탄 알마티의 《고려일보》 기자, 고려인 문단과 고려인협회의 수장을 역임하기도 하였다. 알마티는 구 소련작가동맹 고려인 분과 가운데 가장 활발한 활동을 벌이는 고려인 문단의 중심 무대였다. : 나소정, 위의 논문 308면.
*** 샘 밀러, 앞의 책.

을 그는 러시아어로 자유롭게 창작할 수 있는 러시아의 모스크바로 거주지를 옮김으로써 극복한다. 그리고 자신을 재러한인작가 5세로 지칭하게 된다.

그는 『밤은 태양이다』의 〈작가의 말〉에서 "소련 붕괴 이후 도처에서 부작용이 발생하고 황폐화가 진행되었다. 나는 이 극심한 혼란과 무질서를 몸으로 직접 경험해야 했다. 주인공에게는 힘겨운 시대를 살아야 했던 이러한 내 삶의 일부가 투영되어 있다"*라고 밝힌 바 있다. 여기서 말한 '부작용'과 '황폐화' 또는 '극심한 혼란과 무질서'의 아노미적 상황은 연방의 해체로 인해 국가 시스템 및 여러 사회제도의 변화뿐만 아니라 특히 러시아어를 모국어로 사용해온 고려인들에겐 언어적으로 독립국가의 언어들을 새롭게 습득해야 하는 상황에 내몰린 것을 의미한다.

코리안 디아스포라를 지속적으로 연구해온 사회학자 윤인진의 조사에 따르면, 고려인 4세대가 가장 자유롭게 사용하는 언어는 98.9%가 러시아어이고, 한국어가 1.1%이다. 그리고 고려인이 가장 많이 살고 있는 독립국가 언어인 카자흐어 또는 우즈벡어는 0.0%일 뿐이다.** 이러한 언어적 상황이야말로 소련의 해체가 고려인에게 미친, 국경을 넘지 않았음에도 새로운 이주에 해당할 만한 당혹스런 경험이라고 하지 않을 수 없다.

즉 소련의 해체는 고려인들을 그들의 거주국인 독립국가 우즈베키스탄이나 카자흐스탄 등의 정치적 영향력 아래 놓이게 만들었다. 그리

---

* 박미하일, 전성희 역, 『밤은 태양이다』, 상상, 2019, 225면.
** 윤인진, 『코리안 디아스포라』, 고려대학교출판부, 2004, 138면.

고 언어적으로도 독립국가의 민족언어를 새롭게 습득해야 하는 상황을 초래한 것이다. 따라서 고려인들은 독립국가가 된 거주국의 사회문화에 동화할 것인지, 한국과의 긴밀한 교류를 통해 한국인으로서의 정체성을 강화할 것인지, 거주국과 모국의 문화와 정체성을 융합한 새로운 그들의 정체성과 문화를 만들어갈 것인지 하는 도전에 직면하였다.*

이처럼 소련의 해체는 고려인들에게 구소련의 영토 내에서 새로운 이주를 시작하지 않으면 안 되는 곤란한 상황을 초래케 하였다. 이러한 도전에 직면하여 고려인들은 상대적으로 발전 기회가 있을 뿐더러 계속하여 러시아어를 사용할 수 있는 러시아로의 이주, 중앙아시아지역으로의 강제이주 이전의 땅인 연해주로의 재이주, 모국인 한국으로의 역이주를 고려하는 선택에 직면하게 되었다. 이러한 여러 가지 선택지 가운데 박미하일은 러시아어로 자유롭게 창작활동을 할 수 있는 러시아로의 이주를 선택했던 것이다.

이처럼 박미하일의 혈통에는 이주민의 피가 흐르고 있고, 그 자신도 어느 한곳에 정주하지 않고 구소련의 여러 독립국가들을 주유하며 이주민으로 살아왔다. 그리고 현재 그는 러시아와 한국을 오가며 창작활동을 하고 있어, 평생을 한곳에 정주하지 않고 살아온 전형적인 이주민이라고 할 수 있다.

---

* 위의 책, 134면.

Ⅱ. 등장인물들의 이주의 정체성과 노마디즘

1. 기차와 화물선, 그리고 러시아 사회의 불모성

박미하일의 소설 『밤은 태양이다』*에 주인공으로 등장하는 24세의 청년 비켄티 전은 이주당하는 인물이라기보다는 자유롭게 거주지를 이동하는 인물이다. 카자흐스탄 알마티에서 거주하던 그는 러시아 상트페테르부르크를 목적지로 한 이동을 위해 기차를 탄다. 그가 상트페테르부르크로 가는 것은 직업을 구하기 위한 현실적인 목적이 아니라 시를 쓰기 위해서이다.

작품의 공간적 배경은 서두부터 기차 안이다. 기차는 애당초 정주의 공간이 아니라 이동을 위한 교통수단에 불과하다. 게다가 그가 탄 기차는 폐기처분을 해야 할 듯한 황폐한 모습으로, 결코 오랫동안 머물고 싶지도 않고, 여행의 낭만을 즐길 만한 공간도 아니다. 낡을 대로 낡아서 불안하게 덜컹거리는 흔들림과 끽끽거리는 소리, 먼지와 악취 등……. 그리고 식당 칸에서는 남자들이 고래고래 소리를 지르며 떠들고, 19세의 젊은 여성 레라를 향해 음흉한 시선을 보내는가 하면 주인공에게 시비를 걸어 금방 싸움이라도 벌어질 듯하다. 이처럼 기차는 물리적인 황폐함을 넘어서서 기차 내의 분위기는 당장 무슨 일이 벌어질 것만 같은 위태로운 불안감마저 연출한다.

---

* 이 소설은 1996년 알마티에서 완성되어 1997년 카자흐스탄 문예지 《프로스토르(Простор)》에 발표되었으며, 같은 해 러시아 부커상 후보에 오르기도 했다. 우리나라에서는 처음에 『밤, 그 또 다른 태양』(2012)으로 출간되었으나 그 후 개작을 거쳐 2019년에 『밤은 태양이다』로 제목을 바꿔 간행했다.

내가 탄 기차는 낡아서 삐걱대는 마차처럼 끽끽거리는 소리를 내다가, 역에 정차할 때쯤에는 요상한 소리를 내면서 불안하게 덜컹거리기까지 했다. 선두 차량에서 시작된 떨림은 나머지 차량으로 차례로 옮겨갔다. 마지막 차량에 이르러서는 그 떨림이 더욱 심해지곤 했는데, 내가 타고 있는 곳이 바로 그 마지막 차량이었다. 이 객차는 바닥과 천장, 벽, 등 모든 게 쉴 새 없이 흔들렸다. 유독 소음이 심했고, 먼지와 악취도 대단했다. 벽과 창문, 사람들의 얼굴과 옷 할 것 없이 매연과 먼지가 온 사방으로 날아다녔다. 집기들이 낡을 대로 낡은 이 기차는 이미 오래 전에 폐기 처분됐어야 할 상태인데도 여전히 운행되고 있다. (중략) 그들은 대개 자기 친척이나 이웃, 치솟는 물가, 날씨에 대해 이야기를 나누었고, 과연 대통령이 대내외 정치에 있어 개혁을 단행할 것인지도 화제에 올렸다. 그러다 다들 잠이 들곤 했는데, 한 시간쯤 후 다음 역에 도착하게 되면 모든 것이 또다시 되풀이됐다. 한 무리의 사람들이 내리고, 또 다른 사람들이 기차에 오르고, 그리고 아까와 마찬가지로 가방들을 질질 끌면서 통로를 요란스레 지나가고, 그 가방들을 나무상자에 쑤셔 넣고, 가쁘게 숨을 몰아쉬기도 하고, 코를 골기도 하고, 재채기를 하기도 하고, 신문을 바스락거리기도 하면서 말이다.*

기차에 탄 승객들의 "자기 친척이나 이웃, 치솟는 물가, 날씨에 대해 이야기를 나누었고, 과연 대통령이 대내외 정치에 있어 개혁을 단행할 것인지"와 같은 대화의 스케치는 소련 붕괴 이후의 사회가 '치솟는 물가'와 같은 경제적 불안정과 정치적으로도 대내외적 불안 속에 놓여 있음을 시사한다. 뿐만 아니라 "낡은 기차가 대낮이 아닌 한밤중에 달리고 있는 것으로 시작하는 이 작품에서 밤은 어둠, 암울, 절망을 상징

---

* 박미하일, 앞의 책, 9면.

하며, 그 긴 어둠의 터널을 덜컹거리며 지나가는 낡은 기차는 포스트 소비에트 시대를 살아가는 구소련 국가들의 위태로운 모습을 반영한다."*

즉 이동을 위한 교통수단인 기차를 통해서 작가는 주인공이 이동하는 인물이라는 것을 드러내며, 기차 안팎의 황폐한 모습을 통해서는 소비에트 붕괴 이후의 불안정한 정치경제적 사회상을 암시하고 있다. 작가가 말한 '부작용'과 '황폐화' 또는 '극심한 혼란과 무질서'의 아노미적 상황을 기차는 집약적으로 보여주고 있다.

주인공이 상트페테르부르크에서 넉 달 동안 거주했던 화물선 역시 기차와 유사한 상징성을 띠고 있다. 이 화물선에 비켄티 전이 머무르게 된 것은 전차 안에서 우연히 만난 조각가 보리스의 권유 때문이다. 그는 핀란드에 가 있는 친구의 화물선-석탄이나 모래, 벽돌 따위를 운반하는-에 야간경비를 서는 일을 해 달라고 제안한다. 비켄티는 화물선에 머물며 경비를 서는 대가로 월 삼백 달러를 받기로 하고 그곳으로 거처를 옮긴다.

> 만든 지 백년은 더 되어 보이는 화물선은 부서지고 칠이 벗겨지고 녹슬어 있었다. 배는 강변 아래쪽으로 비스듬히 세워져 있었다. 얼음에 묶인 채 반쯤 뒤덮여 있는 배는 통조림통처럼 보였다. 우리는 판자다리를 건너, 꽁꽁 얼어 있는 갑판으로 갔다. 갑판에는 석탄 더미가 있었다."**

---

* 김태옥, 「미하일 박 소설에 투영된 고려인 주인공의 자아정체성 고찰: 『밤은 태양이다』를 중심으로」, 《슬라브학보》 38-4. 한국슬라브유라시아학회, 2023.12, 38면.
** 박미하일, 앞의 책, 100면.

"부서지고 칠이 벗겨지고 녹슬어 있"는 백년이나 더 되어 보이는 화물선은 낡아빠진 기차와 마찬가지로 안전한 거주처로서의 집이 아니라 몇 달 동안 임시로 머무는 일시적인 숙소이자 야간경비를 서야 하는 일터이다. 화물선도 기차와 마찬가지로 주인공의 이주의 정체성을 드러낼 뿐만 아니라 소련 붕괴 이후의 '부작용'과 '황폐화' 또는 '극심한 혼란과 무질서'의 아노미적 상황을 연출한다. 낡아빠진 기차가 아직 교통수단으로서의 기능을 수행하고 있는 데 반해 화물선은 화물을 실어 나르는 본래의 기능조차 수행하지 못하는 채 네바 강변에 정박되어 있다. 이곳에 한동안 머물던 비켄티가 떠난 뒤, 배는 주물공장으로 보내져 선박으로서의 기능을 더이상 수행하지 못할 것으로 예고되어 있다. 사실상 폐기 처분을 앞둔 황폐한 화물선도 기차와 마찬가지로 당대 러시아 사회의 불모적 상황을 상징적으로 나타낸다.

2. 등장인물들의 이주의 정체성과 노마디즘

화물선에 머물던 비켄티가 배를 떠나게 된 것은 한국에서 온 여행객 권은필의 요청 때문이다. 그는 권은필의 여행안내를 해주는 조건으로 배를 떠나 권은필이 머물고 있는 호텔로 숙소를 옮긴다. 이처럼 상트페테르부르크에 도착한 후에도 비켄티는 어느 한곳에 정주하지 않은 채 셋집에서 화물선으로, 다시 호텔로 거처를 옮겨 다닌다.

그는 시를 쓴다는 목적 이외에는 현실적인 목적이 없이 그냥 떠돌아다니는 방랑자이다. 자크 아탈리는 "문자를 발명하고 역사를 기록하고 한곳에 정착하여 평화롭게 문명을 꽃 피웠던 정착민에 비하여 집시, 유목민, 음유시인, 방랑자, 거지 등 떠도는 자들은 늘 척박한 삶을 살아"* 온 주변적인 존재였다. 반면 현대의 예술가를 비롯한 노마드적 자산 보유자, 특허권 또는 노하우의 보유자들과 같은 하이퍼노마드들은 정착에 대해 아무런 애착도 없는 존재들로서 세계화의 주역이라 규정한다.** 비켄티는 늘 척박한 삶을 살아온 음유시인이요 방랑자와 같은 주변적 노마드에 속한다. 반면 전 세계에 아미라는 팬 집단을 보유한 한국의 BTS와 같은 존재는 하이퍼노마드에 속하는 예술가의 예일 것이다. 주변적 노마드이든 하이퍼노마드이든 이들의 공통점은 정착에 대해서 애착이 없는, 즉 여행(이동)하는 존재라는 점일 것이다.

그가 한곳에 머무르지 않고 이곳저곳으로 거처를 이동하는 것은 집 없는 자들이 어쩔 수 없이 선택하는 행위라기보다는 인간은 존재론적 방랑을 통해서라야만 삶의 의미를 찾는 존재라는 마페졸리의 말을 연상시킨다. '정착보다는 미지의 장소로 떠나서 미지의 사람들을 만나고자 하는 욕구는 인간 본연의 욕구이다. 이처럼 경계와 테두리를 벗어나려는 방랑은 무한성(infinité)에 대한 갈증에서 연유한다.'*** 여기저기를 목적하는 바 없이 떠돌아다니는 '방랑'이야말로 마페졸리가 주장하는 노마디즘의 핵심적 개념이다. 그에 의하면 무작정 다른 곳으로 떠나고자 하는 방랑의 욕구는 인간의 본성이다.**** 불모지를 이곳저곳 옮겨 다니는 방랑은 변화에 대한 욕구이며, 모험을 통한 자아의 발견이다.*****

---

* 장윤수, 앞의 책, 22면.
** 자크 아탈리, 앞의 책, 34면.
*** 최항섭, 「노마디즘의 이해: 들뢰즈와 마페졸리의 논의를 중심으로」, 《사회와이론》 12, 한국이론사회학회, 2008.05, 177면.
**** 위의 논문, 176면.
***** 위의 논문, 177면.

노마드는 '유목민', '유랑자'를 뜻하는 용어로서, "그것이 장소이든, 사람이든, 생각이든 어떤 것에 고정되어 있지 않고 자유롭게 이동하는 상태를 의미한다."* 특정한 가치와 삶의 방식에 얽매이지 않고 끊임없이 자기를 부정하면서 새로운 자아를 찾아가는 것을 의미하는 철학적 개념으로 자리 잡은 노마디즘은 기존의 가치와 삶의 방식을 부정하고 불모지를 옮겨 다니며 새로운 것을 창조해 내는 일체의 방식을 의미한다. 노마드란 단순히 공간적인 이동만을 가리키는 것이 아니라, 버려진 불모지를 새로운 생성의 땅으로 바꿔 가는 것, 곧 한자리에 앉아서도 특정한 가치와 삶의 방식에 매달리지 않고 끊임없이 자신을 바꾸어 가는 창조적인 행위를 뜻한다.

　비켄티는 상트페테르부르크로 가는 동안 우연히 침대열차의 위아래 칸에 타게 된 젊고 매력적인 여성 레라와 모스크바의 카잔역에 내려 예정에 없던 하룻밤을 보낸다. 그가 상트페테르부르크로 가는 특급열차로 곧바로 갈아타지 않고 레라의 제안에 따라 모스크바에서 하룻밤을 머물렀던 것처럼 그의 이동은 언제든 상황에 따라 변화할 수 있다. 이와 같은 유연한 변화의 가능성이야말로 노마드(nomad)의 전형적인 특성이다.

　비켄티뿐만 아니라 그가 기차에서 만났던 레라도 새로운 삶을 찾아 이동하는 노마드이다. 그녀의 목적지는 우크라이나의 키예프**이고, 최종 목적지는 미국이다. 그녀는 키예프에 친척들이 살고 있어 그들을 방문하러 간다고 했지만 실은 미국으로 가는 출국증명서가 필요해서

---

* 위의 논문, 164면.
** 키예프는 우크라이나의 수도이자 최대도시.

우크라이나 태생의 미국인과의 결혼을 위해 그곳으로 갔다고 보내온 편지에서 밝힌다. 미국으로 간다고 해서 그곳에 어떤 일이 그녀를 기다리고 있는지 전혀 알 수 없는 불확실성에도 불구하고 그녀는 새로운 삶을 찾아 이주하는 인물이다.

그녀가 노마드라는 것은 새로운 직업을 구하기 위해 카자흐스탄에서 우크라이나로, 그리고 멀리 미국까지 공간적 이동을 시도하는 것에서만 나타나는 것이 아니다. 그녀가 모스크바 카잔역에 내려 처음 목적지인 키예프행 기차에 바로 환승하지 않고 비켄티와 하룻밤을 보낸 것과 같은 본래의 여정을 벗어나는 행위도 그녀의 노마드적 성격을 보여준 것이다.

그녀가 비켄티와 함께 모스크바에 하룻밤을 머물렀던 것은 그에 대해 진심으로 매혹을 느꼈기 때문이었다고 편지에서 고백하지만 비켄티가 그녀를 붙잡지 않았듯이 그녀 역시 더이상 머물지 않고 그를 떠났다. 이 사실에 대해 "당신한테서 듣고 싶은 아주 중요한 말이 있기는 했지만, 또 한편으로는 당신이 이 말을 할까 봐 무척 두렵기도 했어. 하지만 당신은 그 말을 하지 않았고, 난 그래서 당신에게 고마워하고 있어. 당신은 나한테 기회를 준 셈이니까. 먼 훗날 언젠가는 우리가 이 점을 무척 아쉬워할지도 모르지만 말이야……."*라고 편지에서 밝힌다. 그녀가 비켄티에게서 듣고 싶었던 말은 아마도 '사랑한다는 말, 그래서 키예프로 떠나지 말고 함께 있자는 말'이었을 것이다. 그러나 두 사람 모두 노마드의 속성을 가진 인물들이었기 때문에 서로를 구속

---

* 박미하일, 앞의 책, 104면.

하지 않는다. 레라는 비켄티의 그 점에 대해 고맙다고 말한 것이다. 그리고 그녀의 말처럼 정주하지 않고 떠나야만 새로운 기회는 생기게 마련이다.

비켄티는 자신이 시인이라는 데 대해 최초로 관심을 보여준 레라를 하룻밤의 사랑 뒤에 자유롭게 떠났다. 또한 시인이 되고자 하나 그 어떤 가능성도 찾을 수 없었던 그에게 자신의 재산을 털어 생일선물로 이 소설의 제목이기도 한, '밤은 태양이다'라는 제목의 시집을 발간해 준 상트페테르부르크에서 만난 예르나에게도 머무르려 하지 않는다. 그녀의 말대로 출구도 없이 허우적거리며 힘들게 살면서도.

"비켄티, 나는 시를 잘 이해하지 못해. 하지만 당신한테 시가 얼마나 많은 것을 의미하는지는 알 수 있어. 당신은 제자리를 못 찾고 힘들게 살고 있단 말이야. 허우적대면서. 그런데도 출구는 없고, 비켄티, 그래서 내가 당신 시들을 발표했어."*

레라를 질투하며 자신의 본명도 레라라고 밝힌 그녀의 비켄티에 대한 감정은 분명 사랑이다. 그녀가 자신의 양아버지로부터 물려받은 집에서 함께 정주하자고 설득하는데도 비켄티는 굳이 고래잡이를 하러 떠나겠다고 말한다. 그녀는 다시 그를 만났을 때부터 자신의 집으로 옮기자고 말해왔다. 왜냐하면 낡아빠진 화물선은 그녀에게 너무 추울 뿐만 아니라 기분이 나쁘고 소름이 끼치는 불모의 공간이었기 때문이다.

---

* 위의 책, 224면.

"난 이제 당신을 더는 찾아갈 수가 없어. 알겠어? 거긴 내게 너무 추워. 그 배가 언젠가는 산산이 부서질 것만 같아. 내가 살고 있는 곳으로 거처를 옮기라고 누누이 부탁했지만 당신은 그러고 싶어 하지 않았는데, 대체 그 이유가 뭐야?"
"당신한테 가서 살 수는 없어. 예르나."
"어째서?"
"그건 설명하기 힘들어."
"힘들다고? 난 당신을 이해하는 것이 힘들어. 당신이 있는 배에는 가고 싶지 않아. 커다란 물고기 뱃속에 있는 것 같아서 기분이 나쁘다고. 갈 때마다 소름이 끼쳤어."*

하지만 비켄티는 설명하기 힘든 이유로 이를 거절한다. 그렇다고 그가 내세우는 고래잡이를 하러 떠나야 한다는 것이 그의 인생에서 중요한 목표이거나 고래잡이를 통해서 추구하고자 하는 어떤 목적이 있는 것도 아니다. 고래잡이를 하러 백해로 떠나겠다고 말한 것은 그가 화물선에 머물 때에 조타실의 한편에서 '선박의 의무 – 포경과 기지에로의 예인'과 '채취장비 – 작살포'라고 쓰여진 표지판을 발견하고 나서 이 황폐한 화물선이 과거 한때 포경선이었던가 하는 놀라움을 가진 후부터였다. 그리고 고래잡이를 하겠다는 것도 "지금까지 살아 있는 진짜 고래를 한 번도 본 적이 없"다는 다소 즉흥적인 이유를 예르나에게 장난스레 말한 것이 전부였다. 어쩌면 예르나와 함께 상트페테르부르크에 머무는 것이 현재의 그에게 가장 현실적이고 안정적인 선택일 수 있음에도 그는 그녀의 제안을 거절한 것이다.

---

* 위의 책, 161면.

이처럼 비켄티는 여성들과 자유롭게 만나 사랑을 나누지만 사랑이란 이름으로 상대방을 구속하지도 않고, 그 자신도 구속받기를 원하지 않는다. 그는 여성들을 자유롭게 만났듯이 언제든 자유롭게 상대방을 떠났고, 떠나고 싶어 한다. 레라는 그녀 자신도 이주의 정체성을 가진 노마드였기에 그의 이주의 정체성을 받아들이며 고맙다고 말했지만 예르나는 이를 이해하지 못한다.

아무튼 그는 레라를 떠났기 때문에 예르나라는 여성을 만날 수 있었고, 그녀로부터 자신의 첫 번째 시집 발행이라는 예상치 못한 소중한 선물도 받았다. 시집의 발간은 비켄티의 시인으로서의 정체성을 명실공히 세상에 공표하게 만든 중요한 사건이다.

이처럼 떠남은 기존에 관계를 맺고 있는 사람과의 이별을 가져오지만 다른 한편에서는 떠남이 있었기에 새로운 만남도 이루어진다. 그가 사랑을 나누었던 여성들로부터 떠나는 것이야말로 새로운 가능성과 그의 노마드적 속성을 가장 확실하게 보여준 한 예라고 할 수 있다.

"당신, 지금도 그 여자를 사랑하고 있어?"
"그건 이제 중요하지 않아. 이미 헤어졌고, 이후로 한 번도 만난 적이 없으니까. 감정이란 아무런 의미가 없다는 뜻이야."
"하지만 감정이라는 것은 남아 있을 거잖아. 그렇지 않았다면 편지도 없앴어야지."
"감정을 종이에 쓰게 되면 단어들로만 남게 되는 거야. 지금 그 여자는 다른 나라에서 아주 편안하게 지내고 있어. 이제부터 그녀의 운명은 과거를 깃털만큼도 건드리지 않을 거라고, 어느 시인이 말했듯이, 떠나간 것에 대해서는 많이 생각해서는 안 되니까."

"당신도 곧 떠날 거라는 말로 들리는데? 돌아오지 않을 생각이야?"
"글쎄."
"이 집은 내 양아버지가 나한테 준 거야. 엄마는 그분과 모스크바 근교에서 살고 있고."
"그래, 당신이 전에 말했잖아."
"난 당신한테 그 어떤 것도 강요하지는 않을게. 당신은 나와 함께 사는 걸 거절했는데, 그건 아마 당신 자존심 때문이었겠지. 당신은 비난을 두려워하고 있어."
"무슨 말이야, 레라. 그건 자존심하고는 아무 상관없어. 나 자신에 대해 어떻게 설명해야 할지 모르겠어."
"그래서 고래를 잡으러 떠나기로 한 거야?"
"응."*

　인용된 예르나와 비켄티의 대화는 비켄티의 이주의 정체성을 파악하는 데 있어 매우 중요한 대목이다. 레라가 비켄티에게 보내온 편지를 우연히 읽게 된 예르나는 그녀를 질투하며 "지금도 그녀를 사랑하느냐"고 묻는다. 이에 그가 "그건 이제 중요하지 않아. 이미 헤어졌고, 이후로 한 번도 만난 적이 없으니까. 감정이란 아무런 의미가 없다는 뜻이야"라고 대답한다. 뿐만 아니라 "감정을 종이에 쓰게 되면 단어들로만 남게 되는 거야"라고 말한다. 즉 그의 대답은 과거의 감정이 아니라 지금, 여기의 현존을 강조한 것이다. 그만큼 과거의 레라가 아니라 지금, 여기의 예르나를 사랑하고, 그것이 중요하다고 답한 셈이다. "우리에게 내일이 있을지,/ 앞날을 점치지 마라./ 하지만 오늘 나는 즐겁다"**라는 비켄티가 쓴 시구에서 드러나는 것도 과거나 미래가 아니라

---

* 위의 책, 229~230면.

현재적 실존의 중요성이다. 비켄티는 "과거나 현재를 나누는 것은 찰나의 순간이지만, 그렇다고 해서 과거를 그리워하고 아쉬워하는 것은 소용없는 짓"이라고 생각한다. 여기에서 표현된 것도 과거에 대한 그리움이나 아쉬움을 소용없는 짓으로 치부하며 현재를 중시하는 태도이다. 그만큼 과거의 인물, 과거의 감정에 그는 고착되지 않고 끊임없이 자신을 변화시키고 싶어 한다.

그리고 함께 살자고 한 권유를 거절한 이유가 자존심이나 비난 때문이 아니냐는 예르나의 질문에 대해 그는 "그건 자존심하고는 아무 상관없어"라고 부정하며 "나 자신에 대해 어떻게 설명해야 할지 모르겠어"라고 모호한 말을 한 것은 그녀가 그의 이주의 정체성에 대해 이해할 수 없을 것으로 판단하였기 때문이다. 그녀의 집에서 함께 정주하기를 원하는 예르나에게 자신의 이주의 정체성을 어떻게 설명해야 할지 그는 알 수 없었다. 즉 사랑이란 고정된 한 대상에게 정주하는 것이라고 생각하고 믿는 그녀에게 사랑을 나누면서도 정주하지 않고 떠나겠다는 그의 이주의 정체성을 어떻게 설명하고 납득시킬 수 있을 것인가.

예르나는 머물 수 있는 집이 있고, 정주를 희망하는 여성이다. 더욱이 사랑하는 비켄티와 자신의 집에서 함께 정주하고 싶은 여성이다. 비록 그녀가 창녀라는 직업을 갖고는 있지만 비켄티를 사랑하게 된 순간 그녀는 그에게 정주하고 싶어 한다. 반면 비켄티는 정주가 아니라 이주의 정체성을 갖고 있기에 그녀를 사랑하면서도 떠나고 싶어

** 위의 책, 127면.

한다. 그에게는 사랑조차도 영원히 정주하는 고정된 감정이 아니라 지금, 여기의 무한자유의 일시적이고 순간적인 감정일 뿐이다. 예르나에게 레라에 대한 감정에 대해 "이제 중요하지 않"고, "감정이란 아무런 의미가 없"으며, "감정을 종이에 쓰게 되면 단어들로만 남게 되는" 것이라는, 즉 감정을 부정하는 듯한 논리를 편 것도 결국은 사랑이라는 감정이나 대상으로부터도 자유로운 그 자신 본연의 이주의 정체성을 말한 것이다.

"유목하는 작중인물들은 끊임없는 이주와 이행"*을 한다는 박미하일의 소설에 대한 마기영의 논평은 『헬렌의 시간』뿐만 아니라 『밤은 태양이다』를 비롯하여 여러 작품의 인물들에 두루 해당된다. 그러나 이러한 논평 뒤에 이어진, 작중인물들이 찾아 헤매는 그것은 "궁극적으로 사랑, 존재론적 정착"이라는 견해는 재고를 요한다. 왜냐하면 그들은 사랑을 찾아 또는 존재론적 정착을 위해 이주와 이행을 감행하는 인물들이 아니기 때문이다. 만약 비켄티가 사랑을 구하고 존재론적 정착을 원했다면 예르나의 제안을 거절하고 굳이 고래잡이를 하러 떠나겠다고 대답하지는 않았을 것이다. 그리고 '돌아오겠느냐'는 그녀의 질문에도 '글쎄'라고 애매한 답도 하지 않았을 것이다.

그는 어딘가에 또는 무엇인가에 정착하고 정주하기 위해 살아가는 인물이 아닌 노마드이다. 그것이 비록 사랑이라는 감정이거나 사랑의 감정을 공유했던 여성인 레라나 예르나라고 할지라도……. 장소이든, 사람이든, 생각이든 어떤 것에 고정되어 있지 않고 자유롭게 이동하는

---

* 마기영, 「재러 작가 박미하일 소설 연구 -『헬렌의 시간』을 중심으로 -」, 《한국문학이론과 비평》 84, 한국문학이론과 비평학회, 2019.09, 65~83면.

존재가 노마드이며, 비켄티는 이주와 이행 그 자체가 그의 근원적이고 본질적인 정체성이기 때문에 떠나고자 하는 것이다.

정착은 특정한 장소나 인물에게 머무는 것만을 의미하지 않는다. 특정한 철학적 태도를 견지하거나 예술 사조를 표방하고 지지하며 그에 머무르는 것도 노마디즘에 반하는 태도이다.

> 시인인 나로 말하자면, 유물론이나 경험비판론의 지지자도 아니고, 마찬가지로, 상징주의나 추상주의, 아크메이즘, 미래파, 자아미래주의, 다다이즘, 입체파, 이미지즘, 리얼리즘, 언더그라운드, 또 그 밖의 이런 류의 무슨 무슨 주의를 선전하고 다니는 인간도 아니다. 특별히 예술에 있어서 새로운 어떤 조류라고 하는 것들은 모두 세상에 그 모습을 드러내기도 전에 소멸하고 내몰리기 일쑤이기 때문이다. 새로운 조류는 언젠가 동굴에 그 흔적을 남겼던 진흙 냄새를 풍기기 마련이다.*

그가 특정한 철학적 태도를 견지하거나 예술사조를 표방하거나 지지하지 않는 것은 "특별히 예술에 있어서 새로운 어떤 조류라고 하는 것들은 모두 세상에 그 모습을 드러내기도 전에 소멸하고 내몰리기 일쑤이기 때문"이라고 생각하기 때문이다. 즉 어떤 새로운 조류라고 할지라도 그것은 영구히 새로운 것이 아니라 생성소멸의 과정 속에서 금방 낡은 것으로 변질되고 소멸하는 것이라고 그는 생각한다. 따라서 그는 특정한 철학이나 예술사조에도 정착하기를 원하지 않는 노마드의 태도를 견지한다.

자크 아탈리에 의하면 '노마드는 가볍고, 자유롭고, 언제나 주의를

---

* 박미하일, 앞의 책, 125~126면.

게을리 하지 않고, 늘 접속되어 있으며, 우애를 지니는 여섯 가지 덕목을 가지고 있어야 한다. 이 가운데 자유로움이라는 두 번째 덕목은 특정한 사고방식, 이데올로기, 고정된 정체성에 머무는 것이 아니라, 끊임없이 유랑하며, 새로운 것을 받아들이는 유연한 사고와 같이 모든 경계를 무너뜨릴 수 있는 힘을 의미한다.*

물리적 공간의 이동과 사람(여성)들과의 만남과 헤어짐, 그리고 특정한 철학이나 예술사조에도 얽매이지 않는 태도는 그가 어떠한 삶의 방식에도 얽매이지 않고 시인으로서 새로운 자아를 발견해 나가는 자유라는 덕목을 실천하는 노마드라는 것을 보여준 것이다. 강제적 이주민이 아니라 자발적 노마드로서 그의 공간 이동과 사람(여성)들과의 만남과 떠남, 그리고 특정한 철학과 예술사조에도 얽매이지 않는 태도는 새로운 자아를 찾는 탈영토화의 과정이다. 들뢰즈에 따르면 탈영토화는 자신의 인식적 한계를 벗어나는 것으로, 고정된 자아를 망각하고 새로운 자아를 찾아 떠나는 것을 의미한다.** 비켄티는 여행과 방랑을 통해 새로운 공간에서 새로운 사람들과 만남으로써 기존에 자신이 지니고 있던 동일성에서 탈피하여 탈영토화되고 새롭게 변화된 존재로 거듭난다. 그리고 그것은 새로운 예술적 시적 상상력을 불러일으키는 창작의 원동력으로 작용한다.

"들뢰즈에 의하면 차이를 생성하지 못하는 개인의 삶은 살아 있는 삶이라고 볼 수가 없다. 지속적으로 차이를 추구하는 것만이 삶에 생기를 가져다줄 수 있다. 고정된 상태에서 벗어나지 못하는 것들은 결

---

* 장윤수, 앞의 책, 26면.
** 강옥희, 「〈노매드랜드〉의 노마디즘과 디아스포라」, 《문화와 융합》 45-2, 한국문화융합학회, 2023, 754면.

국은 그대로 사라져버린다"라는 말처럼 차이와 변화를 생성하기 위해서, 즉 삶의 생기를 되찾기 위해서 그는 반드시 떠나야만 한다.

이 소설에서 변화하지 않고 유지되는 무엇인가가 있다면 그것은 이주의 정체성이며, 그가 시인이라는 점일 것이다.

3. 시인의 정체성과 고려인의 정체성

시인으로서 비켄티의 정체성은 상트페테르부르크에 오기 전까지는 주위 사람들로부터 계속 인정받지 못한다. 기차 안에서 레라가 그에게 상트페테르부르크로 가는 목적을 묻자 그는 자신의 직업이 시인이며, 그곳으로 가는 목적도 "시를 쓰러" 간다고 대답한다. 그녀는 그가 시인이라는 것을 놀라워하면서도 "시를 쓰기 위해서 그렇게까지 멀리 간다는" 데 대해서는 이해할 수 없다는 반응을 보인다. 이에 그는 "화가들은 그림 소재를 구하기 위해 다른 도시로 가기도 한다고" 응수한다.

그는 모스크바의 거리에서 불심검문에 걸려 경찰서에 연행되었을 때에도, 상트페테르부르크에 무엇을 하러 가느냐는 경찰관의 질문에 '시를 쓰러 간다'고 한결같은 대답을 한다. 하지만 그의 대답에 경찰관은 어리둥절하며 눈썹을 치켜올리는 냉소적 반응을 보인다. 레라나 경찰관 두 사람 모두 비켄티가 직업을 구하기 위해서도 아니고, 단지 시를 쓰기 위해서, 즉 예술을 하기 위해서 이동을 하는 것을 이해하지 못한다.

조각가인 보리스조차도 그가 시를 쓴다고 하자 "시라고? 정말 사람 놀래키는군! 요즘에 시를 쓴다는 건 정신 나간 짓이야. 시라고 하는

---

* 위의 논문, 174면.

것은 미친 사람들이나, 아니면 주머니가 두둑한 인간들이나 쓰는 거라고. 자네가 재벌 2세는 아닐 테고"라고 부정적인 반응을 보인다. 하지만 보리스는 그의 즉흥시를 듣고 난 후 책을 내 본 적이 있는가 하고 물으며, 화가나 소설가와는 달리 시인은 스무 살이 되면 충분할 뿐만 아니라 "아직 힘과 혈기, 그리고 대담함이 있고, 또 정력이 불끈불끈 솟아날 때 열심히 활동해야지"**라고 젊은 나이에 시를 쓰는 그의 창작 행위를 격려한다.

비켄티의 시인으로서의 정체성을 완성시켜 준 사람은 다름 아닌 예르나이다. 그녀는 자신은 시를 잘 모른다고 말하면서도, 그리고 경제적인 여유가 별로 없는 창녀라는 직업을 가졌음에도 불구하고 그에게 시집을 발행해줌으로써 시인으로서의 그의 정체성을 세상에 공적으로 인정받게 한 고마운 인물이다.

시를 쓰는 것과 같은 예술의 창조적 행위는 어느 한 장소, 한 사람, 특정한 생각 등에 고정되거나 정착을 해서는 결코 창조성이 발휘될 수 없다. 그는 시라는 예술을 창작하기 위해 카자흐스탄의 알마티에서 러시아의 상트페테르부르크로 이동하였다. 그가 내륙도시가 아니라 러시아 서북부의 발트해와 인접한 항구도시 상트페테르부르크로 이동한 것은 그곳이 문화예술이 풍요로운 곳이기도 하고, 다음에 이동하고자 하는, 즉 고래잡이 포경선을 타고 떠나는 것이 용이한 항구라는 점이 크게 작용했다고 생각한다.

여행(이동)이야말로 끊임없이 생성하고 생동하는 시인으로서 그의 유

---

* 박미하일, 앞의 책, 94면.
** 위의 책, 97면.

목민적 특성을 전형적으로 보여준 것이라 할 수 있다. 그리고 정주에서 벗어나 이동을 한다는 것이 항상 보다 더 나은 상태로의 이동을 의미하는 것은 아니다. 그럼에도 그는 끊임없이 이동하고자 한다. 그것은 이주가 그의 본질이요, 정체성이기에 그저 떠나겠다는 것이다. 기존의 가치와 삶의 방식을 부정하고 불모지를 옮겨 다니며 새로운 것을 창조해 내는 일체의 방식을 노마디즘이라고 할 때에 주인공은 노마디즘에 지극히 철저한 인물이다. 그리고 주인공에게는 이주의 정체성을 가진 작가 박미하일의 자전적 특성이 강하게 투사되어 있다.

주인공이 다양한 공간을 돌아다니며 궁극적으로 얻은 것은 기존의 삶의 방식에서 벗어난 시인으로서의 진정한 자아의 발견이다. 시를 쓰며 살아가는 자발적 노마드로서의 자유를 마음껏 누리기 위해 그는 화물선에 경비를 서는 일이나 짐꾼과 같은 일도 기꺼이 감수한다.

소설『밤은 태양이다』를 '떠남'의 여정에서의 주인공의 내면, 이주 고려인으로서의 정체성 혼란과 이것 때문에 겪게 되는 방황과 고뇌 어린 성찰로 파악한 견해*가 있다. 하지만 주인공은 고려인으로서의 정체성에 대한 혼란을 겪는다기보다는 소련 붕괴 이후의 정치사회적, 또는 문화적 변화 속에서 경험한 작가의 혼란과 무질서를 반영하는 인물이다. 물론 주인공이 고려인이기 때문에 그가 겪는 혼란과 무질서가 가중되었을 가능성은 엄존한다. 그러나 고려인이라는 점이 주인공에게 혼란과 무질서를 야기하는 요인의 전부는 아니며, 자신이 고려인이라는 데 대해 정체성의 혼란을 겪는 것도 아니다.

---

* 정수연·박양하·김영미, 박 미하일 소설 삽입시의 의미와 효과 -『밤은 태양이다』를 중심으로-,《한국문예비평연구》64, 한국문예비평학회, 2019.12, 249~274면.

레라와 그냥 헤어지기가 아쉬워 모스크바에서 하룻밤을 머무는 동안 그는 길거리를 돌아다니다가 러시아 경찰의 불심검문을 받게 된다. 연행된 비켄티는 자신을 검문하는 경사에게 강력하게 반발한다.

"카자흐스탄공화국과 러시아 간에는 사람들이 자유롭게 왕래할 수 있는 협정이 되어 있는 걸로 아는데요. 나는 내가 원하는 곳에 갈 수 있는 권리도 없다는 말입니까?"*

"당신은 그럴 권리가 없습니다. 당신은 지금 러시아 정부의 법을 어기고 있습니다. 법대로라면, 당신은 내게 영장을 먼저 제시해야 합니다."**

"카자흐스탄에서 온 시인 한 명이 어째서 러시아 시민에게 위험한 존재인지 모르겠군요."***

경찰관은 그가 러시아어로 시를 쓴다는 것과 그의 조상이 19세기에 러시아로 온 이주민이며, 고향과의 관계는 단절되었다는 말을 듣자 의심을 풀고 차를 대접한다. 그는 시인으로서 19세기에 러시아로 온 조상들의 이주의 역사를 서사시****로 쓰겠다고 생각하는, 고려인으로서의 정체성을 확고히 갖고 있다.

이 에피소드를 통해 드러나는 것은 소련 해체 후 카자흐스탄에서 러시아에 가기 위해서는 별도의 여권을 지참해야 한다는 것이라기보다는 백인사회인 러시아에서 외모 때문에 고려인이 받는 차별이다.

---

* 박미하일, 앞의 책, 56면.
** 위의 책, 57면.
*** 위의 책, 57면.
**** 위의 책, 58면.

동행한 레라는 왜 자신에게는 여권을 보자는 말을 하지 않은 거냐고 묻자 그는 "너는 겉으로 보기에 의심스러운 데가 없으니까. 넌 척 보면 모든 게 확실하잖아. 마치 샘물처럼 넌 법 앞에 깨끗한 사람으로 보인다니까"*라고 답해준다. 이어서 "너한테는 왜 그런 건데?"라고 레라가 질문하자 "난 아시아인이잖아. 내 생김새는 다른 사람들과 다르니까 그런 거야. 모스크바에는 불법적으로 숨어 있는 베트남 사람과 중국 사람이 꽤 많기 때문에 주의를 끌게 된 거지. 경사는 내가 평범한 카자흐스탄 시인이라는 사실을 몰랐으니, 그로서는 한 명의 아시아 사람을 본 거고, 그게 이유의 전부지"**라고 흥분하지 않고 이성적으로 답해준다.

신체적으로 러시아인이나 중앙아시아 원주민들과는 구별되는 고려인의 외모는 작품에서처럼 불심검문의 대상이 되기도 하고, 차별의 원인으로 작용하기도 한다. 반면 작품의 후반부에 등장한 한국에서 온 여행객 권은필과 연결되는 고리로 작용하기도 한다. 권은필이 비켄티에게 관심을 보인 것은 전적으로 그가 한국인과 동일한 외모와 혈통을 가진 고려인이기 때문이다.

업무적인 출장을 온 것이 아니라 단순한 여행객인 권은필도 자크 아탈리가 노마디즘의 본질을 여행으로 정의했던 것에 들어맞는 인물이다. 관광객이야말로 여행이 산업화되면서 새롭게 탄생된 노마드이다.*** 그는 러시아뿐만 아니라 일본, 미국, 유럽 등 세계 여러 나라를 여행한 경험이 있는 인물로서 비켄티에게 여행안내를 부탁하기 위해

---

* 위의 책, 61면.
** 위의 책, 61면.
*** 자크 아탈리, 앞의 책, 29면.

자신이 머무는 호텔에 방을 잡아주기도 하고, 보리스의 조각작품을 사주기도 할 만큼 경제적 여유가 있다. 권은필이 보여준 경제적 여유는 한국의 경제적 발전을 암시한다. 이 작품의 서사에는 드러나지 않지만 비켄티와 권은필의 만남은 향후 작가 박미하일의 이주가 한국까지 이어지는 여정을 예고한다고도 할 수 있다.* 그리고 권은필의 러시아 여행은 소련 해체 직전인 1990년 9월 30일에 대통령 고르바초프와 노태우는 한-소 수교를 체결했고, 그 이후 소련을 승계한 러시아가 한-러 간의 외교를 승계함으로써 여행 자유화가 이루어진 결과이다.

Ⅲ. 나가며 - 이주의 정체성과 길의 크로노토프

작가 박미하일은 소련 붕괴 이후의 혼란과 무질서가 작품에 반영되어 있다고 했지만 작가 또는 작중인물이 겪는 혼란과 무질서조차도 결코 부정적인 의미만을 갖는 것은 아니다. 변화와 창조를 원한다면 기존의 안정과 질서는 반드시 파괴되어야 한다. 그리고 혼란과 무질서의 불모적 상황은 변화와 창조를 위한 과정이다. 소련 붕괴의 대혼란 속에서 작가 박미하일과 같은 노마드가 탄생했고, 소련 붕괴 직후를 시대적 배경으로 카자흐스탄에서 러시아로 이동한 작중인물 비켄티 전과 같은 인물도 창조되었다.

이동(여행)이야말로 이 소설의 제목인 '밤은 태양이다'처럼 밤이라는 불모적 상황을 태양이라는 희망적인 상황으로 바꾸는 원동력으로 작

---

* 박미하일은 소련 해체 이후 1991년에 한국을 처음으로 방문했다.

용했다고 생각한다. 불모의 땅을 옮겨 다니는 행위 자체가 새로운 것을 창조하는 노마드의 특성이다. 카자흐스탄 알마티에서 러시아의 모스크바를 거쳐 러시아에서 문화예술이 가장 발달된 도시 상트페테르부르크로 이동하지 않았다면 주인공은 시집을 발간하지 못했을 것이다. 그에겐 그만한 경제력도, 시집을 발간하겠다는 의지도, 러시아어로 시를 쓰는 것에 대한 자신감도 없었기 때문이다. 물론 시집의 발간은 그의 자의적인 것이 아니라 예르나의 예상치 못한 선물이었지만, 예르나와의 만남 자체가 이동(여행)이 만들어준 결과이다.

그리고 시집을 발간해준 예르나와의 만남이 길 위에서 이루어졌다는 것은 의미심장하다. 예르나뿐만 아니라 레라와의 만남도 기차 안에서 이루어졌고, 조각가 보리스와의 만남도 전차 안에서, 즉 길 위에서 이루어졌다. 그리고 한국에서 온 여행객 권은필과의 만남도 길 위에서 이루어졌다. 소설 속에 등장하는 모든 인물들과의 만남이 길 위에서 우연히 이루어졌다. 길은 여행의 상징성을 가장 잘 드러내주는 공간이다.

이 소설은 미하일 바흐친(Mikhail Bakhtin)의 이론으로 설명하자면 일종의 길의 크로노토프를 보여주었다고 할 수 있다. 소설에서 만남은 보통 '길에서' 이루어진다. 길은 우연한 만남이 일어나기 좋은 장소이다. 길에서는 아주 다양한 사람들이 하나의 시공간에서 교차한다. 사회적 공간적 거리에 의해 통상적으로 떨어져 있던 사람들이 우연히 만날 수 있으며, 온갖 대비가 노출되고 가장 다양한 운명들이 서로 충돌하고 얽힐 수 있다. 길의 크로노토프는 새로운 출발점인 동시에 사건의 결말이 일어나는 장소이다.*

만남과 떠남은 길 위에서 이루어진다. 만남과 떠남은 서로 상치되는 관계가 아니라 일종의 대위법적 구조를 이룬다고 할 수 있다. 주인공은 상트페테르부르크에 도착하여 조각가 보리스, 화가 크세니아, 여행객 권은필, 그리고 그에게 시집을 발간해준 예르나 등을 만났지만 결코 그곳에, 그들에게 머무르기를 원하지 않는다.

그가 다시 포경선을 타고 고래를 잡는 새로운 경험을 하기 위해 백해로 떠나고자 하는 것은 이주의 정체성을 가진 노마드로서 지극히 당연한 선택이라고 할 수 있다. 여행에 대한 의지는 인간 내부에 각인된 근원적 욕망이다. 인간은 낯선 곳을 방문하고 낯선 것을 경험하는 여행을 통해서 역량을 키울 수 있으며, 낯선 세계에 대한 모험을 통해서만 자아를 발견하고, 예술가로서 새로운 상상력을 얻을 수 있다. 그것이 바로 노마디즘의 본질이다.

《문예운동》 2024년 겨울호(164), 2024. 12)

---

* 미하일 바흐친, 전승희·서경희·박유미 공역, 『장편소설과 민중언어』, 창작과비평사, 2002, 451~452면.

제 2 부

북미한인 시인의 시적 지향

03 혼성 장르로서의 사진시, 시와 사진의 상호텍스트성
04 생태적 윤리의식과 에코토피아의 꿈

03
혼성 장르로서의 사진시,
시와 사진의 상호텍스트성
- 길버트 강 『꼭두각시놀음』을 중심으로

I. 사진시라는 혼성 장르

한국문인협회 미주 지회장인 길버트 강(한국명 강정실)은 시, 수필, 문학평론 등 문학의 여러 장르에서 활동을 하고 있을 뿐만 아니라 오랫동안 사진가로도 활동하며 수준 높은 사진 작품들을 발표해왔다. 이번에 발간하는 『꼭두각시놀음』은 첫 사진시집 『개썰매』(2021)에 이은 두 번째 사진시집이다. 그는 문학적 감성이 묻어나는 사진들을 직접 찍고, 거기에다 자신이 쓴 시를 붙임으로써 사진시 88편을 독자들에게 새롭게 선보이고 있다.

사진시(photo poem)는 마치 옛날 선인들이 그림에다 화제畫題를 붙여 넣어 문인화를 완성하였던 것에 비교할 만하다. 사진에다 화제처럼 시를 붙여 넣은 사진시는 최근 시도되고 있는 문화예술 간에 장르의 경계를 허무는 탈장르화 또는 상호텍스트성이라는 맥락으로 이해되는 혼성 장르의 일종이다.

혼종성(hybridity), 크로스오버(crossover), 퓨전(fusion), 융합(convergence)은 21세기 문화를 이해하는 핵심적 키워드이다. 그런 의미에서 사진시는 현대예술의 최첨단에 서 있는 크로스오버 예술이다. 경계를 넘나들며 다른 것들끼리 서로 섞인다는 의미의 크로스오버는 흔히 포스트모더니즘의 특성으로 간주되는데, 이는 단지 예술 분야에만 한정되지 않는다. 즉 현대는 예술 분야뿐만 아니라 학문, 정치, 행정, 사회, 광고와 디자인 등 여러 분야에서 경계를 뛰어넘는 크로스오버가 전략적으로 요청되는 시대이다.

그림에서 화제의 역할은 그림으로는 다 나타낼 수 없는 화의畫意의 부족한 부분을 보완하고, 작품의 창작 동기와 기분 등을 더욱 돋보이게 하기 위함이다. 화제는 그림 작품의 배경뿐 아니라 주제의식을 반영하고 있다는 점에서 작품을 이해하는 데 매우 중요하다.

강정실 시인은 본인이 찍은 사진에다 시를 적어 넣는 순서로 사진시를 완성하였다고 하는데, 그야말로 시가 문인화의 화제와 같은 역할을 하고 있는 셈이다. 그러나 그의 사진시에서 시각예술인 사진은 사진대로, 또 언어예술인 시는 시대로 따로따로 감상하여도 전혀 무방할 만큼 각기 작품성과 개성을 지니고 있지만 사진과 시가 결합됨으로써 둘은 상호텍스트성을 가지는 동시에 시너지의 효과를 발생시킨다.

Ⅱ. 사진과 시의 상호텍스트성

강 시인은 시인이 되기 전에 사진가가 먼저 되었다. 「사진사」라는 작품은 사진가로서의 그의 아이덴티티(identity)를 드러내며, 그가 찍고 싶은 사진의 지향점을 잘 보여준다.

해 뜨고 해 지는 눈 덮인 마운틴 레이니어 산장을 찾아가면 우렁우렁 찬바람이 불어댄다,
어딜 가도 내 머릿속에는 작은 암실이 하나 있어 습관처럼 카메라를 만지작거린다,

렌즈를 결정하고
조리개를 열고
노출을 설정하고
뷰파인더에 눈을 들이대고
초점을 맞추고
숨을 멈춰가며
산장 주변을 촬영한다,

바인더에 나타난 영상은 형님 댁 베란다 문턱에 넘어져 피 흘리시는 어머니, 구포장터에 다녀와서 뒷머리가 당긴다며 안방에 누워계신 아버지, 바가지 빈 쌀독 박박 긁듯 이 병원 저 병원을 찾아다니시는데, 나 혼자 타국에서 앉은뱅이처럼 용이나 쓰고,

아버지와 어머니는 큰형을 업고 해방이 되자마자 일본에서 친척들이 사는 부산에 돌아오셨다, 큰형은 마마병으로 저승에 가버렸다, 아버지는

석탄덩어리를 배로 운반하며 쉬는 날에는 목침을 베고 천자문 읽다가 일 년에 한 번씩 회색빛 페인트로 기와집 대문을 칠하며 막걸리를 즐겨 마셨고, 어머니는 한술 밥을 굶기지 않기 위해 밤 기러기 끼욱끼욱 울고 아랫배가 등에 붙을세라 목울음 울며 먹이며, 진종일 비손 일손 놓을 겨를 없이 네 자녀 팔자 상팔자 되라, 아무렴 잘 커야지, 우리 새끼, 내일과 모레 윤나게 닦고 닦아라,

찰·칵·찰·칵,
숨 멈추고 다시 버튼을 눌린다, 모니터에 굵은 두 줄기 금이 가 있고 렌즈도 부옇게 김이 서려 있다, 이 기억을 영원히 인화할 수 없어 촬영하는 순간 그 자체를 인화한다,
고개를 숙이고 또다시 촬영한다,

-「사진사」 전문

이 작품의 배경이 된 마운틴 레이니어는 미국의 국립공원으로 워싱턴주에서 제일 높은 산이다. 사진은 안개비가 내리는 흐릿한 배경 속에 화면의 왼쪽에는 두 그루의 소나무가 다정하게 서 있고, 오른쪽에는 우산을 쓴 사진사가 화면 밖의 어떤 풍경을 찍고 있는 모습을 담고 있다. 사진 속 인물은 마운틴 레이니어의 소나무와 같은 현실 속의 피사체가 아니라 화면 밖의 보이지 않는 어떤 풍경을 담으려고 하는 듯하다. 시인은 이 사진사에게 감정을 적극적으로 이입하고 있다.

강 시인이 마운틴 레이니어 산장에서 가장 먼저 떠올린 것은 예전에 부모님과 함께 그곳에 머물렀던 추억이지만 그것이 전부가 아니다. 시인에게 그곳은 아버지와 어머니, 그리고 형과 자신을 중심으로 한 가족들에 대한 기억들을 환기하는 특별한 장소다. 사진사는 카메라를

들고 찰·칵·찰·칵 산장 주위의 어떤 풍경을 촬영하는 듯하지만 시인(사진사)의 내면에선 "형님 댁 베란다 문턱에 넘어져 피 흘리시는 어머니, 구포장터에 다녀와서 뒷머리가 당긴다며 안방에 누워계신 아버지"의 병원을 전전하는 모습이 떠오른다. 그리고 마마병으로 일찍 세상을 뜬 큰형, 석탄덩어리를 배로 운반하는 직업을 가졌던 아버지가 휴일에는 목침을 베고 천자문을 읽거나 일 년에 한 번씩 당신께서 살고 있는 기와집 대문에 흰색 페인트를 칠하던 모습, 네 자녀를 굶기지 않기 위해 밤낮없이 일하며, 자녀들의 장래를 빌어주던 어머니의 모습도 활동사진처럼 연속적으로 떠오른다.

시인은 시의 각 행과 연에서 종결을 나타내는 마침표를 찍지 않고 쉼표를 찍음으로써 가족들에 대한 기억들과 그리움은 결코 종결될 수 없다는 것을 나타내고 있다. 즉 그것들은 결코 마침표를 찍을 수 없이 무한히 지속되는 것임을 표현하고 있다. 사진 속 사진사가 담고 싶은 (보이지 않는) 풍경은 부모님을 비롯한 가족들과 관련된 그리움이다. 하지만 아무리 카메라의 셔터를 찰·칵·찰·칵 눌러도 그 풍경은 영원히 찍을 수도, 인화할 수도 없다.

부모님에 대한 기억과 그리움은 「은빛 세상」과 같은 시에서는 "어머니는 머리에 이고 온/ 양동이의 물을 장독에 부어 넣고/ 아버지는 안방에서/ 천자문 읽는 소리가 들려온다"와 같은 모습으로 각인되어 반복적으로 소환된다.

「선착장」과 같은 시에서 모국에 대한 그리움은 그의 고향인 한국 부산 영도의 남항이라는 구체적 장소를 배경으로 표현된다.

내가 서 있는 이곳 선착장에서
당신과 헤어진 날이 햇수로 3년 반
그동안 초승달과 별이 쉬어 가고, 햇빛이 앉았다 가고
비가 오고, 눈이 오고
낚시꾼이 오고 가고, 모시 저고리 입은 해파리가 춤추고
청각과 파래가 한들거리고, 불가사리와 성계가 꿈틀대고
갈치 떼가 오고 가고, 길 잃은 고등어가 쉬어 가고
먼 곳 푸른 섬에 갈까 말까 망설이는 갈매기가
마른 멸치와 앉아 있고
내 눈에는 먼 섬이 아련한 남항으로 보이고
당신이 간직했던 빈 뿔소라를 내 귀에 대고
선착장 바닥에 따닥따닥 붙어 있는 홍합처럼
간간이 미아가 된 이 자리

사방천지 넓은 바다에 출렁이는 파도와 함께
주르륵 눈물 흘리며 속울음같이 흐느끼는 바람은
내게 선한 눈이 되어 다가와서
웬만하게 부푼 당신에 대한 그리움을 알기나 하는지
"아직은 괜찮다. 천천히 만나자!"
내 가슴 한복판에 수만 개 박힌 소금 절인 고독 중
한두 개만 빼어 놓고 손 흔들며 돌아간다
―「선착장」 전문

　사진은 푸른 바다 너머의 한 섬을 향한 듯 쭉 뻗어 있는 선착장의 모습을 보여준다. 선착장은 배를 타고 바다를 향해, 섬을 향해 떠나고 싶은 시적 화자의 마음을 표현하는 장소이다. 화자가 가서 닿고 싶은

장소는 사진 속의 멀리 보이는 섬, 아니 그의 마음속에 자리 잡은 고향인 부산 남항이다. 그래서 "내 눈에는 먼 섬이 아련한 남항으로 보이고"라고 표현했던 것이다. 즉 섬은 그의 고향인 남항을 표상하는 그리운 장소이다. 선착장에서 그가 유독 고향을 떠올리고 그리워하는 이유는 그가 모국의 항구도시 부산 남항에서 태어났기 때문이다. 따라서 바다와 선착장은 그에게 고향과 연결된 장소이자 고향에 대한 그리움을 환기하는 장소, 나아가 그를 고향으로 데려다 줄 수도 있는 장소이다. 만약 시가 없이 사진만 보았더라면 선착장을 통해서 3년 반 전에 다녀온 이후 다시 가지 못하고 있는 고향에 대한 간절한 그리움을 어찌 알 수 있겠는가? 선착장의 출렁이는 파도소리가 그에게는 마치 "아직은 괜찮다. 천천히 만나자!"라는 어머니의 목소리처럼 들려온다. 고향과 어머니에 대한 억제된 향수와 그리움은 사진만을 본 독자는 전혀 짐작조차 할 수가 없다. 이처럼 언어예술인 시는 구체적인 의미를 내포하고 주제를 표현하는 데 다른 예술보다도 더 효과적이라는 점에서 시각예술인 사진과 상호텍스트성을 가지면서도 시너지 효과를 발생시킨다. 즉 사진시는 시와 사진이 각기 따로 존재할 때는 가질 수 없는 큰 울림을 독자에게 선사할 수 있다.

상호텍스트성(intertextuality)은 한 텍스트가 다른 텍스트와 맺고 있는 상호관계를 의미한다. 여기서 텍스트는 둘이나 그 이상일 수도 있다. 하나의 텍스트는 그 자체로 존재하는 것이 아니라 과거의 텍스트나 현재 진행 중에 있는 텍스트와 불가분의 관계를 맺고 있다는 것이 상호텍스트성 이론의 핵심적 요지이다. 사진과 시가 결합한 사진시는 상호텍스트성을 통해서 의미를 보다 풍부하게 만들고, 새롭고 다양하게 만든다는 점에서 혼성장르로서의 장점이 존재한다. 더욱이 멀티미디어 사회로 변화하면서 활자중심의 인쇄매체가 점점 문화적 영향력을 상실해가고 있는 현실에서 사진시는 기존의 시가 가졌던 영향력을 사진이라는 시각매체를 통해 보완하고 극대화시킬 수 있다는 점에서 시인들이 적극적으로 수용할 필요가 있을 것이다.

> 외출하기 싫어 며칠째 라면으로 허기를 달래고 있었어.
> 내 주변은 백인들 천지라 그들의 입맛에 맞는 식당엔 안 가게 돼. 그곳에 가면 식당 내 손님 분위기가 울렁거리고 기분이 낯설어져. 생긴 대로 논다고 고리타분하게도 내 입엔 간장 된장 고춧가루로 만든 음식이 딱이라, 내 삶의 ⅔를 낯선 땅에 살면서도 아직 입맛은 못 고치고 있어. 영 글렀는 것 같아.
> 내가 이곳에 살아야 할 근사한 이유가 있기는 한 거야? 아직은 모르겠어.
> 한국인들이 모여 있는 식당에 들러 해물이 들어간 짜장면 곱빼기 한 그릇 먹었어. 맛있데. 그리곤 이발소에 들러 머릴 깎아주며 깍사가 이야기하는 한국정치이야기가 귀에 맛있게 들어오데. 한국마켓에도 들렀어. 여기저기 한국어에 비벼져 맛있는 냄새를 풍기는 오래된 맛. 오! 매대마다 한국라벨이 인쇄된 상품들 풍성하기도 하데. 막걸리와 소주에 붙어 있는 각종 라벨을 보았어. 막걸리는 아버지 맛, 소주는 형님 맛, 번데기는 동생 맛, 청국장은 어머니 맛, 은밀하게 당기는 청국장 몇 덩어리와 깡통에 든 번데기를 사곤 집으로 왔어.
> 마음과 달리 몸은 모서리 없는 우주를 닮아가고, 베란다 너머 자동차 헤드라잇이 드문드문 달려가는 깊은 밤인데, 앵무새는 책장 머리에 앉아 뭐라고 혼자 중얼대고 있네.
> ―「입맛」 전문

「입맛」이란 시는 "삶의 ⅔를 낯선 땅에 살면서도 아직 입맛은 못 고치고 있"는 한국인으로서의 입맛, 음식문화에 대해서 진술하고 있다. 간장, 된장, 고춧가루로 만든 음식, 짜장면, 라면, 번데기, 청국장, 막걸리, 소주 등은 화자가 영락없이 한국인이라는 정체성을 증명해주는 음식들이다. 한국음식을 먹을 수 있는 식당, 한국정치이야기를 들을 수 있는 이발소, 한국어에 비벼져 맛있는 냄새를 풍기는 한국마켓……. 아무리 오랜 세월을 미국 땅에서 살면 뭐하겠는가. 그의 마음은 여전히 모국을 그리워하고, 입맛은 모국의 음식에 길들여져 있고, 귀에는 모국어로 말하는 한국정치이야기가 친숙하게 들려오고, 한국 물건들을 사기 위해 한국마켓에 들리는 것을……. 그러한 행위들은 재미한인들의 마음속에 잠재되어 있는 한국인으로서의 무의식적인 민족정체성을 나타내준다. 백인들 천지의 미국 땅에서 생의 ⅔를 살아왔건만 입맛도, 언어도, 정치적 관심도 무의식적으로 모국 지향성을 보이고 있는 자신을 돌아보며 화자는 "내가 이곳에 살아야 할 근사한 이유가 있기는 한 거야? 아직은 모르겠어"라고 자문자답한다.

Ⅲ. 삶의 회한과 노년의 자화상

25년 전
희망을 품고
찾아온 이 거리에서
불타올랐던 정열과

빛났던 젊음도
외국인에게는
모든 곳이 지뢰밭이라
생활전선에서의 치열한
괄시와 따돌림에
깊은 상흔을 입고
허물어진 비굴한 웃음
한가득 잡히는 회한
지친 내 수고로운 삶은
빈 시선
고독이 가득 담긴
사거리 찻길 중앙에 서서
오늘 하루만이라도
몸에 걸친
모든 비련의 세월을 벗어버리고
아스팔트 위에서
한기의 공허
침을 길게 삼키며
나를 다독인다
　　　　　－「이 거리에서」 전문

「이 거리에서」는 이민 25년의 수고로운 삶이 회한과 고독과 공허로 남아 있음을 진술한다. 25년 전에 희망을 품고 찾아온 '이 거리'(미국 땅)에서 불타올랐던 정열과 빛났던 젊음이 있었음에도 외국인이었던 자신에게는 모든 것이 지뢰밭이요, 괄시와 따돌림에 깊은 상흔과 비굴한 웃음으로 얼룩진 비련의 세월이었음을 회고하며 회한에 사로잡힌다. 그리고 지치고 수고로운 삶, 허무와 고독과 비련의 세월을 단 하루만이라도 벗어버리고 싶은 심정을 토로한다. 사진 속에는 사거리 찻길 중앙에 서서 나신으로 퍼포먼스를 하고 있는 한 사내가 서 있다. 시인은 그 나체의 사내에게 이민자로서의 자신의 회한에 찬 25년의 세월을 벗어버리고 싶은 심정을 투사한다. 나체의 그 사내처럼 단 하루만이라도 모든 비련을 벗어버리고, 한기의 공허도 삼켜버리고, 자유롭고 싶은 열망을 표현하고 있다.

사암으로 형성된 돌산
어느 말미 어디쯤
빗물이 고인 웅덩이에 비친
내 얼굴을 물끄러미 쳐다보며
지나간 날의 청춘을 보게 되나니

기가 꺾인 나는
주눅 든 자신을 추스르다가
저물녘 어둑살에
스스로를 뭉개고 신내림 받은
지난 내 역사의 꼭두각시놀음이
고스란히 그림자 되어
비추는 것을 어찌할거나

사는 일은
탐진치로 옹이 맺은 삶
나를 곤죽이게 하는 일
낯선 땅 헐값에 밀려

험로 밟기가 오늘에 이른 것을
- 「꼭두각시놀음」 전문

'꼭두각시놀음'은 앞잡이를 내세우고 뒤에서 조종하는 일을 비유적으로 이르는 말이다. '꼭두각시놀음'은 원래 우리나라의 민속 인형극 〈박첨지놀이〉에서 인형이 그 자체로 움직이지 못하고 뒤에서 조종하는 사람에 의해서만 동작을 할 수 있다는 데서 비롯되어 남의 조종에 놀아나는 사람을 가리키는 말로 그 의미가 확대되었다. 시적 화자는 돌산 빗물 웅덩이에 비친 자신의 얼굴을 들여다보며 지난날의 청춘을 돌이켜본다. 이때 보이는 것은 주눅 들고 옹이 맺힌 삶이며, 남의 조종대로 움직이는 꼭두각시놀음과 같은 주체성을 상실한 삶이다. 탐진치貪瞋癡는 탐욕貪欲과 진에瞋恚와 우치愚癡, 곧 탐내어 그칠 줄 모르는 욕심과 노여움과 어리석음을 뜻하는 불교의 용어로서 열반에 이르는 데 장애가 되는 세 가지 요소이다. 화자는 낯선 땅으로 이민 와 그칠 줄 모르는 욕심과 노여움과 어리석음으로 인해 가슴에 옹이가 맺히고, 또 그로 인해 갈피를 잡기 어려운 삶을 살아온 자신을 돌이켜본다.

「꼭두각시놀음」의 시적 주체는 윤동주의 시 「자화상」에서 우물 속에 비친 자신의 모습을 보며 "다시 그 사나이가 미워져 돌아갑니다./돌아가다 생각하니 그 사나이가 그리워집니다"라고 애정과 증오의 양가감정을 반복하는 시적 주체와 닮아 있다. 그런데 윤동주의 시에서는 맑은 우물물에 비친 자신의 모습을 바라보며 애증의 양가감정을 느꼈다면, 강 시인의 시에서는 돌산의 빗물 웅덩이에 비친 자신의 모습을 들여다보며 주체성을 상실한 삶, 마치 꼭두각시놀음을 해온 듯한 삶,

이민자로서 주눅 들어 살아온 삶, 탐진치의 욕망으로 갈피를 잡기 어려웠던 옹이 맺힌 삶에 대한 깊은 회한의 감정과 마주치게 된다는 것이 차이이다. 윤동주의 젊은 날의 자화상과는 다른 노년의 강 시인이 마주친 자화상은 지난 삶에 대한 회한에 사로잡혀 있다.

자신의 존재에 대해 알기 위해서는 자기를 비춰줄 거울이 필요하다. 「꼭두각시놀음」이란 시에서 그 거울은 하필 돌산의 빗물이 고인 웅덩이다. 이때 웅덩이는 외적인 형상을 비춰주는 도구라기보다는 화자의 회한에 찬 지난날의 청춘을 돌이켜보게 만드는 자아성찰의 거울이다. 거울은 유리거울만이 아니라 우물이나 고여 있는 물 또는 냇물이나 강물처럼 뭔가 비춰줄 수 있는 자연 등 다양한 형태가 가능하다. 다양한 형태의 자연의 거울도 자기 자신을 비춰볼 수 있다는 점에서는 거울의 기능을 동일하게 수행한다. 화자는 웅덩이의 고인 물에 자신을 비춰봄으로써 지난날 자신의 삶이 한낱 꼭두각시놀음에 불과했음을 깨닫는 자아인식으로 나아간다. 거울을 매개로 자아를 비추어보고, 또 비추어진 자아의 모습을 통해 자신의 지난 생애를 인식하게 만드는 웅덩이, 즉 거울은 화자로 하여금 반영적 자기성찰로 나아가게 만든다.

오늘도 너는 나를 보고 있다
살굿빛 산성에 보관했던 이상은 다 허물어져 버렸고
지금껏 푸른 하늘 덧칠한 성곽 밖에 서성대며
칠순인 나를, 너는 조롱하며 보고 있다

화려한 듯 보이는 과거는 내리막길만 걸었다
젊음을 무기로 매일 계획한 후 따라가다 보면

다시는 마주하지 못할
어느 연속극 내용처럼 발길은 깊은 ㄱ렁텅이에 빠져 있었다

매사
알아주길 ㅂ랐지만 내 머리에 든 빈 깡통은
한 가지도 완.성.된 것 없는
치기였다고
ㅇ롯이
치러야 할 순리를 ㅂ려두고 떠날 철새는 분명 아닌데도
다른 곳으로 날아가는 온당치 ㅁ한 험상궂던 지각遲刻을 후회하는

ㅍ치 못한 내 젊은 날의 초상이고 귀태鬼胎였다
　　　　　　　　　　　　　　　　　－「자화상」 전문

「자화상」이란 시는 우선 고의로 첫음절의 중성(모음)을 탈락시킨 점이 주목된다. 'ㅇ늘도', 'ㅈ롱하며', 'ㄴ리막길', 'ㄱ렁텅이', 'ㅂ랐지만', 'ㅇ롯이', 'ㅂ려두고', 'ㅁ한', 'ㅍ치 못한' 등은 한마디로 화자가 자신의 '귀태鬼胎'의 자화상, 즉 태어나지 않아야 할 사람이 태어난 것이라는 극도의 자기 부정의 감정으로 귀결된다. 칠순의 연령에 도달하여 돌이켜본 자신의 젊은 날이 마치 태어나지 말았어야 할 귀태처럼 음소의 고의적 탈자를 통한 기형의 모습으로 인식되고 있다. "매사/ 알아주길 ㅂ랐지만 내 머리에 든 빈 깡통은/ 한 가지도 완.성.된 것 없는/ 치기였다고"에서 '완.성.된'처럼 한 단어의 음절 사이사이에 마침표를 찍어 분절시킨 것도 완성되지 못한, 즉 이상적 수준에 도달하지 못한 삶을 시각적으로 보여주고자 한 의도일 것이다.

사진은 허물어진 성곽 밖에서 무너져 내린 산성을 찍고 있는 한 남자의 모습을 보여준다. 칠순에 이른 시의 화자는 허물어져 내린 산성의 성곽 밖을 서성이며 자신의 젊은 날, 젊은 날에 꿈꾸었던 이상과 꿈이 내리막길을 걷고, 구렁텅이에 빠졌다는 심각한 자기부정에 다다른다. 허물어져 내린 산성의 이미지는 화자의 젊은 날의 허물어져 내린 이상의 기표이다. 따라서 시적 화자는 자신의 젊은 날의 자화상을 태어나지 말아야 할 귀태였다고 부정적으로 규정하게 된다.

　　나는 매일 지워진다

　　거리가 나를 지우고
　　계절이 나를 지우고
　　젊은 날의 초상들이 나를 지운다

　　억장가슴 토해내는 헛 시선에서 지워지고
　　절망의 넋두리에서 나를 지우고
　　제 아픔 서러움에 나를 지우고
　　자꾸 지워지는 나를 보며
　　내가 나를 지운다

　　철마다
　　목대를 내미는 나

　　늪에 빠져 모가지만 내고 허우적대는 짐승처럼
　　내 몸뚱어리마저 토막을 쳐 요리되는 먹잇감처럼
　　나머지 삶도 법고수가 되어 덩더쿵 춤을 추며

> 나를 지우고 있다
>   - 「나를 지운다」 전문

「나를 지운다」에서도 시적 주체는 「꼭두각시놀음」이나 「자화상」에서처럼 부정적인 자아의식을 보이며 지워지고 지우는 행위를 반복한다. 이 역시 노년의 연령에서 오는 삶의 허무주의와 연결된 것으로 해석된다. 우리 사회에 만연한 노년에 대한 부정적인 인식과 노년 정체성은 '지워진다'란 단어 속에 정확히 포착되어 있다. 지워진다는 것은 마치 우리 사회가 투명인간처럼 노인의 존재를 인정하지 않는다는 뜻이다. 그리고 한 사회가 가진 부정적인 노년 정체성은 노인들로 하여금 처절한 자기부정에 빠지도록, 즉 스스로 자기를 지우도록 영향을 미친다. 그래서 "자꾸 지워지는 나를 보며/ 내가 나를 지운다"와 같이 타인과 사회로부터 내가 지워지면 나도 나를 스스로 지울 수밖에 없는 자기부정에 빠지게 되는 것이다. 그리고 이는 시적 주체를 존재의 허무와 고독과 삶의 소외에 빠져들 수밖에 없게 타자화시킨다.

에릭슨(Erik Erikson)에 의하면 정체성은 사회적 상호작용의 결과로 형성된다. 노인이 긍정적 정체성을 갖기 위해서는 개인적으로도 긍정적 자아인식을 확립해야 하지만 사회도 노인에 대한 부정적 낙인을 거두어들여야 한다. 즉 사회는 노인 스스로 자신이 의미 있는 존재라는 자부심을 가질 수 있도록 사회적 인정을 해주어야 한다. 프리츠 파펜하임(Fritz Pappenheim)은 소외는 자기 자신으로부터의 소외, 다른 사람으로부터의 소외, 우리가 살고 있는 세계로부터의 소외라는 세 가지 형태가 있으며, 이는 상호 연관되어 있다고 했다. 강 시인의 시에서 보이는 삶의 허무주의와 소외의식은 개인적으로 노년의 연령에서 오는 것일 뿐만 아니라 우리 사회가 가진 노년에 대한 부정적인 정체성과 상호 연관된 것으로 파악된다. 즉 세계로부터의 소외와 다른 사람으로부터의 소외가 자기 자신으로부터의 소외를 야기한다는 노년의 보편성에 대해 화자는 진술하고 있는 듯하다. 소외된 노년은 마치 수려했던 연꽃과 연잎으로 뒤덮였던 여름날의 연밭이 겨울철이 되자 메마르고 간결한 선으로 남아 있는 사진 속의 모습과 닮아 있다.

「아이야 들어 보아라」와 같은 시는 최근 그의 시가 나타내고 있는 회한, 고독, 허무주의, 그리움의 정서가 삶을 알 수 있는 연령, 나이 듦의 성숙과 관련되어 있다는 것을 잘 해명해주고 있다.

> 아이야 들어 보아라
> 이꼴저꼴 살아 봐야 삶꼴을 알게 된단다. 삶이란 통증의 불행이 행복이라는 밑밥이란 것을 알 때쯤 너희가 이곳 바닷가를 다시 찾아와 어릴 때의 그리움을 토하게 된단다. 이때사 나를 놓고 길러준 부모님과 가버린 내 젊음과 추억은 이승을 떠나 저승에 있고, 추억 중 잘못한 것들만 시도 때도 없이 불쑥불쑥 터져 회한과 그리움이 밀려온단다.
> ―「아이야 들어 보아라」 부분

오스트리아 작가 장 아메리(Jean Améry)는 그의 저서 『늙어감에 대하여』에서 "우리는 늙어가며 시간을 발견한다"라고 했다. "이꼴저꼴 살아 봐야 삶꼴을 알게 된단다"는 시인의 삶에 대한 통찰, "추억 중 잘못한 것들만 시도 때도 없이 불쑥불쑥 터져 회한과 그리움이 밀려온단다"와 같은 회한과 그리움도 결국 오랜 세월의 삶을 살아낸 노년의 나이

듦의 통찰 또는 지혜와 연관된 것이다. 그리고 노년에 획득한 지혜를 다음 세대에게 물려줄 역할을 하는 것도 노년세대이다.

강 시인의 시를 지배하고 있는 허무주의와 우울의 정서는 2020년 이후 전 세계를 감염병의 재앙에 빠뜨린 코로나 바이러스로 인한 펜데믹 현상과 무관하지 않다고 생각한다. 즉 코로나블루로 명명된 우울증과 무관하지 않다고 여겨진다.

꽃샘바람에 고독이 베이는 날
도시의 겨울나무들이 절망만큼 웅성거리며 창문을 흔들어대고 있다, 홀로 잠 못 이루는 시간, 벽장에 넣어둔 사진첩을 끄집어낸다, 탁상용 전등불에 돋보기로 옛 기억을 한 장씩 더듬어 봐도 나의 해마는 잃어버린 어린 시절 구석구석은 찾아내지 못하고 있다.
겨울 사슬을 끊어내는 아침나절, 햇볕이 새어든 창가에 간이의자를 옮겨놓고 시집을 읽는다, 불현듯 아지랑이가 아른아른 피어오르듯 사진첩에는 없었던 나의 내 첫사랑 기억이 떠오르며 달콤한 잠에 빠져들게 한다.
깨지 말아라 깨지말아라 깨지말아라

지금은 쪼그랑 할망구가 되어 있을
첫사랑 단발머리 소녀,
소복소복 눈 내리는 저녁거리에서
G현의 낭만을 교감하다가
카바이드 불을 밝히고
연탄불에 구워놓은 군밤장수한테
군밤 사 먹던 까까머리 소년에 대해
옛 기억은 있기나 할까?

문득 충혈된 종다리가 종달종달
토막쳐 노랠 부른다.
- 「G현의 낭만」 전문

  이 작품은 탁자 위에 안경을 쓰고 독서를 하다가 책을 괴고 G현의 음악을 감상하며 오수를 즐기고 있는 사진 속 견공처럼 모처럼 첫사랑의 달콤한 추억에 빠져 한때를 한가롭고 낭만적으로 즐기고 있는 순간을 그려낸다. 꽃샘바람이 부는 봄이 왔건만 마음은 겨울나무들이 절망만큼 웅성거리며 창문을 흔들고 있는 한겨울과 다를 바가 없다. 그러던 중 사진첩에도 없는 첫사랑의 기억이 떠오르며 한순간 달콤한 추억에 빠져든다. 그리고 부디 그 꿈이 "깨지 말아라 깨지말아라 깨지말아라"라고 세 차례나 주문처럼 반복한다. 첫사랑의 추억은 노년의 허무주의와 우울증에 빠져 있는 화자에게 찰나의 위로와 행복을 제공한다. 그래서 그 달콤한 꿈으로부터 부디 깨어나지 않기를 바라는 것이다. 그 기쁨의 순간들이 자주 소환될 때 노년은 고독과 우울증에서 벗어나 더욱 풍요롭고 안정되고 행복해질 것이다.
  에릭슨의 심리사회적 발달단계론에 의하면 노년은 인생의 마지막 제8단계에 해당된다. 제8단계는 '자아통합 대 절망(ego integrity vs. despair)'의 시기다. 자기완성을 향해 갈 수 있는 삶의 절정의 시기이며, 성숙의 시기이다. 젊은이는 결코 따라올 수 없는 깊은 지혜와 영성으로 충만해지는 행복과 자유를 향유할 수 있는 시기이다. 이 시기에는 인생을 정리하고 돌아보면서 삶의 의미에 대해 음미하고 이해하려는 노력이 중요하다. 그리고 이 단계를 잘 살아가는 사람은 삶의 통찰과 지혜를 얻는다. 강 시인은 이 제8단계의 통찰과 지혜를 향한 노력을 최근에 집중적으로 기울이고 있는 듯하다.

(강정실 사진시집 『꼭두각시놀음』, 문학공감, 2022)

04
생태적 윤리의식과 에코토피아의 꿈
　- 권천학 시집 『영장류 출입금지』를 중심으로

Ⅰ. 생태적 윤리의식

　캐나다에 이민하여 왕성하게 활동하고 있는 권천학 시인의 신작시집 『영장류 출입금지』(2018)는 시집 전체가 도저한 생태적 상상력으로 충만해 있다. 한편 한편의 시들이 생명에 대한 사랑이 넘치고, 시인의 생태적 윤리의식과 세계관은 독자에게 큰 울림의 감동으로 다가온다. 시집 전체를 관통하는 주제는 생태 파괴의 원인이 되는 자본주의 체제와 인간중심주의를 반성하며 생태적 윤리의식을 회복하여 에코토피아(ecotopia)의 세계를 구현하자는 것이다. 그렇다고 하여 권천학 시인의 시들이 생태주의적 도그마를 건조한 언어로 설파하는 것은 아니다. 시인은 원숙한 시적 형상화 과정을 통해 독자들의 가슴에 생태적 가치를 일깨우고 생태 파괴에 무관심했던 우리의 삶을 성찰하게 만든다.
　생태 파괴를 일으키는 근본원인은 무엇일까?

먼저 개인의 욕구와 가치관 그리고 풍요로운 삶을 향한 소비지향적 욕망들이 오늘날의 생태 위기를 초래했다는 주장이 있다. 지구상의 모든 동식물들이 함께 향유해야 할 터전인 지구를 오직 인간만이 독점하고 소유할 수 있다는 인간중심적 탐욕에서 생태 파괴는 가속화되었다는 것이다. 이 주장에 따르면 인간의 더 풍요로운 삶을 향한 소비지향적 태도들로 인해 자연환경은 무분별하게 파괴되고 생태 위기는 가속화될 수밖에 없다.

하지만 이를 반박하는 주장도 있다. 독일의 슈나이버그(Schnaibergs)는 인간은 자본주의적 생산과 광고로 인해 계속해서 욕망을 자극받고 있으며, 그 결과로 소비가 증가하고 생태 파괴가 일어난다는 것이다. 즉 생태 위기의 근본 원인은 인간의 소비지향적 욕망과 대량소비가 아니라 개인들의 끊임없는 욕구를 창출하는 자본주의적인 대량생산체제와 대량소비를 자극하는 광고에 있기에 이를 문제 삼아야 한다는 것이다.

두 주장 중 우선순위가 무엇이든 자본주의적 대량생산과 대량소비 그리고 개인들의 끝을 모르는 소비지향적 욕망은 서로 시너지를 일으키며 자연환경의 파괴를 가속화시켜온 것은 분명하다.

권천학은 시 「피고」에서 생태 위기의 근본원인이 무엇인가에 대한 자신의 입장을 분명하게 천명한다.

　　나는 걸어 다니는 흙이다

　　걸어 다니는 흙이면서

숲이 무너지는 소리를 듣지 못했다

변기 위에 앉아서도
아무 생각 없이 몇 그루의 나무들을 베어내고
식탁에서도 또 몇 그루……
숲이 내지르는 신음을 듣지 못했다

현관문을 비집고 쳐들어오는 신문지
복병으로 끼어오는 광고지에 유혹되고
물량 공세로 덮쳐오는 TV 선전에
목줄이 매어 질질 끌려 다니며
악어의 이빨 사이에 머리를 디밀기도 하고
과대포장 된 정보의 스팸 더미에 올라앉아
공룡의 아가리 속을 드나들었다

부처님 이름 같은 염화불화탄소
그 이름만 듣고 안심하는 동안
나도 모르게 중독되어갔다

매일 먹는 밥 속에 독이 들어있고
매일 읽는 신문에 부음이 가득 차 있다
현기증을 앓기 시작하면서
몸이 무너지기 시작할 무렵의 어느 날
드디어 출석요구서가 날아들었다

산, 들, 나무, 물고기, 뜸부기……를 대표해서
그토록 말이 없던 바위까지 원고로 나섰다

도롱뇽도 목숨 걸고 단식하며 한몫 거들었다

숲이 무너지는 소리를 듣지 못한 죄
몸이 무너지는 것을 보지 못한 죄
생각 없이 자본주의에 중독된 죄

나는 흙이었으므로 피고이면서 피해자였다
　　　　　　　　　　　　－「피고」 전문

　시 「피고」에서 화자는 자신의 아이덴티티를 "나는 걸어 다니는 흙"으로 규정한다. 즉 그 자신이 '흙'처럼 자연의 일부라는 인식이다. 피고로서 출석요구서를 받은 '나'는 "걸어 다니는 흙이면서/ 숲이 무너지는 소리를 듣지 못했다// 변기 위에 앉아서도/ 아무 생각 없이 몇 그루의 나무들을 베어내고/ 식탁에서도 또 몇 그루……/ 숲이 내지르는 신음을 듣지 못했다"라고 자신이 자연의 일부이면서도 자연이 파괴되는 데 대해 무지하고 무관심했다는 것을 솔직하게 반성한다. 왜냐하면 화장실에서나 식사를 할 때에도, 즉 일상생활을 영위하는 순간순간들마다 나무들이 베어져 나가는 등 지속적으로 생태 파괴가 일어나고 있기 때문이다. 그럼에도 불구하고 화자는 숲이 무너지는 신음소리를 듣지 못한, 즉 생태 파괴에 무관심하고 무지한 삶을 살아왔다는 사실을 통렬히 반성한다.
　이어서 화자는 왜 자신이 그처럼 생태 파괴에 무관심한 삶을 살게 되었는가에 대한 지적 통찰을 이어나간다. 통찰의 결과 화자는 자신이 피고로 불려 나올 수밖에 없었던 원인으로 자본주의 체제의 광고를 지목한다. 매일매일 배달되는 신문이나 전단지, 그리고 TV 방송이 함축하는 의미는 자본주의 체제하의 대량생산된 상품을 선전하는 광고들이다. 신문이나 텔레비전 같은 매스미디어에서 이루어지는 상품광고는 상품에 대한 정보 제공이 아니라 인간의 소비욕망을 자극하며 소비를 통해 자아를 실현할 수 있다는 환상을 부추긴다. 그리고 광고에 무방비 노출된 개인들은 소비의 욕망으로부터 자유롭지 못하다. 따라서 자본주의의 대량생산체제와 이를 선전하는 광고는 '악어'나 '공룡'과 같은 거대한 괴물로 인식된다. 그리고 인간은 그 괴물로부터 "목줄이 매어 질질 끌려다니"는 부자유한 존재, 즉 노예화된 운명에 처해 있다. 광고가 자극하는 대로 인간은 어리석게도 "악어의 이빨 사이" 그리고 "공룡의 아가리 속"을, 그것이 죽음으로 가는 길인 줄도 모르고 드나들며 살고 있다는 것이다. 즉 현대인은 광고라는, 무차별적으로 대량 살포된 스팸더미에 올라앉아 소비지향적 삶을 살고 있는 타율적 존재일 뿐이다. 따라서 시인은 대량생산체제와 대량소비를 촉진하기 위해 상품을 선전하는 광고를 생태 파괴의 근본원인으로 지목하여 비판했다.

부르디외(P. Bourdieu)에 의하면 텔레비전은 동시대 사람들의 감성과 욕망을 가장 적극적으로 표현하는 미디어이다. 텔레비전이라는 매체는 보이지 않는 무서운 검열을 갖고 있는데, 이 검열은 텔레비전을 소유한 자, 광고비를 지불하는 광고주, 그리고 지원금을 주는 국가에 의해서 결정된다는 것이다. 텔레비전에서 이루어지는 경제적 검열은 최종적으로 텔레비전을 모든 질서의 검열이 작동하여 텔레비전을 상징적 질서를 유지하는 무서운 기구로 만들고 있다는 것이다. 따라서 텔레비전의 폭력은 그것을 행사하는 사람들과 그것을 당하는 사람들과의 암묵적인 공모에 의해서 행해지며, 그 공모는 폭력을 가하는 것과 당하는 것을 서로 의식하지 못하는 가운데 이루어지는 상징적인 폭력이다. 상징적 폭력의 가장 큰 문제는 폭력을 폭력으로 알아차리지 못하는 주체가 자신도 모르는 사이 자율성을 상실한 타자가 된다는 것이다.

시인은 텔레비전을 비롯한 광고의 폐해를 "죽음으로 가는 길인 줄도 모르고 드나들며 살았다는 것"으로 시「피고」에서 표현하고 있다. 정말 폭력을 가하는 것과 당하는 것을 서로 의식하지 못하는 사이에, 더욱이 그것이 죽음으로 가는 길인 줄도 모르게 광고라는 상징적 폭력은 인간을 소비에 중독시켜 버리고 말았던 것이다.

시「피고」에서 피고로 소환된 화자는 자본주의 체제 속에서 소비중독에 빠져 있을 뿐만 아니라 염화불화탄소가 상징하는 편리한 삶에도 중독된 존재이다. '염화불화탄소'는 미국 듀폰사의 상품명인 '프레온가스(freon gas)'라는 이름으로 일반인에게 알려져 있는 물질이다. 프레온가스는 냉장고나 에어컨 등의 냉매, 스프레이의 분사제, 우레탄 발포제, 반도체의 세정제 등 첨단산업에 이르기까지 폭넓게 사용되어왔다. 이것이 방출되어 오존이 존재하는 성층권에 올라가면 자외선에 의해 염소원자가 분해되어 오존층을 파괴하는 주원인이 된다. 따라서 현재는 완전히 사용을 금지한 물질이다. 그런데 오존층이 파괴되면 지표면에 도달하는 자외선의 양이 증가하여 피부 및 안구 질환 발생률이 증가하고, 식물 성장에도 영향을 주어 농작물의 수확량이 감소하며, 식물성 플랑크톤의 감소로 해양 생태계의 균형도 깨어진다. 염화불화탄소를 비롯한 이산화탄소 등 온실가스는 우리가 숨 막히도록 경험했던 지구온난화로 인한 폭염을 야기시킬 뿐만 아니라 전 지구적인 생태계의 순환에 교란을 일으켜 유기체로서의 지구의 파멸을 불러오고 말 것이다.

따라서 화자는 "부처님 이름 같은 염화불화탄소/ 그 이름만 듣고 안심하는 동안/ 나도 모르게 중독되어갔다"라고 냉장고나 에어컨의 편리함에 중독된 나머지 냉매제로 사용되어온 염화불화탄소가 생태계에 끼치는 폐해를 인식하지 못하고 살아온 삶을 반성한다. 소비에 중독되고 편리한 삶에 중독된 화자를 피고석에 불러낸 원고는 산, 들, 바위와 같은 비생물적인 자연, 나무와 물고기, 뜸부기, 도롱뇽과 같은 동식물들이다. 화자의 죄목은 "숲이 무너지는 소리를 듣지 못한 죄/ 몸이 무너지는 것을 보지 못한 죄/ 생각 없이 자본주의에 중독된 죄"이다. 첫째 죄는 '숲이 무너지는 소리'가 암시하듯이 생태 파괴가 일어나는 것을 몰랐던 죄이다. 둘째의 죄는 '몸이 무너지는'이 암시하듯이 생태 파괴는 자연 파괴에 그치지 않고 인간의 생명을 파괴하는 부메랑이 되어 돌아온다는 사실을 알지 못한 죄이다. "매일 먹는 밥 속에 독이 들어있고/ 매일 읽는 신문에 부음이 가득 차 있다/ 현기증을 앓기 시작하면서/ 몸이 무너지기 시작할 무렵의 어느 날/ 드디어 출석요구서가 날아들었다"라고 제6연에서 진술하고 있듯이 생태 파괴의 결과는 인간에게 밥 속의 독으로, 신문의 부음으로, 현기증으로, 즉 인간에게 질병과 죽음이라는 생명 파괴로 되돌아온다. 소위 생태학적 부메랑 효과를 미처 알지 못한 죄가 두 번째의 죄이다. 그리고 셋째는 "생각 없이 자본주의에 중독된 죄"이다. 결국 생태 파괴는 개인의 부분별한 욕망과 무지에 대한 깨우침뿐만 아니라 인간에게 소비의 욕망을 부추기는 자본주의 체제에 대한 혁신 없이는 막을 수 없다는 점에서 자본주의에 중독된 죄를 셋째, 즉 마지막 죄로 시인은 지목했던 것이다.

권천학 시인은 자본주의의 대량생산체제와 광고를 문제 삼지 않고서는 생태 파괴를 근본적으로 막을 수 없다는 생태주의적 인식을 드러냈다. 단순히 생태 파괴의 현상 고발에 머물지 않고 보다 근본적인 자본주의 구조를 문제 삼았던 것이다. 시의 마지막 행인 "나는 흙이었으므로 피고이면서 피해자였다"에서 자연의 일부인 인간은 생태 파괴의 피고, 즉 가해자이지만 동시에 피해자라는 양립할 수 없는 이율배반의 관계에 놓인다는 진술에서 시인의 생태적 윤리의식은 단적으로 나타나고 있다. 자연의 일부인 인간을 피고이자 피해자로 만드는 것은 다름 아닌 대량생산과 대량소비의 자본주의 체제이다. 슈나이버그가 지적했듯이 자본주의 체제를 혁신하지 않고서는 피고이자 피해자라는 이율배반의 운명에서 인간은 결코 자유로울 수 없는 것이다.

벗어날 수 없는 거대한 먹이사슬의 이율배반은 「목숨의 죄」라는 시에서 보다 본격적으로 다루어지고 있다.

> 주방에만 들어서면 나는 돌변한다
> 고문 기술자로
> 무지막지한 살생범으로
> 칼춤 추는 망나니로
>
> 펄펄 끓는 물에 브로콜리를 넣는 순간
> 고막을 찢는 비명

질끈 눈을 감았다가 뜨면
파랗게 치켜뜨고 노려보는 눈매가 무섭다
오, 이 죄를!

도마 위의 생선
애원과 원망으로 쩨려보는 눈이 붉은 갈고리다
무자비하게 지느러미를 잘라내고
꼬리를 떼고, 껍질을 벗기고
그도 모자라 몸뚱이를 토막 낸다
오, 무모하게 용감무쌍한 이 죄를!

찌고 볶고 끓이고 삶고……
맛있는 냄새 저 안쪽에 배어있는
비릿한 날것의 냄새
식탐의 저 안쪽으로 스치는 피 냄새가
먹음직스러운 하얀 접시에 둘러앉아
으르렁대는 포식자가 되어
송곳니의 날을 세운다

목숨이 목숨을 죽이는
목숨이 목숨을 살리는
도저히 해탈할 수 없는 목숨의 죄
　　　　　　　－「목숨의 죄」 전문

　시인은 거대한 먹이사슬의 고리 속에 인간이 "목숨이 목숨을 죽이는/ 목숨이 목숨을 살리는/ 도저히 해탈할 수 없는 목숨의 죄"로부터 자유로울 수 없는 존재라는 사실을 개탄한다. 부엌에 들어간 화자는 "찌고 볶고 끓이고 삶고" 하는 행위, 즉 요리를 하는 동안 자신이 "고문 기술자로/ 무지막지한 살생 범으로/ 칼춤 추는 망나니로"로 돌변하지 않을 수 없음에 고통을 느끼고 죄의식을 갖지 않을 수 없다. 식물인 브로콜리를 삶을 때에는 그들의 고통으로 "파랗게 치켜뜨고 노려보는 눈매가 무섭"고, 생선을 손질할 때에는 살려달라고 "애원과 원망으로 쎄려보는 눈이" 무섭다.

식탁 위에 맛있게 차려진 음식들의 너머에서 비릿한 날것의 냄새, 피 냄새를 맡으면서도 으르렁대는 포식자가 되어 식탐을 버릴 수 없다는 사실, 즉 다른 것의 목숨을 먹어야 나의 목숨을 살리는, 생명을 가진 존재로서의 도저히 해탈할 수 없는 원죄의식을 「목숨의 죄」는 치열하게 파고들어간다. 화자는 인간의 음식재료가 되는 동식물의 고통에 공감하면서도 자신의 목숨을 살리기 위해 그들의 고통을 외면할 수밖에 없는 근원적인 죄의식, 즉 생명체의 원죄의식을 다루고 있다. 이 작품에서 시인은 동물과 식물 모두 고통이라는 감각을 지닌 존재로 파악하며 감각을 가진 모든 자연존재를 도덕적으로 배려해야 한다는 감각중심주의적인 윤리의식을 보여주고 있다. 하지만 니체가 말했듯이 생명체는 항상 다른 생명체를 통해서 살아갈 수밖에 없는 존재라는 딜레마, 즉 먹고 먹히는 먹이사슬의 순환구조를 벗어날 수 없다는 데에 시인의 생태주의적인 고민과 갈등은 깊어질 수밖에 없다.

하지만 시인의 생태적 윤리의식은 "피고이면서 피해자"로서보다는 가해자로서의 책임의식에 보다 경도되어 있다.

> 가끔 그 마을에 들려 쉬어가는
> 새떼들이 물어내는 정보에 의하면
> 그곳엔 날짐승 길짐승 땅속 짐승들까지
> 서로 이웃하며
> 모두가 모두를 끌어안고 서로 엮여
> 있는 것 모두가 있는 그대로,
> 있는 자리 그 자리에서 치렁치렁 살고 있는데
> 다만 '영장류 출입금지'라는
> 투명 녹색 팻말이 서 있다고 한다
> 　　　　-「영장류 출입금지 - 숲의 전설 2」 전문

'영장류 출입금지'라는 팻말은 결국 영장류인 인간이 자연에 대한 가해자가 되고 만다는 가해의식에 대한 성찰을 보여준다. "날짐승 길짐승 땅속 짐승들까지/ 서로 이웃하며/ 모두가 모두를 끌어안고 서로 엮여/ 있는 것 모두가 있는 그대로,/ 있는 자리 그 자리에서 치렁치렁 살고 있는데"에서 볼 수 있듯이 숲의 생명들은 서로를 끌어안은 포용의 삶, '치렁치렁'과 같은 부사가 말해주듯이 느리고 부드러우며 있는 그대로의 자연스러운 삶을 살고 있다. 그런데 그 숲이 인간인 영장류의 출입을 금지시켰다는 것은 무엇을 의미하는가? 그것은 그들의 상생과 포용의 삶에 인간이 방해자, 가해자가 될 수 있기 때문이다. 이 시는 생태파괴를 막는 길은 인간이 자연을 지배하고 정복하고 착취할 수 있다는 인간중심주의를 버리는 일이라고 진술한다. 인간중심주의는 인간과 자연을 이분법적으로 분리해서 파악하는 데서 나온다. 즉 인간을 자연의 일부로 보지 않고 인간과 자연을 다르다고 볼 뿐만 아니라

우월한 지배자로 인식하는 데서 인간중심주의가 발생한다. 자연 훼손과 환경오염, 그리고 생태 파괴는 모두 인간중심주의가 낳은 결과이다. 따라서 인간중심주의를 버리지 않는 한 인간은 숲이라는 에코토피아의 세계가 추구하는 평화, 조화, 상생, 포용의 삶에 대한 가해자의 운명에서 벗어날 수 없다.

시인은 인간이 에코토피아의 세계에 함께 참여하여 자연과 교감을 이루는 평등한 주체로 거듭나기를 소망한다. 하지만 그 세계는 쉽게 이루고 도달할 수 있는 세계가 아니다.

「태아」라는 시에서도 가해자로서의 죄의식과 윤리의식은 나타나고 있다.

> 뒤집힌 흙더미에 끌려 나온 몇 점 아기씨
> 줄기가 될 하얀 속살과 잎이 될 노란 살덩이가
> 잔뜩 웅크린 알몸으로 드러났다
> 눈도 뜨지 못한 채 천재지변을 당한
> 영락없는 자궁 속의 태아,
> 척박한 흙 속에서 모성의 끈을 놓지 않았다니!
> 나는 너를 포기했는데 너는 포기하지 않았구나!
> 황급히 흙을 덮어주며 무릎을 꿇고 말았다
>
> 성급히 손대지 말라 더딘 목숨도 있다
> 함부로 디디지도 말고 함부로 삽질도 말라
> 더딘 목숨도 그러안는 숲의 가르침을 잊었구나
> 미안하다, 용서해다오!
>
> ―「태아-파종일기」 부분

이 시의 화자는 씨앗을 뿌린 땅에서 새싹이 빨리 나오지 않자 성급하게 그곳에 다시 씨앗을 뿌리기 위해 흙을 뒤집다가 "뒤집힌 흙더미에 끌려 나온 몇 점 아기씨"를 발견하게 된다. 흙더미 속에서 움트는 씨앗의 형태에서 화자가 발견한 것은 "눈도 뜨지 못한 채 천재지변을 당한/ 영락없는 자궁 속의 태아"의 모습이다.

화자는 황급히 흙을 덮어주며 "성급히 손대지 말라 더딘 목숨도 있다/ 함부로 디디지도 말고 함부로 삽질도 말라"는 지혜를 깨우친다. 이 시의 화자는 좀 더 기다리지 않고 흙을 파 뒤집은 자신의 성급함으로 한 생명을 죽일 수도 있었다는 사실을 반성하면서 "미안하다, 용서해다오!"를 외친다. 생명을 키우고 살리는 모성에는 느리고 더딘 것을 인내하는 기다림, 끝까지 생명을 포기하지 않는 배려와 살림의 정신이 필요하다는 것을 시인은 자연으로부터 배운 것이다. 「태아-파종일기」는 가시적인 성과와 빠른 속도를 추구하는 성장만능의 이데올로기와 패러다임이 생태 파괴의 원인이 될 수 있다는 것을 반성하는 에코페미니즘의 시이다. 이것이 바로 자연으로부터 배우는 생태적 윤리의식이다.

Ⅱ. 에코토피아를 꿈꾸며

「초록 대화」라는 시에서 화자는 인간과 나무와 새와 다람쥐와 꽃들과 참새 떼, 바람, 그리고 이웃집 흠씨와도 서로 대화를 나눈다. 이처럼 인간과 자연, 인간과 인간이 서로 인사를 나누고 대화를 하는 동네야말로 에코토피아를 구현한 세계일 것이다. 여기서 '초록'이란 시어는 에코토피아에 대한 색채상징이다. "나무, 꽃, 다람쥐, 그리고 흄씨……/ 마음을 알아듣는 이웃들이 좋아서/ 날마다 도는 동네 한 바퀴"에서 인간은 자연과도 서로 인사를 주고받으며 서로의 마음을 알아듣는 평등한 관계. 뿐만 아니라 한국말을 하는 나와 영어로 말하는 흄 씨도 서로 조화롭게 공존하는 인간관계이다. 화자가 사는 동네는 이처럼 서로의 언어로 말을 하고 인사를 건네는데도, 즉 언어가 달라도 서로의 마음을 알아듣는다. 이 시가 보여주듯이 차이가 있지만 평등한 관계야말로 진정한 민주적인 관계이다. 인간과 자연, 성별과 계급, 나이와 능력, 인종과 민족을 뛰어넘어 그 어떤 차별도 두지 않고, 각자의 개성을 존중하는 평등한 관계야말로 진정한 에코토피아의 세계일 것이다.

오늘도 동네 한 바퀴
한 시간 채 못 되게, 일만 보 채 못 되게
가로수 무성한 공원길 지나갈 때마다
나무는 초록 물든 음절로 반기고,
허공에 날리는 소리글로 새들이 말 걸어오면
나는 내 말로 대답한다 츠윗츠윗!
오르락내리락 나무등치 사이를 누비는 다람쥐
오물오물 콧잔등 세우며 다람쥐 말로 끼어든다
반가워 다람!

색 풍년 이룬 꽃밭을 지날 때면
노랑 꽃말, 빨강 꽃말, 분홍 꽃말…

사투리에 향수 뿌린 꽃말들이 싱그럽다
그때마다 큰 숨 들이쉬며 내 말로 대답한다
예쁘다 참!

키 낮은 생나무 울타리 지나올 때는
왁자하게 조잘대는 참새 떼들 수다
못 들은 척 지나치면서도 한 마디,
너희 동네 오늘도 장 섰구나!

동네 한 바퀴 돌아 집 앞에 오면
뜰 앞에서 서성이며 기다리던 바람의 인사말에
나는 내 말로 답례를 한다
참 시원해!

앞질러 온 다람쥐가 또 인사를 하면
벌써 왔니?

하이!
잔디 깎던 이웃집 흄 씨가 던지는 영어 인사에
나는 한국말로 응답한다
안녕!

나무, 꽃, 다람쥐, 그리고 흄 씨……
마음을 알아듣는 이웃들이 좋아서
날마다 도는 동네 한 바퀴

-「초록 대화」 전문

'ecotopia'는 생태주의를 뜻하는 그리스어 ecology와 이상향을 뜻하는 utopia의 합성어로서 말 그대로 생태적 이상향을 의미한다. 1975년 어니스트 칼렌버그(Ernest Callenbach)라는 미국 작가가 쓴 『에코토피아』에서 이 개념이 최초로 제시되었다. 그가 묘사한 에코토피아는 사회의 모든 것을 통제하는 과학기술문명에서 벗어나 자연과 동화되는 삶이자 빈부, 성, 인종, 연령에 따른 차별이 없는 평등한 세계다. 권천학 시인이 꿈꾸는 생태적 이상향도 이와 다르지 않다.

    천둥 번개가 휘몰아치는 어느 날 밤
    어둠 속에서 길을 잃고 잠시 불시착한 대머리독수리
    고목 등걸에 앉아 빗줄기를 피하고 있는데
    '무서워하지 마라 하늘이 잠시 길을 트고 내려오는 것이니'
    그 소리에 잠시 눈을 붙일 수 있었는데
    비바람 갠 새벽녘에 나직나직 주고받는 말소리
    '간밤에 어깨를 빌려주셔서 고맙습니다'
    '지난겨울 네가 시린 발등을 덮어주지 않았느냐'
    '당신이 있어 고맙습니다'
    '너희가 있어 행복하단다'
    대머리독수리가 엿들은 그 도란거림이
    바람 부는 날이면 사람 사는 마을까지 날려 와
    풍문으로 떠돌기도 한다
                    -「풍문에 의하면-숲의 전설 3」전문

에코토피아의 세계에서 모든 생명들은 "무서워하지 마라 하늘이 잠시 길을 트고 내려오는 것이니/ 그 소리에 잠시 눈을 붙일 수 있었는데/

비바람 갠 새벽녘에 나직나직 주고받는 말소리/ '간밤에 어깨를 빌려주셔서 고맙습니다'/ '지난겨울 네가 시린 발등을 덮어주지 않았느냐/ '당신이 있어 고맙습니다'/ '너희가 있어 행복하단다'"처럼 서로가 서로를 위로하고 도와주고 감사하는 상생의 삶을 살고 있다. 바로 그러한 태도는 천둥번개가 휘몰아치는 밤에 어둠 속에서 불시착한 대머리독수리로 하여금 안심하고 눈을 붙일 수 있게 한다. 숲이 보여준 서로 도와주고 감사하는 태도가 사람 사는 마을에도 전해져서 인간의 세계도 서로가 서로를 감싸 안고 상생의 길로 나아가길 시인은 간절히 염원한다. 이 시에 의하면 비인간의 동물세계에도 도덕적 사고능력이 있다. 오히려 그들로부터 상생의 윤리를 인간들이 배워야 한다고 시인은 진술한다.

상생(epigyny)은 공생(symbiosis)보다 더욱 포괄적이고 적극적인 개념이다. 공생이 함께 산다는 의미 정도라면, 상생相生은 인간과 자연이 서로를 살리는 보다 적극적인 개념이다. 상생은 어느 한쪽에 유리하거나 다른 한쪽에 불리하지 않다. 자연과 인간이 서로 더불어 더 잘 살 수 있는 윈-윈(win-win)의 전략이 상생이다. 상생의 세계에서는 인간과 자연이 주체와 타자로 이분법적으로 분리되는 경계가 사라진다. 인간과 자연 모두 주체로서 공존하는 것이 상생의 원리이고, 에코토피아가 추구하는 세계이다.

시인은 「내가 사는 집은」과 「가족」에서 그 세계를 보다 구체적으로 보여주고 있다. 두 편의 시에 나타난 집과 가족은 인간만이 사는 세계가 아니다. 또한 그 세계에서 화초, 채소, 나무, 새와 같은 자연과 인간은 전혀 차별되는 존재가 아니다. 즉 한 울타리에서 모두 가족을 이루고 살아가는 평등한 존재로서 생명 중심의 평등과 자기실현의 관계인 것이다. 그 세계에서 인간과 인간, 인간과 자연, 생물과 비생물은 서로 대립하지 않고 서로를 포용하며 조화롭게 공존할 뿐만 아니라 호혜와 상생의 관계로 살아간다. 또한 자신의 가치를 인정하듯이 상대방의 가치를 수용하고 인정한다.

나의 몸은 신전이다
나는 성소聖所를 지키는 종지기

그 성전에
우주로 통하는 길이 있고, 우주가 있다
해가 뜨고 달이 지는 하늘이 있고
해와 달이 비켜 가고 구름이 지나는 하늘이 있고
바람이 불고 비가 내리는 들판이 있다
봄 여름 가을 겨울이 그 들판을 지나서 간다

여러 개의 법당 안에
지켜야 할 경전이 있고, 율법이 있다
정신을 여는 문이 있고, 정신이 모셔져 있다
나는 수시로 그 문으로 들락거리며 쓸고 닦으며
바람 소리 음악을 듣고
비에 젖어 시도 쓴다
앞서 법회를 마친 어른들을 만나고
나를 밟고 지나갈 어린 것들을 위하여
길을 내기도 한다

밥통의 경전대로 먹고 마시며
심장의 율법대로 숨 쉰다

햇볕과 비를 섞어 들을 가꾸어 꽃을 피우고
열매를 익혀 씨앗을 묻는다
예복을 입고 기도하며
나무를 심고
나무 아래 잠을 잔다

그 성전聖殿에 깃들어
목숨을 가꾸고
바람길 소리 길을 터 하늘을 여닫는
새벽사원의 종지기로
성소聖所의 영토를 지키며 살고 있다
  -「신전神殿」 전문

「신전神殿」이란 시는 "나의 몸은 신전이다/ 나는 성소聖所를 지키는 종지기"로 '나'의 정체성을 설정한다. 신전이면서 그 신전을 지키는 종지기라는 이중적 정체성을 가져야 하는 이유는 시가 전개되면서 점차 밝혀진다. 여기서 '신전'이 가진 내포는 자연은 신전과도 같은 성스러운 장소라는 의미일 것이다. 그런데 인간은 신전의 주인으로 군림하는 우월한 존재가 아니라 신전의 영토를 지키고 가꾸는 종지기에 불과한 존재라는 것이 시인의 인식이다. "그 성전聖殿에 깃들어/ 목숨을 가꾸고/ 바람 길 소리 길을 터 하늘을 여닫는/ 새벽사원의 종지기로/ 성소聖所의 영토를 지키며 살고 있다"에서 보듯이 종지기는 단순히 종을 치는 사람이 아니다. 그는 목숨을 가꾸고, 종을 쳐서 하늘과 소통하고, 성소의 영토를 지키는 것이 임무인 존재이다. '종지기'라는 시어는 자연이라는 신전에서 인간이 살아갈 겸허한 윤리를 단적으로 상징한다. '나'는 하나의 장소이자 그 장소를 지키는 인격체로서 장소와 인격은 분리되지 않고 하나가 되어 있다. 그야말로 주체와 세계가 합일된 경지를 시인은 에코토피아의 세계로 설정하고 있다. 따라서 인간은 자연이라는 신전의 주인이지만 동시에 종지기와 같은 수호자의 역할을 담당해야 한다. 그래야 생태 파괴가 일어나지 않는다.

　자연과 인간이 전체적인 통합을 이루고 있는 신전은 과연 어떤 장소로 그려지고 있는가? 제2연에서 시인은 해가 뜨고 달이 지는 하늘이 있고, 해와 달이 비켜가고 구름이 지나는 하늘이 있고, 바람이 불고 비가 내리는 들판이 있고, 사계절이 운행되는 신전인 내 몸이 우주이고, 우주로 통하는 길이 있다고 진술한다. 즉 자연이라는 성전에는 하늘, 구름, 바람, 비와 같은 비생물적인 요소도 소중한 구성원이다. 이 비생물적 요소들은 "햇볕과 비를 섞어 들을 가꾸어 꽃을 피우고/ 열매를 익혀 씨앗을 묻는다"에서 보듯이 들판의 꽃과 나무를 키운다. 그리고 인간(동물)은 "예복을 입고 기도하며/ 나무를 심고/ 나무 아래 잠을 잔다"처럼 비생물적 요소가 키워낸 들판의 식물들로부터 에너지를 얻고 휴식을 취하며 살아나간다. 「신전」이란 시는 비생물적 요소와 생물적 요소 모두 거대한 생태계를 구성하는 평등한 구성원이며, 상호의존적이고 상호순환의 관계에 있다는 이치를 진술하고 있다. 그러니 신전이라는 장소에서 인간은 자연의 일부로 겸허히 그리고 수호자로서의 윤리의식을 가지고 살아가야 하는 것이다. 왜냐하면 그럴 때에 비로소 진정한 에코토피아의 세계는 실현될 수 있기 때문이다. 생태계의 지속 가능한 미래를 위해서 인간은 주인이라는 우월의식을 버리고 수호자로서의 겸허한 윤리의식을 가져야 할 것을 「신전」은 촉구했다.

Ⅲ. 나가며

생태철학과 생태주의에는 인간중심적인 세계관을 비판하며 생태중심적 세계관을 제안하는 심층생태론(deep ecology), 한 부류의 인간이 다른 부류의 인간을 지배하는 사회의 서열구조를 타파해야 한다는 사회생태론(social ecology), 그리고 경쟁을 강조하는 남성 본위의 가부장적 제도를 파기해야 한다고 주장하는 생태여성론(eco-feminism) 등이 있다.

이 가운데 심층생태론은 1970년대 초에 노르웨이 철학자 안 네스(Arne Naess)가 발전시킨 이론이다. 그는 자연이란 인간을 위해 존재하는 것이 아니라 자연 그 나름대로 훼손당하지 않을 권리를 갖고 있다고 설파했다. 또한 안 네스는 테크놀로지에 의존해서 환경을 개선할 수 있다는 환경주의에 반대하며 인간뿐만이 아니라 생태계를 이루는 모든 요소가 다 동등하게 살아갈 권리가 있다고 했다.

심층생태론자들은 생태 위기의 원인으로 인간중심의 자연 지배적 세계관을 문제 삼는다. 즉 생태 위기의 근본 원인이 모든 자연을 인간적 측면에서 평가하고, 인간의 욕망을 충족시키기 위한 자원 또는 물질로 파악하는 인간중심적 사고방식에 있다고 진단한다. 인간의 내면과 지구상의 모든 생명체의 본성은 인간중심에서 파악하는 효용가치가 아니라 본래적 가치를 지니고 있기 때문에 인간은 자신들의 생명을 유지하기 위해 반드시 필요한 자연 요소들을 제외하고는 생명의 풍요로움과 다양함을 해칠 권리가 없다는 반인간중심주의, 즉 생태중심의 세계관을 그들은 대안으로 내세운다.

심층생태론은 서양 전통의 세계관에 내재된 인간우월주의와 인간과 자연의 이원론적 이분법에 반대하며 두 가지의 규범을 내세운다. 즉 생명적 관점에서 인간이나 자연 모두 평등하다는 생명중심적 평등(biocentric equality)과 나를 나 이외의 타인과 지구상에 존재하는 생물과 미생물에 이르기까지 넓혀서 모두를 하나로 인식하는 경지의 자기실현(self realization)의 가능성과 권리를 갖는다는 것이 그것이다.

심층생태론의 관점에 따르자면, 인간도 자연의 틀에서 결코 분리될 수 없는, 자연의 하나일 뿐이다. 따라서 모든 자연을 통일된 하나의 전체라는 개념으로 보고, 자연을 인간에게 얼마나 유용한가라는 관점에서 파악하지 않는다. 이러한 사상은 그들의 여덟 가지 강령 중의 첫 번째인 "지구상의 인간과 인간을 제외한 생명의 안녕과 번영은 그 자체로서 가치를 가진다. 이 가치들은 자연계가 인간의 목적을 위해 얼마나 유용한가 하는 문제와는 별도로 독립해 있다"에 잘 반영되어 나타난다. 즉 자연은 인간을 위해 존재하는 대상이 아니라 자연 그 자체로서 가치를 획득하고 있는 존재라는 사유이다. 심층생태론은 다원주의를 높이 평가하는데, 타자의 존재를 받아들일 때 비로소 나의 존재도 가능하다고 보기 때문이다. 즉 심층생태론자들은 다원성, 다양성을 존중하는 공생과 상생의 원칙을 내세우며, 동양의 노장사상과 선불교, 그리고 기독교의 영성주의 등을 통해서 서양 전통의 인간중심적인 가치관의 전환이 이루어져야 한다고 주장한다.

　권천학 시인이 지향하는 생태주의는 생태 파괴의 원인으로 자본주의 체제를 문제 삼지만 근본적으로 인간이 자연을 지배하는 인간중심주의에서 생태 파괴가 일어났다고 보고, 이를 벗어나 인간과 자연이 평등하게 상생하는 에코토피아의 세계를 지향했다는 점에서 심층생태주의에 가장 가깝다고 할 수 있다.

　　　　　　　　(권천학 시집 『영장류 출입금지』, 시문학, 2018)

제3부

시카고 한인문학의 형성과 발전

05 '시카고 문인회'의 형성과 인구학적 통계
06 시카고 한인문학의 대표작가와 작품

05
'시카고 문인회'의 형성과 인구학적 통계*

I. '시카고 문인회'의 형성

'시카고 문인회'는 1984년 9월, 평론가 명계웅, 시인 방하식, 김호관, 유선준, 수필가 이태영, 소설가 김유미 등이 창립을 발의하고 이어 《시카고한국일보》 편집국장 육길원과 소설가 정강석 등이 합류하였다. 1985년에 명계웅을 초대회장으로 추대하였으며, '문학의 밤'과 '주부백일장' 등을 개최하며 자체적으로 모임을 가져오던 '시카고 문인회'는 이태영(2대회장), 정강석(3대회장), 김유미(4대회장), 정화미(5대회장), 이태영(6대회장), 정창수(7대회장), 홍민자(8대회장), 신현숙(9대회장), 이태영(10대회장), 명계웅(11대회장)을 거쳐 12대 회장으로 평론가 명계웅이 재추대되면서 1996년에 《시카고 문학》 창간호를 발행하게 된다.

창립 당시부터 사용하던 '시카고 문인회'라는 명칭은 1990년에 '시카

---

* 2018년 6월 28일, 시카고를 방문하여 '시카고 문인회' 세미나에서 발표한 글임.

고 문학동호인회'로 개칭하였다가 1996년에 다시 '시카고 문인회'로 그 명칭을 환원하였다.* 《시카고 문학》의 영어 명칭은 제2호부터 'Korean Literature of Chicago'를 사용하여 오늘에 이르렀고, '시카고 문인회'의 영어 명칭은 창간호부터 'Korean Literature Society of Chicago'를 사용하다가 제4호(1999)부터 'Korean-American Literature Society of Chicago'로 개칭하여 오늘에 이르렀다.

'Korean'과 'Korean-American'이라는 명칭 사이에는 이민 초기 재미한인들이 자신들의 민족정체성을 한국인으로 의식하여 'Korean'으로 호명하였지만 이민 기간이 길어질수록 그들이 한국에서 온 이민자라는, 즉 한국에서 온 미국인이라는 이중 정체성을 가진 것으로 인식함으로써 'Korean-American'으로 호명하기에 이른 것이다. 그리고 그즈음 다민족 국가인 미국에서 'Korean-American'이라는 단어가 일반화된 것과도 상관이 있다. 뿐만 아니라 미국이 이민자 정책을 멜팅 팟(melting pot)의 동화정책에서 다문화정책으로 전환한 것과도 관련하여 출신국과 거주국 양쪽 모두를 표기함으로써 다민족 다문화적 상황을 나타냈다고 할 수 있다.

멜팅 팟은 인종·문화 등 여러 요소가 하나로 융합되고 동화되는 동화주의를 의미한다. 미국에서는 1970년대 이전까지 다양한 문화적·종교적 기원을 가진 사람들을 '하나의 국민', '하나의 인종'으로서의 '미국인'으로 만들려는 노력이 정책적으로 행해졌다. 이러한 노력은 이른바 '인종의 용광로'라는 표현에서 압축적으로 드러나 있고, '인종

---

* 명계웅(배은자 정리), 「시카고 문인회 약사」, 《시카고 문학》 제1호, 시카고 문인회, 1996, 335~337면.

의 용광로'는 '인종적 종합'을 의미하였다. '용광로' 개념은 새로운 인종으로서의 미국인의 형성을 추구한 것이다.

하지만 여러 인종과 민족의 이민으로 이루어진 국가인 미국은 본질적으로 다인종 사회로 출발하였던 만큼 1970년대 이후 동화정책은 비판을 받게 되었다. 즉 인종주의의 옹호자들과 다문화주의자들은 미국이 하나의 동질성을 지닌 국민이고 공통의 문화를 가진 국가라는 주장에 반기를 들기 시작했다. 그들은 미국이 결코 '용해되지 않은 인종들'과 다양한 문화적 공동체들로 이루어진 나라라고 주장했다. 그들은 미국인들의 고유한 인종적·문화적 특색을 강조하여 미국을 독자성과 정체성을 지니고 있는 인종적·문화적 공동체들로 나누어야 하고, 이들 여러 인종 공동체는 그 자신의 존재와 정체성을 보존할 수 있어야 한다고 말했다. 따라서 다문화주의를 일컫는 용어로 '샐러드 볼(salad bowl)'이라는 단어를 그들은 사용하기 시작했다.

Ⅱ. 통계로 본 《시카고 문학》

1. 《시카고 문학》의 발간 및 장르 별 문인의 숫자

《시카고 문학》은 1996년에 창간호를 발간한 후 2호(1997), 3호(1998), 4호(1999), 5호(2001), 6호(2004), 7호(2008), 8호(2010), 9호(2012), 10호(2014), 11호(2017), 12호(2019), 13호(2021), 14호(2023)까지 발행했다. 그간 '시카고 문인회'는 회원이 많게는 46명, 적게는 20여 명에 이르며, 창립 당시 시(영시, 동시 포함), 소설(콩트 포함), 수필, 희곡, 평론의 5개 장르에서 작가들이 활동하며 2023년에 '시카고 문인회' 창립 40년, 《시카고 문학》 발간 28년을 맞았다.

'시카고 문인회'에서 무엇보다도 회원의 숫자나 활동이 활발한 장르는 시와 수필이다. 소설(콩트)은 매호마다 서너 편씩 발표되어 왔으나 희곡은 김경옥, 평론은 명계웅과 김기영 단 두 명뿐이다.

12대 명계웅 이후 회장을 역임한 문인은 13대 배은자, 14대 김동선, 15대 강성영, 16대 강성영, 17대 정창수, 18대 강성영, 19대 최순봉, 20대 최순봉, 21대 문장선, 22대 명계웅, 23대 명계웅, 24대 강만국, 25대 송재호, 26대 정종진, 27대 정창수, 28대 허정자, 29대 허정자, 30대 이여근, 31대 권성환, 32대 김영숙, 33대 김영숙, 34대 신호철, 35대 박창호 등이다.

11호(2017년) 기준으로 각호마다 발표한 문인 작품의 수를 도표로 제시하면 다음과 같다.

	1호 (96)	2호 (97)	3호 (98)	4호 (99)	5호 (01)	6호 (04)	7호 (08)	8호 (10)	9호 (12)	10호 (14)	11호 (17)	계
시	15	14	6	7	4	7	6	12	12*	14	14	111
수필	15	11	10*	12*	9	7*	11	8	11*	8	9	111
소설	5	3	1	3	4	3	7	5	6	3	3	43
평론	0	0	1	0	0	0	0	1	0	0	1	3
희곡	0	0	0	1	1	0	0	0	0	0	0	2
기타	0	0	0	0	0	0	0	0	1*	0	0	1
계	35	28	18	23	18	17	24	26	29	26	27	271

* 시에는 동시 및 영시 포함.
* 소설에는 콩트 포함.
* 작품 수 대신 발표한 문인의 수를 기준으로 함.

* 외부 초대작품은 제외하고 '시카고 문인회' 소속 회원들의 작품만을 기준으로 함.
* 제3호의 기행문은 수필에 포함. 하지만 동일인(정화미)이 수필과 기행문을 동시에 발표하였으므로 숫자의 증가는 없음.
* 제4호의 특별논단과 생활 수기는 수필에 포함시킴.
* 제6호의 기행문은 수필에 포함시킴.
* 9호에는 〈시와 수필〉란에서 동일 작가가 시와 수필을 싣고 있어 각기 시와 수필 장르에 합산하여 계산함.
* 10호 장영은의 감상문은 기타로 분류함.

위의 통계를 볼 때에 시카고 문학은 시와 수필 장르에서 가장 활발한 활동상을 보이고 있다. 그리고 다른 지역의 재외한인문단에 비추어 볼 때에 소설 장르의 활동이 두드러진다. 그리고 평론과 희곡 장르에서도 비록 한두 명이지만 활동을 해왔다는 것은 미주지역의 다른 지역 문단과도 차별화되는 특징이다.

그리고 《시카고 문학》은 제1호부터 제4호까지는 매년 연간으로 발간했으나 제5호는 2년 후에, 제6호는 3년 후에, 제7호는 4년 후에 발간하였다. 제8호부터 제10호까지는 격년으로 발간했으나 다시 제11호는 3년이 지나 발간하는 불규칙한 발간 형태를 보여 왔다. 따라서 격년으로라도 정기적으로 발간하려는 노력이 필요하다.

연도	1996	1997	1998	1999	2001	2004	2008	2010	2012	2014	2017
문인 숫자	46	40	46	30	23	21	41	28	27	27	28*

* 연도는 《시카고 문학》이 발간된 해를 기준으로 《시카고 문학》에 수록된 문인주소록에 근거함.

* 2017년은 문인주소록이 수록되지 않아 《시카고 문학》에 발표한 작가의 숫자로 대체함.

문인의 숫자는 《시카고 문학》이 처음 발간된 1996년에는 46명에 달했다. 2000년대에 접어들면서 2008년에는 일시적으로 41명으로 증가하였으나 그 후, 최저 21명 최대 28명의 수준에 머물고 있다.* 문인의 숫자가 답보상태에 있는 이유는 2000년을 기점으로 시카고에 '예지문학회'**라는 문인단체가 새로 발족함으로써 일부 회원들이 그쪽으로 옮겨갔기 때문이다. 하지만 '시카고 문인회'는 시카고 한인문단을 대표하는 문학단체다. 가장 먼저 창립했을 뿐만 아니라 지속적으로 기관지를 발행해온 유일한 문인단체로서 대표성을 지닌다고 할 수 있다.

Ⅲ. 시인

	1호	2호	3호	4호	5호	6호	7호	8호	9호	10호	11호
작가명	김호관 문장선 방화식 신동삭	김상희 김성규 김영숙 마정음	강성영 문장선 유근실 정은희	김인혜 문장선 백지영 신정순	김동선 문장선 정창수 최옥현	김상희 김성규 김영숙 마정음	고미자 김경호 마정음 문장선	고미자 공진성 김경호 김영희	공진성 김영숙 김영희 김영숙	고미자 김경호 공진성 문장선	고미자 공진성 권성한 김경호

* 11호(2017년)에는 문인주소록이 수록되지 않아 《시카고 문학》에 작품을 발표한 문인의 숫자로 대신함.
** 미국 시카고 '예지문학회(Yeji Literary Association)': 이 모임은 2000년 11월, 시인이자 기자인 배미순(1970년 《중앙일보》 신춘문예 시부문 당선)에 의해 시카고에서 창립되었다. 배미순은 시카고 여성 문인인 고인덕, 신정순, 이영옥, 이순례, 송복진, 수잔 장, 홍경애 씨 등 8명과 함께 2000년 11월 20일에 '시카고 여성문인회'를 발족했다. 그동안 이영옥, 송복진, 이선숙, 김영희가 회장직을 이어받으며 성장하고 있는 시카고 최초 한인 여성문학 모임인 '예지문학회'는 2001년 2월부터 매달 첫째 목요일을 기해 문학 강좌를 실시해 왔다. 대외적 행사로 2002년과 2003년에 미국과 캐나다의 한인들을 대상으로 홀부모 생활 수기 공모에 이어 이민 생활 수기 공모를 한 바 있으며, 한인 2세 청소년들을 대상으로 한국문학 작품 읽기와 회원 시화전, 작품집 출간, 문학 정보 교환, 한국문학 소개 등의 활동을 계속 추진해 왔다.

	유근실 유선준 윤석빈 이 영 이태선 장영은 조희자 정창수 채수경 최옥연	문장선 정은희 정창수 최순봉	최국환 정창수	정은희 박보영 정창수		문장선 정은희 정창수	정창수 정희자	김영희 문장선 방두표 신호철 이에다 정은희 정창수 차덕선	방두표 연경혜 육춘강 장영은 정창수 조희자 최상숙 최상준	김영임 김영희 남닐리 문장선 방두표 송인자 양정순 오봉완 정창수 최상준	김영숙 김영희 문장선 박창호 방두표 송인자 신호철 오봉완 장영은 정은희 정창수 최상준 최순봉 홍마가
통계	14	8	6	7	4	7	6	12	12	14	18

강성영(1), 고미자(4), 공진성(4), 권성한(1), 김경호(4), 김동선(1), 김영숙(6), 김상희(2), 김성규(2), 김영희(4), 김인혜(1), 김호관(1), 마정음(3), 문장선(11), 박보영(1), 박창호(1), 방두표(4), 방화식(1), 백지영(1), 송인자(2), 신동삭(1), 신정순(1), 신호철(1), 양정순(1), 연경혜(1), 오봉완(2), 유근실(2), 유선준(1), 육춘강(1), 윤석빈(1), 이영(1), 이태선(1), 장영은(3), 조희자(1), 정은희(6), 정창수(11), 정희자(1), 차덕선(1), 채수경(1), 최국환(1), 최상숙(1), 최상준(3), 최순봉(2), 최옥연(1), 홍마가(1) 등 총 45명이 발표하였다.(괄호 안은 발표 회수)

Ⅳ. 수필가

	1호	2호	3호	4호	5호	6호	7호	8호	9호	10호	11호
작가명	김동선 김상희 김영임 김우영 김창환 마정음 명계웅 배은자 백지영 손승배 이석순 이수지 이혜정 정화미 한태석	김동선 김영임 김우영 김창환 마정음 배은자 백지영 손승배 이차희 이석순 이혜정 정화미	김동선 김상희 김영임 김우영 김희웅 박명순 배은자 이차희 이혜정 정화미	김상희 김영임 김우영 남릴리 마정음 배은자 이석순 이혜정 조희자 최국환 최인선 한인순	김삼철 김상희 남릴리 박보병 박보명 배은자 이영옥 이석순 이혜정 조희자	김영임 배은자 마정음 박보명 이혜정 이영옥 윤석빈 조희자 최순봉	김영아 김영임 남릴리 송재호 양정순 이혜정 이인범 조희자 주숙녀 최순봉 허정자	강성영 김성혜 김영임 김환진 정희자 주숙녀 조희자 최순봉 허정자	공진성 김환진 김영임 방두표 육춘강 장영은 허영애 허정자 조희자 최상숙 최순봉 허영애 허정자	권성한 박봉금 이현희 이태영 조희자 최순봉 허영애 허정자	김야곱 김영임 남릴리 방두표 오봉완 이효섭 조희자 최순봉 허정자
통계	15	12	10	12	9	7	10	8	11	8	9

강성영(1), 공진성(1), 권성한(1), 김동선(3), 김삼철(1), 김상희(4), 김성혜(1), 김야곱(1), 김영임(8), 김우영(4), 김창환(2), 김환진(2), 김희웅(1), 남릴리(4), 마정음(4), 명계웅(1), 박명순(1), 박봉금(1), 방두표(2), 배은자(6), 백지영(2), 손승배(2), 송재호(1), 양정순(1), 오봉완(1), 육춘강(1), 윤석빈(1), 이석순(3), 이수지(1), 이인범(1), 이차희(2), 이태영(1), 이현희(1), 이혜정(5), 이효섭(1), 정화미(3), 정희자(1), 조희자(7), 최국환(1), 최상숙(1), 최순봉(6), 한인순(1), 한태석(1), 허영애(3), 허정자(5) 등 총45명이다.

주요 수필가는 김영임, 남닐리, 조희자, 최순봉, 배은자, 허정자, 김상희, 마정음, 김동선, 이석순, 정화미, 허영애 등이다. 이들은 적어도

3회 이상 작품을 발표했다. 남릴리는 8, 9호에는 소설을 발표했다. 김상희도 8호에는 소설을 발표했다. 오봉완은 시와 수필을 동시에 발표하고 있다.

V. 소설가

	1호	2호	3호	4호	5호	6호	7호	8호	9호	10호	11호
작가명	강성영 민예영 이미혜 최인선 홍민자	배성수 최인선 홍민자	최인선	배성수 강성영 김동선	강성영 김경옥 수지리 이여근 최인선	강성영 이영석 이여근 최인선	강만국 김상희 박봉금 이수지 이여근 정종진 홍진희	강갑중 권성한 남릴리 정종진	강갑중 권성한 남릴리 박봉금 이수지 이여근	이여근 강갑중 정종진	강갑중 이여근 정종진
	5	3	1	3	5	4	7	4	6	3	3

* 배성수, 수지리, 이수지는 동일인임

강갑중(4), 강만국(1), 강성영(4), 권성한(2), 김경옥(1), 김동선(1), 김상희(1), 남릴리(2), 민예영(1), 박봉금(2), 이미혜(1), 이수지(배성수, 수지리 동일인물)(5), 이여근(7), 이영석(1), 정종진(4), 최인선(4), 홍민자(2), 홍진희(1)가 발표했다.

강성영, 공진성, 권성한, 김동선, 김상희, 마정음, 방두표, 오봉완, 육춘강, 윤석빈, 정희자, 조희자, 정희자, 최국환, 최상숙, 최순봉은 시와 수필 양 장르에서 작품을 발표하고 있으며, 명계웅은 수필과 평론

두 장르에, 강성영, 권성한, 김동선, 김상희는 시, 수필, 소설 세 장르에서, 남릴리, 박봉금, 이수지는 수필과 소설에서 각각 작품을 발표하였다. 정종진은 《시카고 문학》에는 소설만을 발표했지만 이미 수필집을 여러 권 발간한 수필가이기도 하다. 이여근은 《시카고 문학》에는 소설 장르를 주로 발표하고 있지만 시와 소설 양 분야에서 등단했으며 시집을 발간한 시인이기도 하다.

(《시카고 문학》 12호, 2019)

06
시카고 한인문학의 대표작가와 작품*

Ⅰ. 소설 장르의 활동

소설분야에서 가장 활발하게 활동한 작가는 이여근이다. 그는 제5호 (2001)에 처음 단편소설을 발표한 것을 시작으로 지금까지 한 호도 거르지 않고 콩트 또는 소설을 발표해오고 있다. 그는 《시대문학》에 소설로, 《창조문예》에 시로 등단하여 시집 『기도로 여는 아침』과 『내 곁을 지나는 바람』을 발간했으며, 제1회 해외동포문학상 콩트 가작 수상을 했고, '시카고 문인회' 회장을 역임하였다. 그가 발표한 작품 가운데 주목을 끄는 작품은 「호세 알만도의 별자리」(7호, 2009)이다.

이 작품은 미국이 다민족 다문화 국가라는 것을 여실히 보여준다. 그는 다민족 국가인 미국에서 주류사회의 백인이 아닌 소수민족으로

---

* 2018년 6월 28일 '시카고 문인회' 세미나에서 발표한 글로서 창간호부터 2018년 11호까지를 기준으로 작성되었다.

서 살아가는 데 따른 고난을 보여주는 한편 민족끼리 경계를 쌓고 살기보다는 한 국가의 국민으로서, 더욱이 백인중심의 주류사회에서 아웃사이더인 소수민족으로서 서로 협력하며 살아나가는 자세가 필요하다고 말한다. 즉「호세 알만도의 별자리」는 멕시코에서 국경을 넘어 밀입국한 히스패닉 '호세 알만도'가 한국 출신의 '송쵸이'의 도움을 받아 정착에 성공하는 이야기이다. "호세는 한국사람 뺨치게 한국말을 잘하였고, 반은 아니 어쩌면 배링해협이 더욱 두껍게 얼었던 아득한 그 먼 옛날 중간쯤 시대부터 조상이 한 뿌리일지도 모를 한국인이 되어가고 있었다. 일이 끝나서 집으로 돌아가며 쳐다본 밤하늘에는 멕시코에서 본 별자리가 로렌스의 하늘에도 떠 있었고 필경 가보지 못한 나라 한국에도 저 별은 떠 있을 거라고 호세는 생각했다. 그런 호세의 등 뒤로 그 별은 자꾸만 따라오고 있었다"라는 결말에서 작가의 주제의식은 잘 드러나고 있다. 백인 중심의 미국사회에서 소수민족끼리의 협력과 연대는 생존의 한 방법이 될 수도 있을 뿐만 아니라 민족끼리의 경계를 풀고 열린 마음으로 살아갈 때에 다민족 국가인 미국에서의 성공적인 정착도 가능하다는 주제의식을 보여준 작품이다.

그의 콩트「정 노인의 사랑」(11호, 2017)은 실버타운에서 살아가는 정 노인이 그의 첫사랑의 여인을 상봉하지만 그 사랑을 키워가기보다는 사별한 아내에 대한 신의를 지키며 "내게 있어 첫사랑이란, 인생길을 가다 길섶에 핀 꽃향기, 달콤하게 한 번 맡은 것일 뿐이야…"라고 사랑의 감정을 정리한다. 작품의 이러한 결말은 극적 반전에서 묘미를 찾아야 하는 콩트의 장르적 특성에서 벗어나는, 다소 아쉬운 결말이라고 하지 않을 수 없다.

《시카고 문학》에는 다수의 콩트가 발표되고 있는데, 콩트의 장르적 특성을 제대로 살렸다기보다는 다만 길이가 단편소설보다 짧은 특성만을 나타내는 경우가 많았다. 콩트는 200자 원고지 분량 20매 내외의 짧은 형식으로서 대개 인생의 한 단면을 예리하게 포착하여 그려내며, 유머, 풍자, 기지를 담고 있다. 사실적이기보다는 기상천외한 발상을 바탕으로 하며 재치와 기지가 주된 기법의 양식이 콩트이다. 또한 도덕적이거나 알레고리로 되어 있는 수가 많다. 콩트는 단편소설보다 착상이 기발해야 하고, 또 풍자와 기지가 풍부해야 한다. 보통 단편소설이 인간의 삶을 온건한 태도로 그려나가는 데 반하여, 콩트는 한 사건의 어느 순간적인 모습을 포착하여 그것을 예리한 비판력과 압축된 구성, 그리고 해학적인 필치로써 반어적으로 표현한다. 또한 사건의 진전이 클라이맥스에서 예상 밖의 전환을 보여주는 것을 원칙으로 하기 때문에 결말에서 반드시 반전이 이루어져야 한다.

강갑중은 제8호에 처음 작품을 발표하기 시작하여 거르지 않고 계속 작품을 발표해오고 있다. 그는 '미동부 한국문인협회'에서 발간하는 《뉴욕문학》 신인상(2010) 소설 부문으로 등단하였다. 2005년에 재외동포문학상 수필부문 대상을 수상한 그는 산문집 『철새를 기다리며』(2016)를 발간했다. 그는 단편소설 「2층」(8호, 2010)을 통해 교포사회에서 여성들이 살아가는 삶의 방식을 그려내고 있다. 작품에는 메리디안 아파트 1층에 사는 전업주부 서영을 중심으로 2층에 사는 간호사 미스 정, 그리고 인근 모빌하우스 셜리마을에서 죽을 날만 기다리고 있는 할머니들의 소외된 삶 등 다양한 삶의 형태가 그려진다. 싱글여성인 미스 정은 간호사로서, 전업주부 서영의 할머니들에 대한 봉사활동에 구체적으로 도움을 주는 고마운 인물이지만 같은 아파트에 살고 있는 히스패닉인 남성과 스캔들에 휩싸여 있다. 서영은 미스 정과 유부남 헤르난도의 관계를 미심쩍어하며 헤르난도의 현지처가 미스 정을 찾아와 소동을 부리고 갔다는 말을 듣지만 어찌 된 사정인지 묻지 못한다. 왜냐하면 소문이 진실로 확인될 것이 두렵기 때문이다.

> 여러 민족이 모여서 가는 데는 쉽게 융화가 될 수 없는 도덕과 윤리의 문제가 많은 층을 이루고 겹쳐 있었다. 법률이나 조례는 정해진 대로 지켜지지만 윤리적 기준은 모호한 경우가 많았다. 걸핏하면 주류사회의 관습이 깃발처럼 내세워지는가 하면 사실 법률도 대부분이 판례법이고 인구도 얼마씩 안 되는 각 시·읍마다 조금씩 다른 조례가 있었다. 그냥 착하게 살려고 애쓰면 되지만 경우에 따라서 가치의 초점이 다르고 특히 남녀의 애정문제는 엄격하면서도 자유로워 무방비상태나 다름없었다. 그것을 잘못 아는 동포들 중에 허방을 딛고 허덕이는 사람들이 있으나 그런 문제에는 아무 조언도 할 수 없었다.*

서영은 그녀의 봉사활동에 도움을 주는 미스 정이 고맙지만 그녀의 사생활은 달갑지 않다. 아무튼 그녀는 봉사활동을 하면서 미국이라는 나라를 좀 더 자세히 알게 된다. 셜리 마을의 에스더 할머니가 아직 노인보험을 갖지 못했는데도, 시립병원에서 위암 수술을 받고 간호사와 물리치료사를 집으로 파견하여 돌봄을 받는 데 대해 다음과 같은 생각을 갖는다.

---

* 강갑중, 「2층」, 《시카고 문학》 8호, 시카고 문인회, 2010, 249면.

서영은 미심쩍어하면서 에스더 노인을 시립병원에 입원시켜 종합 검사에 들어갔고 에스더는 곧 위암 수술을 받아 재활치료가 시작되어 자주 쫓아다니게 되었다. 시립병원에는 우선 환자의 주소나 행정적 바운더리 문제가 없어서 좋았고, 동포 간호원이 많아서 크게 도움이 되었다. 서영에게는 그 일이 모두가 미로迷路같이 낯설고 신기한 코스였다.

그 후 주 정부에서 나오는 서류에는 모두 머리에 처음 보는 기호 H자로 표시되는 인도주의(Humanity) 구제는 어느 부자의 기부금이 아니라 주 정부가 세금으로 베풀고, 읍내마다 그 사무소가 있는 것도 그때에야 보았다. 환자마다 보호와 함께 버스도 거저 타게 했다. 간호사와 물리치료사를 파견하여 집으로 다니게 했다. 노인 천국이라는 말이 조금씩 손에 잡혀 왔다. 서영은 자기가 하는 일에 점점 자신이 생기는 것 같았다.

미국에 와서 화려하고 눈부신 것들만이 아니라 민간의 저변과 정부의 관계를 더 확실히 알았어야 되는 것이었다. 서영은 소셜워커의 라이선스를 갖고 싶었다. 순서는 틀렸지만 서영은 사회사업과 전문교육을 받기로 등록했다.*

「2층」은 미국이라는 나라의 제도적 장점에 대해서 알아가고, 동포들과 봉사라는 방식으로 네트워크를 형성하며 살아가는 한인들의 삶의 한 양식이 잘 드러난 소설이다. 그리고 모빌하우스에 소외된 노년층 한국여성들의 삶이 아픈 시선으로 그려지고 있다.

정종진은 《미주 중앙일보》 신인문학상 공모에 소설이 당선(2007)된 후 《한국신문》 수필 공모에도 당선(2010)되었다. 그리고 경희해외동포문학상 우수상을 수상했다. 소설집 『발목 잡힌 새는 하늘을 본다』와 『소자들의 병신 춤』, 중편소설집 『나비는 단풍잎 밑에서 봄을 부른다』

---

* 위 작품, 250~251면.

등과 2권의 수필집이 있다. 그는 제7호부터 작품을 발표하기 시작하여 8, 10, 11호에 계속 발표했고, '시카고 문인회' 회장도 역임하였다.

그의 「파란 숨소리」(11호, 2017)는 탈북자의 이야기를 다루고 있다. 「코스타리카에 핀 물망초」(7호, 2009)는 인디언 소년 악세리의 이야기를 다루고 있다. 악세리는 어린 시절 선교활동을 왔던 한국인 영철을 그리워하며 목사 아리엘의 양아들로 살아간다. 그의 삶은 시카고 소망교회에서 선교활동을 나온 철웅(소설가)에게 자신의 그간 살아온 삶을 털어놓는 형태로 밝혀진다. 탈북자의 이야기나 인디언 소년이 문명사회에 와서 백인 목사의 양아들로 살아가는 이야기는 결코 흔한 이야기가 아니다. 어린 시절 만났던 한국인 영철을 그리워하는 인디언 이야기를 통해서 작가가 말하고자 하는 것은 국가나 민족을 뛰어넘은 보편적 인간애라고 할 수 있다. 작가는 지구촌이 글로벌화된 만큼 국가나 민족의 경계를 뛰어넘는 코즈모폴리턴으로 살아가기 위해서는 인종 민족 국가의 경계를 뛰어넘을 수 있어야 하고, 보편적 인간애를 가져야 한다고 말하는 것 같다. 그런 의미에서 탈북자의 이야기나 인디언 소년의 이야기를 그려낸 정종진의 소설은 글로벌화된 사회에 보편성을 띤 이야기가 될 수 있다고 보아진다.

정종진의 「나비는 단풍 밑에서 봄을 부른다」(8호, 2000)는 미국을 배경으로 남편과 사별한 노년여성 '미자'가 아들과 딸에게 의존하여 살아가던 삶을 청산하고 운전을 배우게 되면서 독립적으로 살아가게 될 뿐만 아니라 자신의 앞으로의 생을 고아원에서 따뜻한 손길을 필요로 하는 아이들을 위해 봉사하는 삶으로 살아가겠다는 자아 찾기에 성공하며 아들딸과의 관계도 성공적으로 회복한다는 이야기이다. 노년의 삶을 어떻게 주체적이고 독립적이며 의미 있게 살아갈 것인가 하는 주제는 노년의 독자들에게 도움을 줄 수 있고, 특히 일과 역할을 통해 노년을 활기차게 살아가야 한다는 메시지가 와 닿는 소설이라고 할 수 있다.

정종진의 「출발은 페쉬아와」(10호, 2014)는 무슬림과 결혼한 한인여성을 주인공으로 하여 9·11테러 이후의 미국사회가 무슬림을 어떻게 대하고 있는지 분위기를 생동감 있게 전달한다.

> 전화소리만 울려도 나는 깜짝 놀라, 바짝 긴장했다. 사이에드는 행방불명이었지만, 어느 놈들에게 어떻게 체포되었는지, 어떤 놈이 진짜 사이에드의 적인지, 알 수가 없다. 언제 어디서 어떤 엉뚱한 놈들에게 강제로 압송되어, 불합리한 경로로 불법적 대우를 받고 있는지, 알 수 없는 노릇이다. 9·11테러 사태가 발생한 지도 4년이나 지났다. 그러나 아직도 여기저기서 중동사람이라는 이유 하나만으로 부적당한 대우를 받았다는 소문이 들리고 있었다.*

이 작품은 9·11사태 이후 미국사회에서 중동 출신이라는 이유만으로 주위사람들로부터 받아야 했던 따돌림과 그들이 미국사회의 아웃사이더로 어떻게 소외되어 갔는지가 잘 드러난 소설이다.

> 못마땅한 일은 이뿐이 아니었다. 중동계 어떤 주민들에게 수사관들이 수시로 찾아와, 이것저것 이유를 붙이며 조사를 했다. 그러다 보니, 동네에서 친하게 지내던 이웃들도 인사를 하지 않고, 슬금슬금 그들을 피하게

---

* 정종진, 「출발은 페쉬아와」, 《시카고 문학》 10호, 시카고 문인회, 2014, 307면.

되었다. 아무런 범죄사실이나 혐의사항이 없는데도, 수사관들이 계속하여 자꾸 찾아와, 별로 중요하지도 않은 항목에 대한 질문을 하고 갔다. 그 이웃들은 그 중동 출신 주민과 친밀한 관계라는 이유로, 눈총을 받기 싫었기 때문에, 그 중동사람들을 못 본 척하기 시작했다.

심한 경우에는 대학에서 공부하는 학생들에게까지도 찾아가서, 수사관들이 별로 중요하지 않은 질문이거나, 매번 똑같은 질문을 계속해서 한다고 했다. 가뜩이나 신경 쓰고 있는 그 학생들은 학업에 지장을 받는 것은 물론이고, 주위의 친구들 사이에서 공연히 따돌림을 받게 된다. 중동 출신 주민들이 모두 무슬림인 것도 아니다. 중동에서 이민 온 사람들 중에는 가톨릭 크리스천들도 많고, 개신교 크리스천들도 있다. 그러나 수사관들이 자꾸 찾아와, 이것저것 묻고 가면, 모르는 사이에 그들은 자연적으로 외톨이가 된다. 그래서 그들은 사회생활이나 기타 단체생활을 하는데, 예상 외로 불이익을 당하게 된다.*

이 작품은 느와르(noir)적 요소를 가미함으로써 9·11사태 이후의 무슬림을 적대시하는 미국사회의 분위기를 생생하게 그려내며 그러한 사회적 분위기가 역으로 무슬림으로 하여금 이슬람 근본주의 탈레반 그룹의 자살폭탄에 가입하게 만들 수도 있다는 메시지를 전달한다. 이 작품에서 주인공인 한국 출신의 여성 은실과 파키스탄 출신의 캐림 사이에서 낳은 아들 사이에드가 바로 그 문제적 인물이다. 그는 이슬람 근본주의 탈레반 그룹 중에서도 극렬 무슬림 단체인 슈자헤자르에 연관되어 있다는 의심을 받는다. 실제 그는 그 단체에 자발적으로 소속되었다가 후회하며 어머니 은실에 의해 극적으로 구출된다. 다음의 인용문은 작품의 결말이다.

---
* 위의 작품, 308~309면.

좁은 유리창으로 파고드는 붉은 햇살이 새로운 아침을 알린다. 죠셉의 두툼한 모가지는 아버지의 것처럼 신뢰를 준다. 죠셉의 목걸이에 달린 십자가가 길 잃은 배를 향한 등댓불처럼 간간이 번쩍이고 있었다.*

결말에서 작가는 FBI 요원인 죠셉으로 상징되는 미국과 미국의 개신교를 상징하는 십자가를 통해 미국이라는 국가에 대한 신뢰를 나타낼 뿐만 아니라 기독교야말로 국민들을 보호하게 해주는 종교라는 것을 암시적으로 표현하고 있다.

지금까지 살펴본 정종진의 작품은 그 배경이 글로벌 시대에 맞게 세계 각처를 배경으로 삼고 있을 뿐만 아니라 주인공들 역시 민족적 다양성을 보여준다. 「파란 숨소리」에서는 탈북자를 주인공으로 설정하여 그를 미국으로 가고 싶어 하는 인물로 그렸다. 「출발은 페쉬아와」의 경우 한국여성이 파키스탄 출신의 남성과 결혼하여 미국에서 살고 있으며, 「코스타리카에 핀 물망초」는 인디언 소년이 선교활동을 나와 그에게 티셔츠를 선물로 주었던 한국인을 잊지 못하고 그를 찾으며 백인 아버지의 양아들로서 살고 있는 상황 등은 이제 민족애와 같은 협소한 개념보다는 인류애라는 보다 넓은 개념으로 글로벌 사회를 살아갈 필요성을 말한 것이라고 생각한다.

그의 소설은 공간적 배경 면에서 이미 글로벌화되어 있고, 주인공들도 국가나 민족의 경계를 벗어나 있다. 그가 꿈꾸는 이상적인 세계는 민족도 국경도 초월하는 트랜스내셔널리즘(trans-nationalism)이다. 21세기에는 국민국가의 경계를 넘는 국제적 인구 이동과 트랜스내셔널리

---

* 위의 작품, 354면.

즘이 보편적인 현상이 되었으며, 기존의 문화에서 관습처럼 굳어져 왔던 다양한 경계들이 무너지고 있다. 작가 정종진은 민족주의를 벗어난 보편적 인류애와 휴머니즘을 대안적 이념으로 제시하고 있다. 이는 그가 이주민으로서 두 개 이상의 정체성과 문화를 접할 수 있었던 디아스포라의 경험으로부터 우러나온 것이라고 생각한다. 아무튼 정종진의 소설은 탄탄한 구성과 소재의 다양성이 주목되는, 향후 발전 가능성이 매우 큰 작가이다.

중심과 주변의 경계를 가로지르며 유동하는 정체성과 디아스포라의 현실은 말할 필요가 없고, 문화적 혼종성(hybridity)과 통문화성(cross-cultural)과 융합(convergence)은 21세기 문화의 핵심적 키워드이다. 재외 한인들의 디아스포라의 경험은 바로 이러한 키워드에의 접근을 보다 용이하게 만든다.

강성영은 창간호부터 참여하기 시작하여 제4호, 제5호, 제6호까지 4차례 소설작품을 발표했으나 이후 소설 발표를 중단하였다. 그는 시와 수필, 그리고 소설의 여러 장르에서 활발히 작품 활동을 해온 작가이다. 창간호(1996)에 발표한 「기린의 꿈」은 10년 전 부부와 딸이 같이 이민하여 생활의 터전을 일구었으나 아내와 사별한 남성의 처지에서 그리움의 감회를 그려내고 있다. 한국에서 중류 이상의 생활을 하던 민수는 미국으로 이민하여 생존경쟁과 생활 동화로 인해 온갖 고초를 다 겪었으나 기쁨과 슬픔을 같이 나눌 아내가 부재하는 데서 오는 슬픔에 빠지지만 새해를 맞아 새로운 각오를 갖는다. 그의 「동녘하늘」(4호, 1999)은 문화의 격차로부터 온 갈등을 다루고 있다. 아들 앤디는 마약에다 갱단에 가입하여 속을 썩이는 바람에 남편 철민은 화병이 나 술로 세월을 보내다가 2인조 무장강도가 쏜 총에 맞아 죽는다. 아내 영심은 가게에 들어와 물건을 훔친 흑인소년의 뺨을 후려치고 "나도 자식을 키우고 살지만 이런 애가 커서 무엇이 되겠냐! 너의 앞길은 진짜 한심하고 깜깜하다. 이 먹통아! 더러운 것"이라고 말했다가 인종차별 또는 인격모독을 했다는 죄목으로 고발당해 재판을 받는다. 이에 대하여 영심은 다음과 같은 내적 갈등을 표출한다.

> 미국이 뭣이란 말인가! 87개 민족이 54개의 언어를 사용하고 있는 복합민족의 고장이라 들었는데 정의가 통하지 않는 사회란 말인가? 정당방위가 인정되지 않는 사회란 말인가? 내 물건 내 마음대로 지키지 못하는 곳이라면 차라리 사회주의나 공산주의와 무엇이 다르겠는가. 어쨌든 영심은 재판에 넘겨지게 되었고 구속되어 있는 동안 여러 가지 생각이 교차되었다. 남편인 철민만 살아있어도 이런 수모는 당하지 않았을 텐데. 남편 없는 설움이 북받쳐 주르르 눈물을 쏟게 했다.*

하지만 어머니 영심의 변호를 맡은 아들 앤디의 변호로 그녀는 무죄로 석방된다. 아들 앤디의 변론 속에 작품의 주제가 잘 함축되어 있는데, 그는 이민자의 삶의 목적을 "명예요? 아니오. 돈요? 아니오. 출세요? 아닙니다. 오직 작은 소망. 이 나라에 이바지하며 생활 적응을 빨리 하여 필요한 인간, 인정받는 삶을 이루는 게 그들의 소망이었습니다. 이 나라는 누가 주인입니까? 원주민은 인디언입니다. 인디언 말고는 모두 외지에서 온 이민 후세대 아닙니까?"라는 항변 속에는 이민국가인 미국이 동양인을 차별해서는 안 된다는 당위가 내포되어 있다.

---

* 강성영, 「동녘하늘」, 《시카고 문학》 4호, 시카고 문인회, 1999, 265면.

이수지는 제2호에 배성수라는 이름으로 다음에는 수지라는 이름으로 발표하다 제7호부터는 이수지라는 이름으로 9호까지 작품을 발표하였으나 지금은 발표가 중단된 상태다. 제10호부터는 문인주소록에서도 빠져 있다. 그녀는 1997년 《한국수필》 신인상을 수상했고, 1999년에는 《월간문학》에 소설이 당선되어 소설가로 정식 등단했다. 「케빈 챙과 장갑태 씨」(4호, 1999)에서 주인공 케빈 챙과 장갑태 씨는 사실은 한 사람이다. 한국인 '장갑태' 씨는 미국에서 '캐빈 챙'으로 불린다. 그는 박사학위를 땄지만 교수 자리가 기다리고 있는 것도 아니어서 한국이 IMF의 위기를 맞자 귀국을 포기하고 영주권을 따기 위해 현지의 여성과 결혼한다. 하지만 영주권이 나오면 이혼해 주겠다던 여성은 질질 결혼기간을 끌다가 5년 뒤에야 젊은 놈팡이와 야반도주해버린다. 친구 박가가 한국에 있는 아내와 아들의 주소를 알아내 주지만 이미 코리안 아메리칸이 되어 버린 그는 귀국할 수도 없다.

친구 박가에게 "우리는 한국놈이가 미국놈이가?"라는 것을 질문하면서 "그야…… 둘 다지. 코리언 아메리칸"이라는 정체성을 확인하면서 돌아갈 것이 아니라면 꽉 박고 뿌리를 내려야 한다고 다짐한다. 이는 바로 코리언 아메리칸이 미국에서 살아가야 할 생존방식을 말한 것이다. 하지만 작가는 그들이 살아갈 미국사회는 인종 용광로(멜팅 팟)가 아니라 인종 모자이크, 즉 다문화주의 사회가 되어야 한다는 당위성을 역설하기도 한다.

그때 막 전철이 하나 들어왔는지 역에서 쏟아져 나온 한 무리의 젊은 이들이 길을 건너기 위해 신호등 주위에 몰려가 서서 떠들어댄다. 각양각

색의 언어들이 마치 햇살 속에 날아와 앉은 새떼 소리 같다. 한국말도 들린다. 그는 물빛 하늘을 배경으로 만들어진 인종 모자이크 속에서 가장 멀끔하고 가장 씩씩한 두 청년을 쉽사리 찾아낼 수 있었다.*

최인선은 제1호부터 작품을 발표하여 2, 3, 5호에 작품을 발표하였으나 6호부터 명단에서 빠져 있다. 그녀는 여원사 주최 수기 모집에 당선되었고, 15회 《미주 한국일보》에 소설이 당선되었으며 워싱턴문학상, 이민문학상 등을 수상했다. 「어미」(1호, 1996), 「진실」(2호, 1997), 「벽」(3호, 1998), 「약속」(5호, 201) 등의 작품들은 인간의 내면적 상처에 대해 깊은 관심을 기울이고 있는 특징을 나타낸다.

「어미」는 아이가 키우는 어미 햄스터가 자신이 낳은 새끼를 잡아먹는 이야기와 이혼하고 개가한 어머니로부터 거부당했던 마음의 상처가 교차 서술되고 있다. 「진실」은 대학교 때 친구 신영의 자살(혹은 죽음)을 두고 신영의 어머니를 정신병자로 만든 아버지, 그리고 신영을 정신병원에 입원시킨 그녀의 남편 지섭의 이야기를 교차시키며 그녀의 죽음에 대한 진실이 무엇인가를 질문하고 있다. 이 역시 인간관계의 상처에 대한 이야기라고 할 수 있다. 「벽」역시 부부관계의 갈등과 단절이 아이에게 ADHD증세를 일으키는 원인으로 설정되어 있다. 아니 그 이전에 미국에서 학위를 딴 후 귀국하여 교수가 되고 싶어 했던 남편의 실패와 그로 인한 부부 갈등, 그리고 시댁 식구와의 갈등으로 인해, 태어난 아이의 예민함이 ADHD를 일으키는 원인으로 작용한 것으로 설정하고 있다.

---

* 배성수, 「케빈 챙과 장갑태 씨」, 《시카고 문학》 4호, 시카고 문인회, 1999, 236면.

재민이로 인해 괴로움을 당할 때마다 서희는 죄의식과 아득한 절망감을 느꼈다. 원망과 분노가 탯줄을 타고 아이에게 옮겨간 건 아닐까? 증오의 감정이 젖과 함께 들어간 건 아닐까? 나는 아이를 키워서는 안 되는 게 아닐까……. 그녀는 엄마가 된다는 건 아무리 해도 죄의식에서 벗어날 수 없는 노릇인가 싶었다. 남에게나 제 아빠에게 비난을 받으면 그만. 다 자신의 탓인 듯 가슴이 내려앉았다.*

「벽」은 아메리칸 드림을 안고 이민한 부부의 갈등과 불신이 부부관계뿐만 아니라 자식에게도 영향을 미치고 있다는 주제를 통하여 「어미」나 「진실」로 이어지는 모성, 상처 등의 연결고리를 가진다.

수필을 발표하여 오던 남릴리는 《신문예》를 통해 소설가로 등단하였고, 『비에 젖은 백합』, 『새벽에 핀 수선화』 등을 출판하였다. 그녀는 제8호에 처음 소설을 발표하고 제9호에도 발표했으나 현재는 소설 발표를 중단하고 수필을 쓰고 있다. 「회사원이 되기까지」(9호, 2012)는 제목 그대로 회사원이 되기까지 2년 동안의 과정에 대해서 그려내고 있다. 취직을 하기까지의 2년 동안의 과정에서 '경숙'이라는 특이한 캐릭터 대해서 작가는 관심 있게 그려냈다. 남편 준호는 거래처 도매상의 중책을 맡고 있는 영인을 통해 아내 희진이 입사했으면 하고 집 근처 큰 회사의 직원 경숙을 소개받는다.

남편은 경숙을 통해 이력서를 내면 취직이 빨리 될 거라며 아내 희진으로 하여금 그녀를 찾아가게 만든다. 하지만 그녀를 찾아가 그녀의 가게 일만 몇 시간 동안 대가 없이 도와준 희진은 취직은커녕 회사로부터 아무런 연락을 받지 못한다. 결국 희진이 직접 회사에 찾아가

* 최인순, 「벽」,《시카고 문학》 3호, 시카고 문인회, 1998, 247면.

인터뷰를 하고 여러 절차를 걸쳐 취직을 하는 과정에서 경숙이 희진의 이력서를 회사에 제출하지 않았음이 밝혀진다. 더욱이 경숙은 희진이 취직이 된 다음에는 자신이 말해주어 취직이 된 거라며 헛소문을 퍼트린다. 이 작품은 회사원이 되기까지의 어려운 과정이 상세히 그려지는 한편에서 경숙이라는 이해할 수 없는 특이한 캐릭터를 그려냈다.

박봉금은 제7, 9호에 작품을 발표하였으나 현재는 작품 발표를 중단한 상태다. 홍민자는 제1, 2호에 작품을 발표하였으나 제4호부터는 명단에서 빠져 있다. 기타 강만국, 김경옥, 김동선, 김상희, 민혜영, 이미혜, 이영석, 홍진희 등이 1회씩 작품을 발표했으나 현재 문인주소록에도 이름이 빠져 있다.

Ⅱ. 수필 장르의 활동

김영임은 창간호부터 작품 활동을 시작하여 그간 8회에 걸쳐 작품을 발표했다. 《미주 중앙일보》 이민 수기와 《미주 한국일보》에 수필이 입상하여 '시카고 문인회'에 가입한 그녀는 1971년에 이주하였다. 「양털 재킷」(6호, 2004)은 겨울이 추운 시카고의 날씨를 배경으로 하여 남편의 낡은 양털 재킷을 소재로 삼아 이스라엘 성지순례에서 알게 된 양과 염소를 같이 기르는 이유와 기독교에서 양이란 동물이 인간에게 100%를 주는 동물이라는 점 등에 대해서 적고 있다. 「우리 집에 온 손님」(8호, 2010)은 "2층 포치(porch)에 작년 큰아들이 예쁜 꽃들을 사다 건 꽃바구니 안에 Mourning dove라는 예쁜 새가 둥지를 틀고 알 두

개를 낳아 품고 있"는 데서 착상한 수필이다. 작가는 추위에 새가 잘 견딜까, 같이 2층에 살고 있는 Max라는 개가 새를 공격하지나 않을까를 걱정한다. 추위 속에서도 알을 품고 어미로서의 책임을 다하는 새에 대한 감탄은 인간세계의 이야기로 확장된다.

> 지금 우리 집에 온 Dove는 자유스럽지만 새끼를 품기 위한 환경이 걱정스럽기만 해도 알을 품은 한 쌍으로서의 책임을 다하고 있어 대견하다. 이 새들의 금실은 매우 좋아서 한 번 짝을 지으면 살아 있는 동안에는 다른 데 눈을 돌리지 않는다고 한다. 그러나 한쪽이 죽으면 다시 짝을 짓는다고 아들이 설명해 준다.*

어미로서 책임감이 강할 뿐만 아니라 금실이 좋은 새에 관한 이야기는 "목숨 걸고 가정을 지키고 순정을 지키는 새만도 못하구나 싶어 부끄러워지면서 우리 집에 정말 귀한 손님이 왔구나 생각했다"라고 함으로써 이혼을 쉽게 하는 오늘날의 세태에 대한 비판으로 이어진다.

시카고 수필의 특징 중의 하나는 목사나 기독교에 관계된 작가나 기독교적 신앙을 내용으로 하는 작품이 많다는 것이다. 최순봉은 1973년에 이민한 사람으로 서울시 평론가협회 주최 수필에 입상하였고, 저서에 『아버지는 왜 아들을 바치려 하지 않는가?』가 있다. 「명상 속의 혼돈」(11호, 2017), 「늙은 한」(11호, 2017) 등에서 기독교의 성경에 대한 깊이 있는 사색을 통해 우러나오는 신앙을 표현하고 있다. 앞서도 말했지만 시카고 수필문학의 가장 큰 특징의 하나는 기독교적 색채이다.

---

* 김영임, 「우리 집에 온 손님」, 《시카고 문학》 8호, 시카고 문인회, 2010, 139면.

최순봉의 수필에서는 성경에 대한 깊이 있는 교리적 성찰을 통해 신앙이 구축되고 있음을 알 수 있다. 그는 무조건적 믿음을 추구하기보다는 깨달음을 통한 영적 성장을 추구한다.

> 하지만 그 계시에 힘입어 하느님께서 사람을 얼마나 사랑하고 계시는가를 완벽하게 알 수는 없지만 깨달아간다. 또한 나의 믿음은 곧 깨달음의 정도이고, 알지 못하는 것을 믿는다는 것은 믿지 않는 것과 동일함을 안다. 믿음의 성장이란 깨달음의 성장이다. 나는 주님 안에서 어느 정도 깨닫고 있는 실정일까! 역시 알 수가 없다. 이 세상을 위하여 자신을 죽이시는 삼위일체이신 하느님을!*

조희자는 《시대문학》에 수필이 당선(1998)되고 《미주 한국일보》에 생활수기가 당선(1999)됨으로써 '시카고 문인회'의 회원으로 활동하게 된 수필가다. 4호(1999)부터 작품을 발표하여 지금까지 총 7회 작품을 발표했다. 그녀가 생활수기로 발표한 「내 아들은 '하버드 고등학교' 졸업생」(4호, 1999)은 시카고에서 소수민족 청소년인 아들이 폭력사건에 휘말린 전말을 수기로 적은 글이다.

이 사건을 통해 아들은 아들대로, 부모는 부모대로 인격적으로 성장하고 부모자식관계도 개선되는 결말을 보여준다. 그런데 이 수기가 제기하고 있는 문제의식은 간단하지 않다. 먼저 다민족 국가인 미국사회에서 소수민족 청소년들 사이의 갈등이 제시되며, 그들이 주류사회로부터 받는 차별의 문제가 드러난다. 그리고 부모자식간의 갈등을 단순한 세대차이로 치부하며 아들은 한 명의 인격체로 제대로 이해하

---

* 최순봉, 「명상 속의 혼돈」, 《시카고 문학》 11호, 시카고 문인회, 2017, 219면.

지 못했던 자신에 대한 반성을 통해 부모로서의 성장에 대해서도 이야기한다.

> 우리 부부는 시간만 나면 아들과 마주앉았고 잠들어 있는 아들의 모습을 보며, 저 깊은 가슴속의 응어리를 풀어주어야 한다는 결심을 하였다. 부모는 마음을 열지 않으면서 애만 마음을 열지 않는다고 탓하고, 진정한 대화도 하지 않으면서 사랑한다 허구한 날 이야기를 한들 무슨 소용이 있을까. 이민자의 아들이면, 또 동양인이면 누구나 겪는 것이 당연한 현실이라며 스스로 해결하기를 바랐던 부모로서의 무모함과 무책임에 가슴을 쳤다.
>
> "넌 학생인데 새벽까지 다녀야 하는 이유를 대라"는 내 말에 "엄마, 왜 자식을 믿어주지 않나요. 우리가 학교에서 아무 탈 없는 것같이 보여도 백인이나 선생들로부터 받는 스트레스가 얼마나 큰지 알아요? 엄만 우리만큼 영어할 줄 모르니까 그런다 하지만 우린 말도 잘 하고 공부도 잘 하면서도 차별받아야 한다고요. 엄마가 동양학생의 고충을 얼마나 안다고 나를 때려요. 내가 이러고 다니는 건 부모가 나를 믿지도, 이해하려고도 하지 않기 때문이에요. 그렇지만 친구들은 달라요. 날 이해해주죠. 억울한 일이 생기면 도와주기까지 하기 때문에 난 친구들을 절대로 버릴 수가 없어요."*

시카고 수필문학의 한 특징은 바로 노년의 삶에 관한 것이다. 이민 1세대인 문인들은 연령적으로 이미 노년에 속하느니만큼 노년의 삶을 소재로 삼는 것은 지극히 자연스러운 일이다. 허정자는 「우리 할머니

---

* 위의 글, 328면.

는 아티스트」, 「가을 여행」, 「청춘이란 어떤 기간이 아니라 마음가짐을 뜻한다」, 「새둥지」 등에서 노년의 취미생활과 여유, 가족관계, 인간관계와 만남, 노년에 대한 특별한 깨달음 등에 대해서 적고 있다.

> 우리가 노인이라고 집안에만 갇혀 살며 자기들 사느라 바쁜 자식들 자주 찾아오지 않는다고 너무 섭섭해 하지 말고 집 밖으로 나와 친구들도 만나고 젊었을 때 하고 싶어도, 배우고 싶어도 일하느라 자식들 키우느라 못 해본 것들 다해 보며 항상 기쁘게 살면서 자식들이 우리를 필요로 할 때 가서 도와주며 손주들하고도 즐거운 시간을 함께하며 사는 것이 푸근한 삶이 아니겠는가.*

노년은 사회적으로나 가정에서도 역할을 상실하는 시기이다. 노년기의 무위무용의 상태는 노인들에게 고독, 불안, 무료함을 가중시키고 불행감에 휩싸이게 만든다. 허정자의 수필은 노년을 여유롭게 살아가는 자신의 삶을 드러내며 노년기의 삶이 행복해지기 위해서 어떻게 살아가야 할 것인가에 대한 탐색을 보여준다. 위의 짧은 인용문은 자신에게 주어진 삶을 부담 없이 즐기고 향유하는 여유와 가족관계에서의 역할을 제시해준다.

남릴리(이영석)는 간호사 시절의 경험이라든가 간호대학을 다닐 때의 추억들에 대해서 적는 한편 「오월이 오면」, 「위로의 서신 한 장」, 「하나로 천을 따는 승리자」 등에서는 음식과 미각에 대한 특별한 감각을 보여준다.

배은자, 이혜정, 김상희는 창립 초기에는 비교적 활발한 활동을 했

---

* 허정자, 「청춘이란 어떤 기간이 아니라 마음가짐을 뜻한다」, 《시카고 문학》 10호, 2014, 171면.

으나 현재는 활동을 중단한 상태이다. 최근에 회원으로 참여한 권성한, 박봉금, 김야곱, 김현희, 방두표, 이태영, 이효섭, 오봉완, 허영애 등의 활동에 앞으로 기대를 크게 걸어본다. 장의사라는 직업을 배경으로 죽음의 문제를 다룬 이효섭, 동양학 박사라는 전문성을 살려 위안부 문제에 봉사해온 오봉완의 역사적 상상력 등은 좋은 수필의 가능성을 보여주고 있다.

수필 장르는 이주민으로서의 삶을 특별한 문제의식을 갖고 다루었다기보다는 기독교 중심의 신앙생활을 소재로 한 작품이 다수를 차지하고, 각자의 직업과 연령에서 우러나오는 일상적 삶을 다루었다는 특징을 나타내고 있다. 시카고의 수필문학은 정체성, 문화변용과 문화적응 등 디아스포라 문학의 전형적인 주제들이 거의 드러나지 않고 있다. 그 이유는 이주 수십 년에 접어들음으로써 한인들이 미국이라는 타문화에 완전히(?) 적응하고 통합된 단계에 이르렀다는 의미로 해석되기도 한다. 하지만 수필세계가 단조로운 것을 탈피할 필요성은 있다고 보아진다. 수필은 일상생활을 기록하는 것이 목표가 아니고 문학의 한 장르인 만큼 예술작품으로서의 수필에 어떻게 자신의 실존적 삶을 그려내며 예술적 향기를 지닐 수 있을 것인가에 대한 고민이 동반되기를 바란다.

III. 평론과 희곡 장르의 활동

평론 장르에서 활동한 문인은 명계웅과 김기영이다. 명계웅은 1969년에 한국에서 《현대문학》을 통해 등단한 평론가로서 모국에서 영문과 교수를 역임하다 이민했다. 그는 《시카고 문학》에 2편의 평론과 1편의 수필을 수록하고 있다. 「미주한인문학의 형성 과정」(8호, 2010)에서 그는 미주한인문학의 시발을 강용흘의 시선집 『동양의 시』가 발간된 1929년으로 보고 있다. 한국에서 근대시의 효시로 평가하고 있는 주요한의 「불놀이」가 1919년 작인 것과 비교하면 재미한인시는 우리의 근대시보다 10년 늦게 출발한 셈이 된다. 그는 재미한인문학 1세대는 1929년으로부터 1950년대를 거쳐 1960년대까지라고 문학사적 시대 구분을 한다. 이 시기는 강용흘의 『초당』(1937), 김용익의 『꽃신』(1956), 김은국의 『순교자』(1964) 등이 발표된 시기이다. 이밖에 유일한의 「한국에서의 소년시절」, 박인덕의 「구월의 원숭이」가 발표된 시기이다. 명계웅은 오늘날 재미한인문단에서 활동하는 작가들이 영어가 아니라 한국어로 문학활동을 하고 있는 것과 달리 강용흘, 김용익, 김은국 등이 이주 초기부터 영어로 창작해 왔음에 주목한다.

이민법의 개정에 따라 1970년대가 되면서 이민자의 수가 증가하고 코리언 커뮤니티가 형성되며, 미주한국문인협회가 결성되어 《미주문학》이 창간(1982)된다.* 계간으로 발간된 《미주문학》은 송상옥, 최백산, 김명환, 권순창, 황영애, 김호길, 김병현, 전달문 등이 편집인으로 참가하였으며, 101명의 회원이 참여하였다. 명계웅은 미주한인문학의 두 번째 단계를 《미주문학》이 창간된 1982년으로부터 이창래가 『네이티브 스피커』(1995)를 발표한 해까지로 잡고 있다. 그리고 LA중심의

---

* 1960년대부터 박남수, 최태응, 김용팔, 고원, 이계향, 최백산, 주평, 마종기, 김송희, 최연홍, 송상옥, 신예선, 전달문 등이 이민해 있었고, 1973년 가을, 명계웅 등에 의해서 한국문인협회 미주지부 결성의 움직임이 있었지만 결실을 맺지 못했다.

《미주문학》 발간은 각 지역 중심의 문학지 발간과 장르 중심의 문인단체로의 세분화 다양화에 영향을 미친 것으로 파악한다. 이 시기의 문학은 박태영과 김란영 등 영어로 창작된 작품이 있었지만 대체로 한글로 창작되었다는 점에서 한국문학의 연장선상에서 이해할 필요가 있다고 평가했다.

그리고 세 번째 단계는 이민 2세대인 이창래, 최수산, 이돈 등 영어로 작품을 발표하는 2세 작가들이 다수 등장한 시기로서 미주한인문학이 미국 주류사회로 확장되는 시기로 규정한다. 명계웅은 영어와 한국어로 쓴 문학 모두 'Korean American Literature'로서 독자적인 자생문학으로 규정했다.

명계웅이 발표한 또 다른 평론은 김성혜의 장편소설 『숨겨진 탈출구』에 대해 쓴 「화해와 상생의 탈출구로서의 지구촌 문학」(11호, 2017)이다. 이 평론은 한국전쟁을 소재로 다룬 한국의 소설들과 재미작가 김은국의 『순교자』를 일별하면서 김성혜 소설의 가치를 논한다.

명계웅은 '시카고 문인회'의 제12대 회장으로 재추대된 1996년에 《시카고 문학》 창간호를 발행하였다는 점에서 시카고 한인문학사에서 매우 중요한 인물이다. 그리고 평론가가 극소한 재미한인문단에서 거의 유일한 평론가로 활동해왔다는 점에서 재미한인문학의 소중한 자산이다. 하지만 명계웅이 《시카고 문학》에 발표한 2편의 평론은 시카고문학을 대상으로 하지 않았다. 평론가가 부재하는 재미한인문단, 더욱이 시카고문단에서 명계웅은 평론가로서 재미한인문학과 시카고문학의 발전을 위해 좀 더 많은 평론을 쓰고 더 큰 기여를 했더라면 하는 아쉬움이 남는다. 앞으로 더 큰 활동을 기대해본다.

시카고의 문학계는 평론 분야만큼은 모국의 평론가들로부터 도움을 받을 필요가 있다고 생각한다. 새롭게 작품집을 발간한 경우나 《시카고 문학》을 발간할 때에 전문가로부터 비평을 받는다면 발전에 도움이 될 것으로 생각한다.

김기영의 「소설 속에 나타난 예수의 생애」(3호, 1998)는 2천년 이후의 기독교인 작가에 의해 기독교적 시각에서 쓴 여섯 편의 소설을 대상으로 한 평론이다. 하지만 재미한인문학 또는 시카고문학, 심지어 한국문학을 대상으로 한 평론도 아니라는 점에서 시카고한인문학의 범주에서 다루기는 어렵다고 하겠다.

11호에 김종회와 강정실의 평론이 실렸지만 '시카고 문인회' 소속 회원의 평론이 아니고 '시카고 한인회' 소속의 작가를 대상으로 한 것도 아니어서 본고의 논의에서 제외시켰다.

《시카고 문학》에 유일하게 희곡을 발표한 사람은 김경옥이다. 그는 「파계」(4호, 1999)와 「집념」(5호, 2001) 두 편을 발표했는데, 전자는 황진이와 지족선사의 파계를 다루었으며, 후자는 1919년의 남강 이승훈과 3·1운동을 다룬 희곡이다.

(《시카고 문학》 12호, 2019)

제4부

시카고 시문학의 어제와 오늘

07 시카고 시문학의 역사적 전개
08 자연과 교감하는 영성의 시학
09 그리움이 변주하는 앰비규티
10 다양한 시 형식의 실험
11 우주적 감성, 그리고 하느님과의 소통
12 자기 치유와 자아 성찰의 시

07
시카고 시문학의 역사적 전개

Ⅰ. 들어가며

1984년 9월에 창립한 '시카고 문인회'는 1996년에 《시카고 문학》 창간호를 발간한 후 2호(1997), 3호(1998), 4호(1999), 5호(2001), 6호(2004), 7호(2008), 8호(2010), 9호(2012), 10호(2014), 11호(2017), 12호(2019), 13호(2021), 14호(2023)를 발행했다. 지금까지 발행된 《시카고 문학》을 일별할 때에 '시카고 문인회'는 시와 수필이 거의 동률로 다른 장르에 비해 강세를 보이고 있다.

1호에서 12호까지 시를 발표한 문인들은 강성영(1), 고미자(5), 공진성(5), 권성한(1), 김경호(5), 김동선(1), 김영숙(7), 김상희(2), 김성규(2), 김영희(4), 김인혜(1), 김호관(1), 마정음(3), 문장선(12), 박보영(1), 박창호(2), 방두표(5), 방화식(1), 백지영(1), 송인자(3), 신동식(1), 신정순(1), 신호철(2), 안양숙(1), 양정순(1), 연경혜(1), 오봉완(3), 유근실(2), 유선준(1), 육춘강(1),

윤석빈(1), 이영(1), 이태선(1), 장영은(3), 조희자(2), 정은희(7), 정창수(12), 정희자(1), 차덕선(1), 채수경(1), 최국환(1), 최상숙(1), 최상준(4), 최순봉(3), 최옥연(1), 한청자(1), 홍마가(1) 등 총47명이다.(괄호 안은 발표 횟수)

특히 문장선 시인과 정창수 시인은 제1호부터 제12호에 이르기까지 《시카고 문학》에 단 한 번도 빠짐없이 참여하고 있는 원로 문인이다. 그리고 고미자(5), 공진성(5), 김경호(5), 김영숙(7), 방두표(5), 정은희(7) 등은 5회 이상 《시카고 문학》에 시를 발표한 시인들이다. '시카고 문인회' 소속 문인으로서 최근 시집을 발간한 시인에는 김영숙, 신호철, 박창호, 고미자, 송인자 등이 있다.

본고는 《시카고 문학》을 중심으로 시카고 시인의 시세계를 논하되 최근 시집을 발간한 김영숙, 신호철, 박창호, 고미자, 송인자에 대해서는 고를 달리하여 다루겠다.

Ⅱ. 《시카고 문학》의 시인들

《시카고 문학》에는 제1호부터 12호까지 한 호도 빠짐없이 시를 발표한 시인에 두 분이 있다. 문장선과 정창수 시인이다.

문장선 시인은 신학박사로서, 시카고 밀알교회 창립 및 원로 목사이다. 저서에 시집 『거룩한 땅』을 비롯하여 총47권이 있다. 시집 『시카고 아리랑』(쿰란출판사, 2001)과 『보물 있는 그곳』(쿰란출판사, 2001)은 전체적으로 신앙시를 수록하고 있다. 그밖에 시집 『시로 엮은 성지순례 거룩한 땅』(대한기독교서회, 1997)은 신앙시와 여행시를 결합시킨 시집이다.

제비는
강남으로 날고
기러기 떼는
북녘으로 돌아가는데
뒤처진 철새는
허공虛空을 맴돈다

철새는 가도
텃새는 남아서
제 고장故場을 지키는가
고향 땅 그리는 마음
호수에 띄운다

타향의 나그네
낯선 땅에
둥지를 틀어도
텃새는 영영 아닌 것을
어이 잊을까

뒤처진 철새
돌아갈 길 잊어
다시 못 가고
갈 곳 없어 못 떠나는가
찬 서리 내리는 새벽하늘에
슬픈 울음 구슬프다
　　　　　　－ 문장선의 「뒤처진 새」 전문(12호)

이 시에서 화자는 자신을 돌아갈 길을 잊은 뒤처진 철새와 동일시하고 있다. "고향 떠난 나그네 이방異邦에 뒤처진 새가 되어 둥지를 틀어도 텃새는 영 못 되고 고향 그리움을 안고 살아간다"라고 창작 후기에서 밝히고 있듯이 텃새와 철새의 메타포를 통해 고향 떠난 이방인의 소외감을 그려낸다. 서정적 자아는 자신을 낯선 땅에 둥지를 틀어도 영영 텃새가 될 수 없는 신세로 인식한다. 그렇다고 철이 바뀌면 강남으로 자유롭게 날아가는 제비나 북녘으로 돌아가는 기러기 같은 철새처럼 고향으로 돌아갈 수도 없다. 돌아갈 길도 잊어버리고, 갈 곳도 잃어버렸다. 그래서 자신을 텃새화되지 못한 뒤처진 철새로 인식하는 것이다. 철새처럼 자유롭게 날아서 그리운 고향으로 돌아갈 수도 없는 서글픔과 현지에 완전히 적응하여 텃새처럼 살지도 못한 채 뒤처진 철새로 살아가고 있는 디아스포라의 소외감을 철새와 텃새의 은유를 통해서 절묘하게 포착해낸 시라고 할 수 있다.

정창수 시인은 매코믹신학교 목회학박사로서 직업이 목사이다. 한글시집 『잊어버린 이름인데』 외 7권, 영시집 『What Was I Wanted To Say』 외 8권, 영시 공저 『Thoughts Piled On Thoughts』 외 10권 등을 발간했다. 그는 《시카고 문학》 발간 초기부터 영시나 한영 대역시를 발표해왔다. 특히 영시집을 8권이나 발간할 정도로 영어에 능숙하다. 《시카고 문학》에 발표한 시 가운데 8호(2010)에 발표한 「곱사등이 애가」와 같은 장시는 조선 시대를 배경으로 부와 권세를 누려오던 어느 세도가 집안에 얽힌 음침하고 참혹한 비정의 이야기를 담아내고 있다.

몰락한 양반 가문의 딸로서 비운의 삶을 살아야 했던 여인과 그녀가 낳은 곱사등이 딸, 그 딸아이를 죽이라는 남편의 명령, 이를 피하여 아이를 데리고 몸종에게 야반도주하도록 하였으나 오랜 세월이 지난 후 곱사등이 딸이 자신을 버린 것으로 오해하여 어머니를 은장도(어머니가 몸종에게 주었던)로 찔러 죽이는 비극적인 이야기를 그려내고 있다. 평소 긴 호흡의 시를 즐겨 쓰는 정창수 시인에게 「곱사등이 애가」와 같은, 시의 길이가 길고 이야기가 담긴 이야기시(narrative poem)는 새로운 시도로서 주목된다. 앞으로 이주민으로서 경험한 재미한인의 삶을 다룬 본격적인 이야기시를 써본다면 서정시가 표현해내지 못하는 새로운 가능성을 개척할 수 있을 것으로 생각된다.

> 아무리 불구의 자식이라 할지라도
> 자기 태를 통해 얻은 아기를
> 죽일 수 있는 모정이란
> 그 어느 곳에도 없는 법,
> 이 영인은 자기 몸종에게
> 아무도 알지 못하는 곳에 가서
> 아기를 잘 키워 달라고
> 몸에 지닌 모든 것을
> 눈물과 함께 건네주고
> 야반에 떠나가도록 했다
>   - 정창수의 「곱사등이 애가」 부분(8호)

공진성 시인은 경남 창녕 출생으로 1990년에 미국으로 이민했다. 그는 시 이외에 바둑과 서예에도 깊은 조예를 갖고 있다.

꽃 피고 새가 울어도
다가설 수 없는 별이 되었나
사라지는 구름처럼
우리네 삶도 덧없다 하랴

친구는 떠나고 꽃향기 봄바람에
실려 종달새 소리 더욱 구슬퍼
방초는 푸르건만 홍안은 어디 가고
백발의 외로움을 어찌할거나

다정한 말에 목말라
인정이 그리운데 이별의 순간에
사랑도 지혜도 이제는
아무 소용없는가

무료한 삶에 찾아 온
평안은 누구의 선물일까
한숨과 탄식을 거두시는
사모의 주님 찬양합니다.
가난한 영혼에 감사가 넘치고

모두가 사랑으로 다가와
참 사랑을 맛보니 해 저문 황혼녘
한없이 감싸 줍니다.
  - 공진성의 「너싱 홈」 전문(8호)

너싱 홈(nursing home)은 만성질환을 앓는 노인들을 위한 전문 요양시설로 병원과 가정의 중간 형태의 시설이다. 이 시가 시인 자신의 경험을 토대로 한 것인지 아닌지는 알 수 없으나 화자는 노년에 경험하는 삶의 덧없음, 친구가 없는 외로움, 무위무용, 인정에 대한 목마름과 그리움, 그리고 일상의 무료함 등에 대해 진술한다. 그것은 한마디로 노년의 소외감이라고 할 수 있을 것이다. 그리고 그 소외감을 기독교적 사랑으로 위로받는다는 것이 시의 내용이다. 종교는 화자에게 한숨과 탄식을 거두어 평안을 주고, 가난한 영혼에 감사가 넘치게 하고, 저문 황혼녘과 같은 노년에 참사랑을 맛보게 하여준다. 그 넓고도 큰 은혜에 대한 감사를 표현한 것이 「너싱 홈」이다. 종교가 너싱 홈에 소외된 노인의 삶에 위안과 치유를 준다는 의미일 것이다.

「너싱 홈」이라는 시처럼 이민 1세대의 노인들은 고독하다. 그들은 이 시의 화자처럼 빈곤, 질병, 소외감, 무위 등 노년의 4대 고통을 겪고 있다. 더욱이 자신이 태어난 고향과 모국을 떠나서 낯선 땅에서 노년을 맞았기에 더욱 고독하다. 배우자도 친구도 자식도 자신의 곁에서 모두 떠나버리고 다정한 말 한마디 건네줄 사람도 없이 몸도 늙고 병든 채 너싱 홈에서 홀로 노년을 보내야 한다면 어떠할까? "사랑도 지혜도 이제는/ 아무 소용없는가"처럼 살아온 삶이 전부 덧없고 부정된다. 인간은 누구나 고독한 존재이다. 하지만 노년이 되면 그 고독은 배가 된다. 이때 종교는 가난한 영혼과 무료한 삶에 다가와 한숨과 탄식을 거둬들이고, 사랑과 평안으로 치유해주는 구원자이다. 「너싱 홈」은 그에 대한 감사를 표현한 시로서 시카고의 많은 한인들이 기독교나 가톨릭 등 종교를 통해서 이민자로서의 고독과 소외를 극복해가는 보편적 경향을, 특히 노년의 화자를 통해서 잘 보여주었다.

김경호 시인은 경북대학교 교육대학원을 졸업하고, 계명대학교 간호대학 교수를 역임했다. 《순수문학》을 통해 시인으로 등단했으며, 경희해외동포문학상을 수상했다.

> 흐르는 것은 물만이 아니다
> 인생이 흘러가고
> 구름이 흘러가고
> 바람도 흘러가고
> 햇살도 흘러간다
> 바다도 흘러가고
> 산도 흘러간다
>
> 우리와 함께 한 시대를 사는
> 풀, 나무, 짐승, 시간도 다 흘러간다
>
> 사람들은 흘러가는 것도 모르고
> 살아가고 있다
> 우리들이 가야 할 길은 알지 못한 채
> 앞서간 이들이 만들어놓은 길만
> 이리저리 허둥대며 따라가고 있다.
>   - 김경호의 「모든 것은 흘러간다」 부분(10호)

'모든 것은 흘러간다'라는 화두는 시간이나 세월뿐만 아니라 인생, 자연을 넘어서서 자아와 세계 모두가 변화한다는, 즉 제행무상諸行無常의 의미일 것이다. 하지만 화자는 그 변화 속에서 흘러가는 줄도 모르고, 가야 할 길도 모르는 채 앞서 간 이들이 만들어 놓은 길을 관습적으로 허둥지둥 따라가고 있는 인간 존재를 향해 질문을 던지고 있다. 즉 불교의 제행무상이라는 화두처럼 세상에 변화하지 않는 것은 없다. 따라서 자아와 세계는 무상無常하다. 이 시는 인생은 변화무상變化無常하다는 이치를 깨달아 허둥지둥 무주체적으로 살지 말고 주체적으로 살아가라는 메시지를 던져준다. 이러한 메시지는 타자를 향해 있다기보다는 자신을 향한 것처럼 생각된다. 어느 순간 주위의 모든 자연과 사물의 변화가 눈에 뜨일 만큼 변화했는데, 왜 나는 이처럼 허둥지둥 길을 잃고 헤매고 있나 하는 자괴감이 들었을 것이다. 따라서 이제부터라고 변화무상한 인생길을 주체적으로 살아가야 하지 않는가 하는 다짐을 이 시는 보여주고 있다.

    방두표 시인은 서울 출생으로 성균관대학교 경영학과를 졸업하고 한국 상업은행에 25년간 근무하다 1990년에 미국으로 이민했다. '시카고 문인회'와 '한국문인협회 미주지회' 회원으로 활동하고 있다.

    인생의 행복은
    사랑에 있고
    사랑의 본질은 받는 것이 아니라
    주고, 또 주는 데 있음을
    깨닫도록 해준 지난 세월

    삶의 풍요로움은
    물질이 아니라
    사랑하는 마음속에 자라고 있고

그리움을 먹고 산다는 것을
깨우쳐 주었지

지나간 시간 동안
마치 새장에 갇힌 한 마리의
작은 새처럼
날개를 접고 살아왔지

깊은 샘물은 표주박으로
퍼내면, 퍼낼수록
더욱 맑고 깨끗한
샘물이 솟아나듯
사랑은 베풀면 베풀수록
더욱 풍성해지는

요술 보물창고 같은 것
창문을 활짝 열고
세상 모든 사람들을
품을 수 있다면
어제보다 오늘이
행복하다는 것

그것이 진정 참 행복이라는 것을
깨달았네

    - 방두표의 「작은 행복」 전문(12호)

이 시의 키워드는 '사랑'이며, 키 센텐스는 '사랑을 베풀며 살아야 삶이 풍요로워지고 행복해진다'는 것이다. 시의 제목처럼 작은 행복이요, 진정한 행복에 대한 깨달음에 대해서 진술하고 있다. 행복은 거창한 것에 있는 것이 아니라 주위에 작은 사랑을 베풀 때에 진정한 행복을 느낄 수 있다는 의미이다. 어찌 보면 평범하기 그지없는 이치지만 이 평범하고 간단한 이치를 깨닫는 데 많은 세월이 흘렀던 것이다. '사랑을 베풀며 살아야 삶이 풍요로워지고 행복해진다'는 명제를 통해 시인은 노년기의 삶의 방향을 제시해주고 있다.

정은희 시인은 한국에서 신학을 공부하고, 미국에서 Midwest College of Oriental Medicine & Acupuncture를 졸업 후 한방침술사(Oriental Medicine & Acupuncturist)라는 직업을 갖고 있다.

나를 바라보는 그대에게
하고 싶은 말이 있습니다

내 눈동자를 놓치지 않고
작은 뒤척임조차
어느새 알아채고
다가서는 당신을 느낄 수 있기에
삶에서 순수를 찾아갈 수 있습니다

나를 바라다보기만 하는 당신
작은 얼굴을 묻고 싶은 까닭은
세상보다 더 넓은 어깨를
아무 조건 없이
언제나 내어주기 때문입니다

> 가끔
> 당신의 손을 놓을지라도
> 끝까지 잡고 계심은
> 두려움과 외로움을
> 견디지 못하는 약함을 아시나이다.
> 　　　- 정은희의 「나를 바라보시는 그대에게」 부분(8호)

정은희의 「나를 바라보시는 그대에게」에서 '그대'는 에로스적 대상인 당신으로 해석할 수도 있겠으나 이보다는 종교적 절대자로 해석된다. 그대는 아무 말도 없이 그저 나를 바라보기만 한다. 하지만 그 말이 없는 침묵 속에서도 "내 눈동자를 놓치지 않고/ 작은 뒤척임조차/ 어느새 알아채고/ 다가서는" 존재가 바로 당신이다. 그래서 나는 순간 순간 당신의 존재를 느끼지 않을 수 없다. 그리고 삶에서 순수를 찾아갈 수 있다.

당신은 때로 세상보다 더 넓은 어깨를 아무 조건 없이 내어주기 때문에 얼굴을 묻고 의지하고 싶은 대상이다. 또한 당신은 "가끔/ 당신의 손을 놓을지라도/ 끝까지 잡고 계심은/ 두려움과 외로움을/ 견디지 못하는 약함을 아시나이다"처럼 두려움과 외로움을 견디지 못하는 나약한 인간 존재를 끝까지 포기하지 않고 지켜준다. 이런 사랑은 결코 인간적 사랑이라고는 할 수 없다. 무조건적인 사랑 그것은 다름 아닌 아가페적인 신의 사랑이다. 신의 사랑을 느끼며 그에 대한 감사를 표현한 시이다.

이여근(1945~) 시인은 서울 출생으로 1972년에 미국으로 이민하였다. 그는 1999년에 《시대문학》을 통해 소설가로 등단한 후 《시카고 문학》에는 주로 소설을 발표해 왔으나 2004년에 《창조문예》를 통해 등단한 시인이기도 하다. 그동안 『기도로 여는 아침』(창조문예사, 2004), 『내 곁을 지나는 바람』(창조문예사, 2006)이라는 두 권의 시집을 발간한 바 있다. 첫 시집 『기도로 여는 아침』은 시인 자신이 "이 시집을 시작으로 앞으로 끊임없이 주님을 찬양하는 시를 써 나갈 것"이라고 밝혔듯이 시집 전체가 기독교적인 신앙시로 일관하고 있다. 하루하루, 순간순간 주님의 인도에 감사하며 복음을 전하는 삶을 살겠다는 다짐을 보여주는 시이다. 시카고의 문인들은 대체로 기독교라는 종교적 네트워크로 연결되어 있다. 그리고 이러한 특징은 기독교적 신앙시를 통해 잘 드러난다.

> "하느님, 우리는 하느님의 자녀입니다
> 오늘 하루도 주님이 인도하시는 가운데
> 주시는 시간 시간 감사함 속에서
> 복음을 전하며 살아가게 하소서"
> — 이여근의 「기도가 담긴 아침 풍경」(시집 『기도로 여는 아침』) 부분

오봉완(조봉완, 바니 오) 시인은 사학자로서 서울대학교 법대 재학 중이던 1956년에 미국에 유학하여 뉴욕 버나드 칼리지 학사, 조지타운 대학 석사, 시카고 대학에서 박사학위를 받았으며, 조지타운대 명예교수이다. 그는 사학뿐 아니라 문학에도 관심이 많아 역사소설 『궁내의 살인』(다트맨, 2017)을 한글판과 영어판으로 출간하여 2017년 미주 팔봉문학상을 수상했다. 2020년에 계간 문예지 《시와 정신》에서 수필부문

신인상을 수상했으며, 최근에는 시 창작에도 열정을 보이고 있다.

쉬…
고요하다

실 같은 오렌지 선이
하늘과 물을 갈라 놓는다

새 한 마리의 펄럭이는 날개 소리
나뭇가지가 미풍에 흔들리는 소리

마음이 설렌다, 머리가 꿈틀한다
몸이 움직인다

오렌지 선이
굵어진다

- 오봉완의 「새벽」 부분(12호)

「새벽」이라는 시는 청각, 시각, 색채, 근육감각 등 공감각적 이미지를 활용하여 새벽 동틀 무렵의 고요 속에서 역동하는 일출의 한순간을 묘사하고 있다. 시를 읽으면 일출 즈음의 변화가 눈에 포착될 듯이 귀에 들릴 듯이 온몸으로 느껴질 듯이 환하다. 독자가 일출의 순간을 공감각으로 직접 경험하고 있는 듯이 느낄 수 있는 것은 바로 이미지의 힘이다. 오봉완은 이미지를 동원하는 역량이 있다.

「위안부」(10호)는 오랫동안 사학자로서 살아온 오봉완의 역사적 문제의식이 잘 드러나는 시이다. 이 작품은 일제강점기에 성노예로 동원되었던 여성, 즉 위안부 문제를 시화하고 있다. "사람들은 나를 위안부라 부른다/ 위안은커녕 고통뿐, 부인이 아니라 소녀/ 아플 때 나를 원했고, 지금은 아무도 찾지 않는다"의 진술에서는 '위안'이 아니라 고통뿐이었던 위안부의 삶에 대한 연민이 드러나며, 그 옛날 해방이 되어 귀국했던 당시에는 환영하는 위로의 말 한마디 하지 않고 무관심했던 당국이 "비단옷 입히고 잔치 음식 차려놓고 찬사하고 상패 준다"처럼 뒤늦게 형식적인 관심을 보이는 데 대한 질타를 하고 있다.

Ⅲ. 단행본 시집 발간의 러시

2019년은 시카고 시문학의 새 장을 연 기념비적인 한해라고 할 수 있을 것이다. 왜냐하면 5명의 시인들이 동시에 시집을 출간했기 때문이다. 김영숙, 신호철, 박창호, 고미자, 송인자 등이 그 주인공들이다. 김영숙의 『생의 한번밖에 없는 하루를』(넒은마루, 2019), 신호철의 『바람에 기대어』(시와정신, 2019), 박창호의 『당신의 계절』(시와정신, 2019), 고미자의 『시카고의 0시』(시와정신, 2019), 송인자의 『시는 노예다』(시와정신, 2019) 등 5권의 시집을 발간한 2019년은 시카고 시문학을 한 단계 발전시킨 분수령을 형성했다고 할 수 있을 것이다. 이들의 시 세계에 대해서는 별도의 글을 통해서 논할 것이다.

Ⅳ. 나가며

《시카고 문학》에 시를 발표한 문장선, 정창수, 공진성, 김경호, 방두표, 정은희, 이여근, 오봉완 등 '시카고 문인회' 소속 시인의 시에 대해서 살펴보았다.

이들 시인들이 이민한 시기는 동일하지 않다. 오봉완의 경우처럼 1956년에 유학으로 시작한 경우도 있지만 대부분의 시인들은 1965년 개정이민법에 이후에 미국에서의 성공을 꿈꾸며 태평양을 건넜던 자발적 이민자들이다. 시카고에 정착한 이들은 1984년에 '시카고 문인회'라는 커뮤니티를 조직하여 교류를 시작했고, 1996년에는 《시카고 문학》이란 매체를 창간하여 이민생활을 기록하고, 미국사회의 아웃사이더로서 경험한 소외감을 표현하고, 고향에 대한 그리움을 문학을 통해 표현해 왔다. 그리고 종교에 대한 깊은 신앙심으로 타국살이의 고통과 설움을 극복해왔다.

이민 1세대에 속하는 시카고의 시인들은 미국이라는 낯선 땅에서 모국어로 문학활동을 함으로써 회원 상호간에 정서적으로 소통하고, 모국의 문화를 공유해 왔다. 이는 그들이 비록 사는 곳과 국적이 달라졌어도 마음속에 한민족이라는 공동체의 이미지가 여전히 살아 있다는 의미이다. 비록 한국과 미국의 공간적 거리가 멀리 떨어져 있다 할지라도 이민 1세대의 기억 속에는 여전히 언어, 혈연, 문화 등의 공동체의식, 특히 지역적 장소에 구애받지 않는 장거리 민족주의가 작동하고 있다. 세계화 시대에는 반드시 태어난 나라에서 한평생을 살지는 않는다. 그러나 몸이 태어난 곳에서 살지 않는다고 하더라도 혈연으로 맺어진 가족이나 친구 중 누군가는 모국에서 살고 있으며, 무엇보다도 그들의 마음속에는 민족으로서의 공동체의식이 살아 숨 쉰다.

민족을 상상의 공동체(imagined communities)로 규정했던 베네딕트 앤더슨(Benedict Anderson)은 국가와 지역적 장소에 구애받지 않는, 즉 교통통신의 발달, 특히 인터넷과 모바일의 발전이 가져온 실시간의 소통에 기반한 새로운 민족주의로 장거리 민족주의와 같은 새로운 개념을 제안했다. 장거리 민족주의라는 개념은 세계화로 국가 정체성이 약화되고, 문화 정체성에 집착하게 되면서 발생했다. 앤더슨이 말한 상상의 공동체는 동일한 민족 언어를 사용하는 공동체에 초점이 맞추어져 있다. 그리고 인쇄매체는 민족이라는 상상의 공동체를 재현하는 기술적 수단이다. 미국에서 한인 공동체를 잇는 네트워크와 발표매체로서 현지의 《한국일보》, 《중앙일보》, 《조선일보》와 같은 한글신문, 그리고 한국어방송이 크게 기여해 왔다는 것은 의심할 여지가 없다. 특히 문인들은 한국어로 문학활동을 함으로써 장거리 민족주의를 표현하는 데 앞장선 사람들이다.

2009년 제정된 '재외국민참정권법'에 의해 2012년 이후 한국에서 행해지는 선거에서 투표권을 행사할 수 있게 된 재외한인들의 모국에 대한 유대는 정서적 문화적 차원만이 아니라 정치적 경제적 차원으로 점차 더 확장되고 있다. 한인들은 전 세계적 네트워크를 가진 '세계한상대회'를 2002년부터 개최하며 모국과의 경제적 유대를 강화하고 있다.

재미한인들은 거주국인 미국에서의 성공적 정착과 자녀들의 미국 주류사회 진입을 이민의 현실적 목표로 설정하면서도 내적 정서적으로는 한인으로서의 민족 정체성과 애착, 생활 습속을 유지하려는 경향이 강하다. 더욱이 한국의 경제적 문화적 위상이 높아지자 문화공동체로서의 의식은 더욱 강해졌다.

시카고는 로스앤젤레스, 뉴욕, 워싱턴 DC, 시애틀보다는 한인들의 수가 적고, 문인들의 수도 역시 적은 지역이다. 지역적으로도 미국의 북동부에 위치하여 한국문단과의 교류도 최근 들어 시작되었지만 미 서부지역이나 동부인 뉴욕과 워싱턴에 비해서는 활발하지 않다. 하지만 그것이 오히려 그들만의 문학적 개성을 유지하는 데 유리한 측면일 수 있다고 생각한다. 재미한인 작가들이 모국어로 작품을 쓰고, 모국의 매체를 통해 등단하고, 모국에서 작품집을 발간하고, 모국의 문단과 적극적으로 교류하는 것은 장단점이 있다. 그리고 재미한인문학이 모국의 매체나 문단과 완전히 단절하는 것은 추구할 목표는 아니겠지만 재미한인문학은 모국 문단과의 적당한 거리 유지를 통해서 차별화된 문학적 개성을 구축할 필요성이 제기된다. 한국 문인이 쓴 작품인지 재미한인이 쓴 작품인지 구별되지 않는 작품들이 양산되고 있는 것이 현실이며, 이러한 현상은 결코 바람직하지 않다.

이 글에서 살펴본 시카고 시인들은 유학을 와서 공부하여 대학교수가 된 사람, 목사, 연방정부의 공무원 등 다양한 직업에 종사해왔다. 그리고 그들의 연령은 전체적으로 높아 많은 문인들이 노년기에 접어들었다. 따라서 이민 1세대에 의해 구성된 한인문단이 언제까지 유지될 수 있을지도 의문이다. 그리고 한국어로 작품 활동을 하는 차세대가 육성될 수 있을까 하는 생각도 하지 않을 수 없다. 따라서 처음부터 영어로 작품을 썼던 김은국과 이창래처럼, 또는 '시카고 문인회' 소속의 정창수 시인처럼 영어로 작품을 써서 미국의 주류문단에 보다 적극적으로 진입해야 할 필요성이 대두된다. 그리고 이민 1세대로 구성된 시카고 문인들은 미국과 한국, 두 문화의 혼종과 통합이 가능한 사람들이다. 따라서 모국 추수의 경향을 벗어나 이중의 정체성, 경계성, 문화적 혼종성 등을 개성으로 삼은 문학적 새로움을 개척해 나갈 수 있기를 기대한다.

(《시카고 문학》 13호, 2021)

08
자연과 교감하는 영성의 시학
― 김영숙의 『생의 한번밖에 없는 하루를』

Ⅰ. 자연과 교감하는 영성의 순수체험

미국 시카고에서 목회자의 아내로 살아가고 있는 시인 김영숙이 첫 시집을 발간한다. 그녀는 1985년에 《시문학》을 통해 등단했고, 제33~34대(2017~2018) '시카고 문인회' 회장을 역임한 바 있는 시인이다.

시집의 내용을 일별해 볼 때에 자연에의 교감을 표현한 시, 고향을 떠나 이국땅에서 살아가는 디아스포라로서 고향에 대한 향수와 어머니에 대한 그리움을 표현한 시, 기독교적 신앙을 표현한 시들로 구성되어 있음을 알 수 있다. 그런데 이 모든 시들이 전체적으로 문학적 상상력과 결합된 기독교적 영성과 연결되어 있음을 발견하게 된다.

"우리가 감사함으로 그 앞에 나아가며 시를 지어 즐거이 그를 노래하자"라고 시편 95편에 적혀 있다. 김영숙의 시는 그야말로 감사한 마음으로 신을 찬양하는 것으로부터 출발하여 자신의 생명의 근원으로서의 어머니와 고향에 대한 그리움을 표현하고 있으며, 자연과 교감하며 마침내 기독교적 영성으로 그 모든 것이 고양된다.

어떤 시가 개인적 신앙 고백, 신의 영광에 대한 찬양, 참회 등에 머물러 있다면 그 시는 전형적인 신앙시의 범주를 벗어나지 못할 것이다. 시가 독자에게 보편적인 감동을 주기 위해서는 교조적인 기독교 신앙의 전형성을 반드시 벗어나야만 한다. 왜냐하면 전형적인 신앙시는 독자를 축소시키고, 시적 의미를 협소하게 만들고, 궁극적으로 시적 감동을 제한하기 때문이다. 다시 말해 신앙시가 문학으로서 감동을 주기 위해서는 기독교적 교리나 세계관에 대한 직접적 진술을 넘어서서 종교적 상상력과 시적 상상력이 고도로 결합된 영성(spirituality)을 표현할 수 있어야 한다.

영성이란 무엇인가? 고다드(M. C. Goddard)에 의하면 영성은 몸과 마음과 영의 내적 조화를 만들어내는 통합적 에너지이다. 즉 영성은 육체와 정신과 영혼의 모든 영역에 관여하는 동시에 이들의 상호작용에 의하여 통합된다. 그것은 인간 삶의 가장 높고 본질적인 부분으로서 진정한 자기초월을 향하는 인간의 역동성을 통합하려는 고귀하고 높고 선한 것을 추구하는 삶의 실제이다. 영성은 인간의 내적 자원의 총체로서 개인으로 하여금 자신과 타인 그리고 상위의 초월적 존재와 의미 있는 관계를 유지시키고, 몸과 마음과 영혼을 통합하는 에너지이다. 또한 영성은 존재에 대한 의미와 목적을 주관하게 하고, 당면한 현실을 초월하여 앞으로 나아가게 하는 힘을 지닌다.

김영숙 시인의 시에서 「은총으로 살아가게 하소서」, 「성소 되게 하소서」, 「기도」와 같은 시들은 전형적인 신앙시이다. 제목에서부터 드러나는 '은총', '성소', '기도'와 같은 시어나 "삶의 여정을 섬세히 빗질하시는 주님", "주님만 바라보게 하소서", "십자가 아래 엎드려/ 가슴 저리도록/ 기도하리"와 같은 시구는 명시적으로 이 시들을 전형적인 신앙시로 읽히게 만든다. 하지만 김영숙 시인의 시에서 이러한 신앙시는 아주 드물게 발견될 뿐이다. 보다 많은 시들은 자연과 교감하는 시적 상상력의 토대 위에서 발현되는 기독교적 영성을 표현함으로써 보편성을 획득한다.

「당신에게선」과 같은 시는 신앙시의 전형성을 벗어남으로써 시적 의미와 감동을 보다 풍부하게 만든다.

당신에게선
아름다운 향기가 있습니다

돌아가는 솜사탕 속
아련한 단내 풍겨 나오듯

당신을 생각하는 강가에
부딪히는 물살로 서로 만날 때

당신에게선
들꽃 같은 향기가 흐릅니다

내가 당신을 그리워하면
당신을 향한 내일이 언덕을 넘고

앉은뱅이 상념의 시간들보다
바람으로 먼저 일어서는 풀잎 향기여

눈부시도록 지울 수 없는 당신의 향기에
순전한 일상으로 통로를 열겠습니다
　　　　　　　－「당신에게선」 전문

　이 시에서 '당신'이라는 존재는 여러 의미로 해석된다. 마치 한용운의 「님의 침묵」에서 '님'이라는 존재성이 사랑하는 여성과 같은 에로스적 의미로 해석되는가 하면, 민족, 조선, 조국의 독립과 같은 민족 공동체적 의미로, 부처, 불교적 진리, 중생과 같은 불교적 의미로 해석되는 등 다양한 의미를 함축하고 있듯이…. 김영숙 시의 '당신'도 꽃이나 풀, 나무와 같은 자연, 절대자인 하나님과 같은 종교적 의미, 몸과 마음과 영의 내적 조화를 만들어내는 통합적 에너지로서의 영성 등 다양한 해석이 가능하다. 어쩌면 그 모든 것을 통합한 총화라는 해석이 타당할 것이다. 이와 같은 다양한 해석은 '당신'이란 시어가 가진 다의성이자 애매성으로부터 나온다.
　영국의 시인이자 비평가인 윌리엄 엠프슨(William Empson)은 애매성(ambiguity)이 현대시의 결정적인 특질이라고 했다. 압축된 언어를 사용하는 시에서 언어의 애매성을 적극적으로 이용하면 내용과 의미가 풍부해진다. 시에서 어떤 단어들은 핵심적인 의미와 더불어 풍부한 암시성을 포함할 뿐만 아니라 동시에 둘 이상의 의미를 다 수용하는 융통성 있는 문맥을 이루기 때문이다. 따라서 시에서 애매성은 시의 단점이 아니라 장점이므로 시인은 이를 적극적으로 수용할 필요가 있다.

애매성은 산문보다는 시에서 고도화되며 의미가 깊어진다.
「당신에게선」에서의 '당신'은 여러 가지 의미로 해석되면서 동시에 그 총화이다. 즉 자연, 종교, 영성 등의 다양한 의미를 함축하면서 궁극적으로 그 모두를 통합하는 대상인 것이다.
더욱이 '당신'에게서는 '향기', 즉 향기로운 좋은 냄새가 난다. 그런데 그 향기를 단순히 후각적인 것이라고만 할 수 있을까? 그것은 인간의 몸이 감각할 있는 후각적인 향기를 넘어서서 영혼이 발산하는 정신적 향기, 즉 영성의 향기라고 할 수 있을 것이다. 시인은 '당신'이라는 대상을 통해서 영성의 황홀한 향기를 느끼고, 그 황홀감에 사로잡힌다. 그리고 그것을 자신의 삶 속에서 녹여내 일상화하며 살아가고자 다짐한다.
시인은 여러 대상들을 통해서 영성을 감지한다.

어둠이 내린다
마음에 문을 열지어다
어디 빛나는 곳에서
안개 서서히 거닐고
켜켜이 쌓인 심해에서
숱하게 꽃이 필 때
안식을 위하여 잠에서 깨어날지니
강물에 별이 뜨고
산으로 강이 흘러
젖은 꽃잎 달려와
만나면 입 맞추고
비비대는 나무들 바람에 탄다

맨발로 어둠을 마셔대며
　　　　　　　　-「흐름」 전문

　「흐름」이라는 시에서는 어둠이 내리는 저물녘의 황홀한 일체화의 신비한 순간이 표현되고 있다. 어둠과 빛의 거리가 사라지고, 빛이 닿을 수 없는 심해에서도 꽃이 피며, 강물에 별이 뜨고, 산으로 흘러든 강물에는 젖은 꽃잎이 달려와 입을 맞추고, 바람이 불 때마다 나무들은 비비댄다.
　입맞춤이나 비비대는 동작은 일체화와 합일, 그리고 사랑을 의미하는 시어이다. 즉 영성과 만나는 충만한 한순간, 초월적 사랑이 흘러넘치는 황홀한 한순간의 순수체험을 저물어가는 시간 속에서 시인은 발견하고 있다.

　　　새벽이 눈을 뜬다
　　　동쪽에서 붉은 빛으로
　　　어둠에 눈꺼풀 들어 올리면
　　　생명처럼
　　　하루가 빛으로 호흡을 준비한다
　　　부지런한 산과 강도 서두르고
　　　바다 속 잠자던 파도가
　　　조심스레 물 이불 들어올리며
　　　시작은 참으로 귀한 것
　　　절망도 넘어지게 하는
　　　조용한 힘이 있다
　　　계집아이 초경 같은

> 새벽 빛깔이
> 붉으스레 판타지아
> 아침을 연다
>   -「새벽이 눈을 뜬다」 전문

「새벽이 눈을 뜬다」에서는 새벽이라는 시간의 생명, 경건함, 순수함, 신성성을 노래한다. 새벽은 "부지런한 산과 강도 서두르고/ 바다 속 잠자던 파도가/ 조심스레 물 이불 들어올리며"에서 보듯이 모든 자연을 일깨우는 시간이다. 그리고 "절망도 넘어지게 하는/ 조용한 힘이 있"는 경건하면서도 강력한 힘을 지닌 창조적 시간이다. 그 시간 속에서 시인은 충만한 영성을 느낀다. 그리고 영성을 구현하고 있는 듯한 아침놀의 붉은 빛깔에서 환상적인 전율을 느낀다. 자아와 세계, 나와 초월적 절대자가 합일된 한순간의 충만한 영성을 시인은 새벽이라는 시간에서 포착하고 있다.

> 소리 없이 오는 것이 어디 눈뿐이랴
> 눈 맞으며 흐르는 겨울 강이 그렇고
> 서쪽 하늘 지는 해가 그러하거늘
>
> 소리 없이 다가오는 것이 어디 눈뿐이랴
> 피어나는 꽃들 터지는 몸짓 있어도
> 꽃잎 지는 소리 스치는 바람만이 알 뿐인 걸
>
> 오늘도 노을은 하늘을 붉게 그리건만
> 소리 없이 젖어오는 인연은

가슴으로 조용한 숲이 되어 서있다
-「숲.3」 전문

「숲.3」은 눈, 겨울 강, 지는 해, 피어나는 꽃, 지는 꽃잎, 노을 등을 통해서 영성을 느끼는 자아를 표현하고 있다. 주체의 영성 체험은 눈, 강, 해 등 자연이란 대상을 통해 소리 없이 다가오는 신비로운 경험이다. 그러나 "꽃잎 지는 소리 스치는 바람만이 알 뿐인 걸"에서 보듯이 자연과 접촉한다고 해서 모든 사람이 그 속에 내재된 영성의 깊은 신비를 느끼고 깨달을 수 있는 것은 아니다. 순결한 영혼과 깊은 신앙심을 지닌 자만이 그것을 포착하고 알고 느낄 수 있다.

이른 아침
하늘에 떠있는 구름만이
이완하는 것이 아니지
유월 아침 궁창에
눈처럼 더 가벼이 날리는 것
한여름 밤 반딧불에 마음 걸고
어디든 몸 닿는 곳 썩어질 수 있다면
생명일 테니
존재의 흔적 들풀 아래 바람으로 심고 가리
-「유월의 홀씨」 전문

「유월의 홀씨」라는 작품은 그러한 영성을 "유월 아침 궁창에/ 눈처럼 더 가벼이 날리는" 들풀의 홀씨를 통해서 포착하고 있다. '창공'이나 '푸른 하늘' 같은 시어가 아니라 굳이 '궁창穹蒼'이란 시어를 선택한 것도

예사롭지 않다. 왜냐하면 히브리인들은 '궁창'이 땅 위에 세워진 기둥, 즉 높은 산 위에 걸쳐진 단단하고 평평하며 넓게 펼쳐진 공간이라 생각했기 때문이다. 다시 말해 궁창은 하나님의 창조의 영광과 그분의 영원성과 초월성, 그리고 절대 주권을 나타내는 가시적 공간이다. 시인은 "어디든 몸 닿는 곳 썩어질 수 있다면/ 생명일 테니"처럼 하늘을 나는 들풀의 홀씨에서마저 영성을 느낀다. 즉 유월 하늘을 눈처럼 가볍게 날고 있는 들풀의 홀씨를 통해서 생명의 흔적을 남기라는 절대자의 섭리를 깨닫고 있다. 그것은 어쩌면 우리 인간에게 어떤 곳에라도 떨어져 썩어짐으로써 생명 또는 신앙을 심으라는 신의 섭리를 교시하는 것은 아닐까. 그것은 어쩌면 남편과 자신이 멀리 미국의 시카고의 낯선 땅까지 들풀의 홀씨처럼 날아와서 목회활동을 하는 것도 신의 섭리를 구현하는 것이라는 깨달음일지도 모른다. 그처럼 모든 존재에는 초월자의 보이지 않는 절대적 섭리가 말없는 가운데 작용하고 있는 것이다.

잘려나간 상처마다
생각의 창이 열린다

고통 없는 고뇌 없고
내어줌 없이 거둠이 없음을

배려가 있을 때 소통이 오고
너그러움이 평안을 주듯

베임으로 숲을 키우는데

나무는
하얀 분 바르고
무슨 생각에
밤낮을 뜬눈으로 보내는 걸까
   -「자작나무의 하루」전문

「자작나무의 하루」에서 시인은 "잘려나간 상처"에 주목한다. 그리고 그 상처, 고통, 고뇌, 내어줌, 배려, 너그러움, 베임을 통해서 거둠, 소통, 평안, 숲을 키우는 우주적 질서를 깨닫는다. 자작나무의 가지가 잘려나간 상처야말로 거대한 자작나무 숲을 이루는 고통이요, 내어줌이요, 배려요, 너그러움이다. 시인은 상처를 통해서 아픔, 고통이 아니라 소통과 평안을 통찰하고 있다. 시인은 굳이 자작나무의 상처에서만 그런 것을 통찰하는 것은 아닐 것이다. 인간의 상처도 그와 마찬가지일 터이다. 상처는 단순한 아픔이 아니다. 그것은 타인에게 소중한 것을 내어주는 헌신이며, 타인에 대한 배려이며, 자기희생이다. 헌신, 배려, 희생과 같은 덕목이 실천될 때 거둠, 소통, 평안의 세상이 구현될 수 있다. 대학생 때부터, 특히 목회자의 아내로서 기독교적 신앙 속에서 수십 년을 살아오는 가운데 체득한 헌신과 배려와 자기희생의 인생관(세계관)이 자작나무의 상처라는 객관적 상관물을 통해 잘 드러나고 있다.

쏟아지는 장대비 아래

숨죽이며 흐르는
강을 보았습니다.

낙엽을 이고 가는 물
바람에 밀려 옆길로 가다
넘어지기도 하는 물

분명 시끄러울 법도 한데
부서지며 따라오는 강

철 늦은 장대비 틈으로
낮달 냄새가 흐르고
겨울을 기다리듯
강을 보았습니다

내 안의 여백을 불러내어
숲으로
강을 만나듯
가을 강물로
내가 흐르고 있었습니다
- 「어느 가을날」 전문

사티어(Satir)는 영성을 자기 안에 이미 존재하는 것과 자기 밖에서 내 안으로 유입된 것들이 과거 - 현재에서 관계를 맺는다고 하였다. 즉 안과 밖이 관계를 맺고, 나와 초월자가 관계를 맺음으로써 새로운 삶의 경험이 열린다는 것이다. 영적인 것과 육체적인 것, 이성과 감정,

성과 속, 긍정과 부정, 내세와 현세의 이분법적인 구별에서 벗어나 어느 한쪽에 치우치지 않는 총체적인 경험이 바로 영성이다.

「어느 가을날」에서 화자는 철 늦은 장대비 사이로 숨죽이며 흐르는 가을 강을 바라보고 있다. 화자가 바라보는 강물은 단순히 자연으로서의 강물만은 아닌 듯하다. 강물은 세상이 아무리 시끄러워도 숨죽이며 조용히 흐르고, "바람에 밀려 옆길로 가다/ 넘어지기도 하는", "분명 시끄러울 법도 한데/ 부서지며 따라오는" 모습을 보여준다. 어쩌면 강물이 흘러가는 그 길은 세상을 살아가며 피할 수 없는 풍파를 의미하기도 하고 결코 쉽지 않은 신앙의 길을 의미하기도 하는 것처럼 해석된다. 그러다가 화자는 "내 안의 여백을 불러내어" 강을 만나고 "가을 강물로/ 내가 흐르고 있었습니다"처럼 마침내 강물과 하나가 되는 일체화를 이룬다. 제1연에서 제4연에 이르는 동안에는 강물을 바라보는 주체인 '나'와 대상인 '강물' 사이에 거리(distance)가 분명 존재했다. 하지만 마지막 제5연에 이르면 주체인 나와 대상인 강물 사이의 거리는 어느새 사라지고 주체와 객체는 하나를 이룬다. 이때의 일체화는 주체인 내가 흘러가는 강물처럼 세상을 살아가는 지혜를, 신앙을 얻었다는 의미로 해석된다. 화자가 강물을 통해서 얻은 영성은 겸손이며, 순응이며, 끝까지 포기하지 않는 의지이다. 그것은 시인이 절대자에 대한 신앙을 통해서 어떻게 세상을 살아가야 하는지를 깨달은 지혜의 내용이라고 할 수 있을 것이고, 기독교적 인생관을 '강물'이란 메타포를 통해 표현한 것이라고 할 수 있을 것이다.

Ⅱ. 행복과 그리움의 원천으로서의 고향과 어머니

그럴 줄 알았다
언제든 찾아가면 그 시절로 돌아가 푸근히 품어줄 곳

이방인으로 살다 반백 되어 찾아가니
사람들이 바뀌었다

집이 사라졌고 대문 밖 커다란 대추나무도
바람과 함께 흔적 없다

철없는 외투처럼
깊게 뿌리내린 기억 밑으로 강이 흐른다

내가 세상을 처음 만나
엄마와 숨을 나누던 그곳

한겨울 굴뚝새가 찍어놓은 눈꽃부터
사시사철 꽃이 피고 지던 집

뒤뜰 화단 빼곡히 차지한 백합 향에 행복했던
진천군 지암리 입장골

너를 떠나온 후 실타래 길 걸으며
자갈 돌멩이 가슴으로 수없이 굴러 들어와
이끼 얹히는 작업이 시작되었던 나

청춘이 훨씬 지난 이방인의 생애는
세월의 흔적으로

닳아진 뼈의 느슨한 현실과 출렁이는 슬픈 근육
반 박자 늦어지며 비워지는

-「변방에서」부분

 고향을 떠나 타국 땅에 성공적으로 정착했을지라도 이주민에게 있어 고향에 대한 그리움은 거의 필연적이다. 화자는 지금 시카고의 집 옆으로 흐르는 시카고강을 바라보며 유년의 고향에 대한 추억에 잠겨 있다. 창밖에는 "바람 한 점 없는 비가 나뭇잎 두드리는 소리로/ 요란한 밖의 표정을 알린다." 화자는 "닳아진 뼈의 느슨한 현실과 출렁이는 슬픈 근육"에서 드러나듯이 "청춘이 훨씬 지난" 반백의 머리를 하고 있다. 즉 미래를 꿈꾸는 나이가 아니라 과거를 회상하고 거기에서 의미를 찾는 나이가 된 것이다. 그러나 화자에게 행복을 주었고, 처음 생명을 받았던 "내가 세상을 처음 만나/ 엄마와 숨을 나누던 그곳"은 이미 현실 속에는 부재하는 공간이다. "진천군 지암리 입장골"이란 지도상의 지명은 존재하지만 그의 기억 속의 행복했던 고향집과 다정했던 고향 사람들은 이미 떠나고 없기 때문이다. "대문 밖 커다란 대추나무"가 있던 집, "한겨울 굴뚝새가 찍어놓은 눈꽃부터/ 사시사철 꽃이 피고 지던 집", "뒤뜰 화단 빼곡히 차지한 백합 향에 행복했던" 집, 즉 진정한 장소감으로 충만했던 고향집은 단지 기억 속에만 존재하는 공간이 되고 말았다. "응달밭 파랗게 올라온 청무 뽑아/ 톱으로 돌돌 벗겨 먹던 그곳", "파 꽃 부추 꽃이 심겨진 대로/ 어우러져 핀 내 살던 그곳"은 다시 고향으로 돌아가 본들 더 이상 이 지상에는 실재하지 않는다. 고향을 떠나 이국땅으로 이주한 삶은 "너를 떠나온 후 실타래 길 걸으며/ 자갈 돌멩이 가슴으로 수없이 굴러 들어와/ 이끼 얹히는 작업이 시작되었던 나"에서 보듯이 결코 평탄하지 않았다. 이제 나이도 들었다. 창밖에 빗소리가 요란한 비 오는 날 오후에 시카고강을 바라보며 고향에 대한 그리움에 젖어 있는 동안 추억은 "잘 익은 으름 향기의 까만 씨앗처럼"처럼 선명하고 또렷하게 화자의 마음속에 떠오른다. 기억 속의 집과 고향은 세월이 아무리 흘렀어도 변하지 않고 오히려 더 또렷하게 마음속에 빛을 발하며, 행복했던 유년의 소중한 추억들을 환기시킨다.

> 늦가을 낙엽 쓸리는 소리가
> 당신의 마른 목소리에서 지나갑니다
>
> 한두 달 사이 볏짚 단같이 가벼워진
> 당신의 육신
>
> 주춤거리는 기억의 언덕을
> 풀어진 말초신경처럼 힘없이 넘으며
>
> 지구 반대쪽에서 보내온
> 푸석한 아! 당신의 목소리
>
> 그리움에 닿을 수 없는 눈물은
> 집 옆으로 흐르는 강이 되어

굽이굽이 사무치는 물결로
말없이 떠나가고

절절히 녹아들어 미어지는 가슴
이목 분간할 틈도 없이

당신을 향한 그리움
밤빛 소나기로 퍼붓습니다

아! 그리운 어머니
—「사모곡」 전문

고향과 더불어 시인에게 원초적인 그리움을 환기하는 존재는 어머니이다. 현재 어머니는 지구 반대편에 계셔서 전화 통화로나 겨우 접촉할 수 있을 뿐이다. 어머니는 멀리 떨어져 만나 볼 수 없기에 더욱 절절한 그리움의 대상이 된다. 더욱이 어머니는 "늦가을 낙엽 쓸리는 소리" 같은 메마른 목소리에, "한두 달 사이 볏짚 단같이 가벼워진/당신의 육신"을 하고 있고, 이제 기억마저 "주춤거리는" 늙고 힘없는 상태가 되었기에 더욱 그립고 가슴이 아프다. 그 어머니에게 가 닿을 수 없어 솟구치는 그리움과 연민의 눈물은 집 옆으로 흐르는 강이 되어 "굽이굽이 사무치는 물결"로 말없이 떠나간다. 화자의 무의식은 강물이 되어 어느새 어머니 곁으로 달려가고 있는 것이다. "절절히 녹아들어 미어지는 가슴"의 멈출 수 없는 그리움은 "밤빛 소나기"처럼 주체할 수 없이 퍼붓는다.

강이 흐릅니다
뒤도 없이 앞으로만
숙명처럼 강이 흐릅니다

긴 밤 뒤척이시던
어머니의 잔 기침소리

그리움에 지구 반 바퀴를 돌아와
내 집 문 앞에 서성이다
어머니 나이 같은 달빛과 함께
강이 되어 흐릅니다

세월은 그림자로 강을 품고
어릴 적 어머니 등에서 들었던
자장가를 부르며
쉬지 않고 흐르는 강

오늘 밤
유년의 오선지를 따라
나도 강물이 되어 흘러갑니다
 -「강물이 되어」 전문

 무의식(unconsciousness)을 의식의 영역으로 들어오지 못하고 억압되거나 금지된 충동과 욕구를 포함하는 정신의 영역이라 파악했던 프로이트(Sigmund Freud)와는 달리 칼 융(Carl Gustav Jung)은 무의식을 내 안에 있지만 나의 의식이 미처 깨닫지 못하고 있는 미지의 정신세계로 파악했다. 시인은 어머니를 생각할 때마다 강을 떠올린다. 강은 바로 어머니의 양수에 대한 그녀의 무의식이 떠올려낸 물질적 이미지이다. 「강물이 되어」는 태아시절 양수로 우리를 감싸던 절대적 평화와 편안함에 대한 무의식적 회귀본능을 나타낸다. 그것은 일종의 요나콤플렉스(Jonah complex)이다. 프랑스의 현상학적 철학자 가스통 바슐라르(Gaston Bachelard)가 『공간의 시학』이라는 저서에서 말한 요나 콤플렉스는 어머니의 태반 속에 있을 때 우리들의 무의식 속에 형성된 이미지로서, 우리들이 어떤 공간에 감싸이듯이 들어 있을 때에 안온함과 평화로움을 느끼는 것을 말한다. 그것은 일종의 모태회귀본능을 의미한다. 「사모곡」과 「강물이 되어」에 나타난 '강물'은 어머니란 대상에 대해서 느끼는 무의식적 회귀본능과 요나콤플렉스, 평안과 평화, 그리고 보호를 갈구하는 시인의 무의식을 드러내는 강물이다.

갈 수 없는 섬 안에
어머니의 언어가 살고 있습니다.

발을 내딛는 옆이라면 문을 열고
들여다 볼 수 있으련만

표정으로 짐작만으로
말을 섞을 수 있다면 얼마나 좋을까

수많은 질문들 켜켜이 쌓아
생각의 한계를 잘라놓고

언어들은 당신이 갈 수 없는 심해
어딘가에 떠돌아다니다
길을 잃었나 봅니다.

탯줄로 시작하여 팔십을 이어온
공간의 흔적을 수없이 가지치기 하며
다듬어온 당신의 젊은 날들

빳빳이 풀 먹인 하얀 모시옷도
마디마디 바람이 들락거리는 세월 앞에
일 분도 못 기다리는 기억이 되어버린 당신

가슴 저린 당신의 슬픈 언어는
빈껍데기 우렁처럼
메아리로 부딪혀 돌아옵니다
　　　　　　　－「어머니의 언어」 전문

　세월이 흐르는 동안 그토록 그리운 어머니는 치매에 걸려 의사소통마저 부자유한 존재가 되었다. 그래서 시인은 "갈 수 없는 섬 안에/ 어머니의 언어가 살고 있습니다"라고 진술하는가 하면, "언어들은 당신이 갈 수 없는 심해/ 어딘가에 떠돌아다니다/ 길을 잃었나 봅니다"처럼 육지와 단절된 '섬'과 쉽게 도달할 수 없는 '심해'의 이미지를 통해서 소통 단절의 안타까움을 표현한다. 소통 단절의 안타까움은 "발을 내딛는 옆이라면 문을 열고/ 들여다볼 수 있으련만"이라는 표현에서도 절절하게 드러난다. 사람과 사람의 관계를 연결하고 매개하는 것은 결국 말이다. 사람과 사람이 만날 때는 언어로 소통하고 언어로 감정과 생각을 교환한다. 니체(Friedrich Wilhelm Nietzsche)에 의하면 언어를 만드는 것은 인간이 자신의 삶을 포기하지 않는 한 인간에게서 분리할 수 없는 행위라고 했다. 치매에 걸린 어머니와의 언어적 소통의 장애는 불편을 넘어서서 화자로 하여금 깊은 단절감과 슬픔을 갖게 한다. "표정으로 짐작만으로/ 말을 섞을 수 있다면 얼마나 좋을까" 생각해 보지만 그것은 "빈껍데기 우렁처럼" 공허한 메아리로 되돌아올 뿐이다. 즉 어머니와의 비언어적 커뮤니케이션에는 한계가 있고, 그로 인한 소통 단절의 상황에 시인은 안타까움과 깊은 슬픔을 느끼고 있다. 늙고 병든 어머니를 연민하는 딸의 안타까운 심정이 깊은 공감을 불러 일으키며, 생각과 마음, 감정이 통하는 대상과의 원활한 소통이야말로 최고의 행복이 아닐까 하는 생각이 들게 하는 시이다.

가슴 한 편 밀려 나던 날

분신이 허전한 마음 밀고 들어올 때
겨울 칼바람보다 더 시리다

찰떡같은 세월로 서른 해를 함께한 사람
이해 없이 숭숭 구멍 뚫린 치즈 같은
마음 보내올 때
미어지는 가슴 중심 세우기에 서럽다

심해 바닥까지 슬픈 마음 가라앉는 것

눈물도 소금이 된다는 비밀과
동일한 이유라는 것을

육십에
통증으로 몸을 일으키며 읽는다
　　　　　　　－「긴 하루」 전문

「긴 하루」는 분신 같은 자식이나 삼십 년을 함께한 남편으로부터 받은 상처와 외로움을 표현한 지극히 인간 냄새가 나는 시이다. 이처럼 솔직한 자기 고백의 시가 없었다면 앞에서 언급한 시들이 다 가짜라고 생각했을지도 모른다. 분신으로 여기며 사랑하고, 찰떡같은 친밀감으로 삼십 년의 세월을 살아왔지만 때로 서로를 이해하지 못하는 것이 인간관계이다. 그것은 아무리 친밀한 부모자식간이나 부부간이라고 할지라도 어쩔 수 없다. 사랑하지 않아서가 아니라 살다보면 아무리 가깝고 사랑하는 사람일지라도 절대적 동일성에 때로 균열이 생기는 순간이 있는 것이다.

그런데 가장 사랑하는 사람으로부터 자신이 이해받지 못한다고 느낄 때, 마음이 칼바람보다 더 시리고, 슬픔으로 가슴의 중심이 미어지며, 심해바닥까지 슬픈 마음은 깊이를 알 수 없을 만큼 깊게 가라앉는다. 그리고 온몸이 통증으로 아프다. 왜냐하면 가깝고 사랑하는 사람이 자신을 이해하지 못한다고 느낄 때 더 외롭고 더 아픈 것이 인지상정이기 때문이다.

사람이 사람을 완전하게 이해하는 일은 정말 어렵다. 존 그레이(John Gray)는 오죽하면 남녀 간의 언어와 사고방식의 차이와 소통 불능을

'화성에 온 남자, 금성에서 온 여자'라고 표현했을까? 그런데 이러한 차이가 남녀 간에만 존재하는 것이 아니라 모든 인간관계에 다 존재한다. 그는 말한다. 우리는 상대가 만일 우리를 사랑한다면 그들이 마땅히 이러이러하게 - 자신이 누군가를 사랑할 때 행동하고 반응하는 것과 똑같은 방식으로 - 행동하리라는 그릇된 믿음을 갖고 있다고…. 하지만 똑같을 것이라고 생각하는 그릇된 믿음을 벗어나 서로의 차이를 명확히 인식하고 존중할 때 상대방으로부터 받은 실망과 상처는 줄어들 수 있다. 시에서 사용한 '분신'이란 시어를 볼 때에 잠시 화자는 상대방과 나의 차이를 망각하고 있는 듯하다. 아무리 친밀한 가족관계일지라도 분신이 아니라 나와 다른 개체인 것이다. 인간과 인간의 관계에는 경계가 중요하다. 각자 자신의 영역이 타인의 영역과 구분되는 개체의 경계가 매우 중요하고, 그것이 있어야 건강하게 관계가 오래 유지될 수 있다. 그리고 개체 사이에는 차이가, 특히 언어의 표현과 사고방식의 차이가 존재한다. 우리는 그것을 인정해야 한다.

"눈물도 소금이 된다는 비밀과/ 동일한 이유라는 것을// 육십에/ 통증으로 몸을 일으키며 읽는다"에서 보면 화자는 이미 존 그레이가 지적했던 삶의 지혜를 깨닫고 있는 것처럼 보인다. 눈물과 통증에서 끝난 것이 아니라 그런 아픈 경험마저도 삶에 있어서 소금과 같은 소중한 경험이라는 것을 육십의 연령은 이미 깨닫고 있다. 여기서 '읽는다'는 것은 이해하고 받아들인다는 의미이다. 이 시에서 '소금'은 기독교적 상징성을 강하게 띠고 있다. "눈물도 소금이 된다는 비밀"을 통찰하는 시인의 흔들리지 않는 기독교적 신앙심, 그곳에서 우러나오는 겸허한 자기성찰, 순수하고 견고한 영성이 고백을 넘어서 나지막한 목소리로 변주되고 있다.

  김영숙 시인의 시가 표현하고 있는 자연과의 교감, 행복했던 고향과 어머니에 대한 그리움도 궁극적으로 기독교적 영성의 세계로 수렴된다. 그녀의 시는 기독교의 교조적이고 전형적인 신앙시의 스타일을 벗어나 문학적 상상력과 결합된 영성을 표현함으로써 보편적 공감의 세계로 독자를 이끌어가는 확장성과 울림이 있다. 훌륭한 장점이라고 하지 않을 수 없다. 주관적인 기독교적 신앙을 보편적인 영성으로 고양시킨 기독교적 영성시의 한 전범을 그녀의 시는 보여주고 있다.

  (김영숙 시집 『생의 한번밖에 없는 하루를』, 넓은마루, 2019)

09
그리움이 변주하는 앰비규티
- 신호철의 『바람에 기대어』

    신호철은 시인이 되기 전에 홍익대학교 미대를 졸업한 미술가다. 미국에 와서도 The School of Art Institute of Chicago(SAIC)를 졸업했고, 미술 관련 일에 종사해 왔다. 2009년에 《동방문학》 신인상을 통해 시인으로 등단한 그는 제35대(2019~2020) '시카고 문인회' 회장을 역임하였다. 그는 《시카고 중앙일보》에 '신호철의 시가 있는 풍경'을 매주 연재해 오고 있다.

    신호철 시인은 시집 서문에서 "나의 첫 번째 시집 『바람에 기대어』를 어머니께 드립니다"라는 헌사를 쓰고 있다. 신호철은 어머니와 상관없이 쓴 시들을 그저 수사학상으로 어머니에게 바친다고 말한 것만은 아닌 것 같다. 시집을 읽어 볼 때에 어머니를 그리워하며 어머니를 의식하고 썼다고 생각되는 시편들이 다수 보이기 때문이다. 그는 돌아가신 어머니의 묘 앞에서 시집 발간을 하겠다고 약속했고, 첫 시집 발간으로 그 약속을 지킨 것이다. 그에게 어머니는 어떤 존재인가? 세상의 모든 자식들은 어머니로부터 생명을 부여받았으며, 어머니의 손에 의해 양육되었기에 어머니에 대한 그리움은 거의 본능적이다. 그에게 있어서도 어머니는 시집의 서문에서 밝혔듯이 "동력이 되고 에너지가 되는 존재"로 인식되며, "늘 내 곁에 계실 때에도 불현듯 바람처럼 몰려오는 그리움"의 대상이 된다.

프로이트(Sigmund Freud)는 그의 후기 저서 『쾌락원칙을 넘어서』(1920) 에서 '삶의 욕구와 죽음의 욕구'를 대립시켰다. 삶의 욕구는 자기보존적 본능과 성적 본능을 합한 삶의 본능, 즉 에로스(eros)라고 한다. 반면 공격적인 본능들로 구성되는 죽음 본능은 타나토스(thanatos)라고 칭하는데, 프로이트는 이 둘을 이원화했다. 다시 말해 삶의 본능은 생명을 유지 발전시키고, 자신과 타인을 사랑하며 한 종족의 번창을 가져오게 한다. 반면 죽음 본능은 파괴의 본능이라고도 부르는데, 이것은 생물체가 무생물로 환원하려는 본능이다. 인간에게는 서로 공존할 수 없는 두 개의 본능이 이원화하여 존재한다고 본 것이다.

신호철 시인에게 있어 어머니라는 존재는 프로이트가 규정한 삶의 본능(eros)을 추동하여 생명을 유지 발전시키는 에너지를 주는 대상이다. 마르쿠제(Herbert Marcuse)는 『에로스와 문명』에서 "프로이트는 에로스에 대해 생명이 지속되고 더 높은 발전이 이룩되도록 살아있는 실체를 더 큰 실체로 형성하는 것이라고 정의"하였다고 했는데, 시인에게 어머니는 그로 하여금 더 높은 발전이 이룩할 수 있도록 그의 자아를 더 큰 실체로 형성하도록 말없이 격려해 준 존재였던 것이다.

시집 『바람에 기대어』의 핵심적 키워드는 '그리움'이다. 시인은 "그리움은 나를 끌고 여기까지 온 모티브였고, 끊임없이 나를 재촉한 발걸음이었다"라고 말한다. 이때 그리움은 프로이트가 말한 삶의 본능, 즉 에로스와 상통되는 감정이다.

> 그리움은 나를 끌고 여기까지 온 모티브였고, 끊임없이 나를 재촉한 발걸음이었다. 밤을 밝히는 빛나는 별빛이었고, 지친 나를 만지고 지나가는 바람이었다. 그리고 40년을 살아도 문득문득 생소해지는 이방인의 아픔이었다. 내 속엔 그 희로애락의 순간 모두가 그리움으로 각인돼 마음에 새겨져 있다. 기억의 앨범 속에 고스란히 감춰져 있던 시간들을 펼치면 시 한 구절이 노래처럼 입술에 담겨진다. 어머니와의 두 번째 약속을 준비하며 시집 첫 장에 들어갈 문장을 정리하다보니 벌써 그리움이 깊어가고 있다. 그리움이 창가에 앉아 나를 부르고 있다.
> – '서문'에서

시인에게 '그리움'은 어머니로부터 시작되고 있지만 어머니라는 대상을 넘어 보다 다의적인 의미를 갖고 있다. 그의 진술을 살펴보면 그리움이란 그를 끌고 지금 여기까지 온 모티브이자 끊임없이 그를 재촉한 발걸음, 즉 성취욕구이다. 또한 고난의 시간을 밝혀준 별빛 같은 이상이었으며, 지친 그를 어루만져주는 치유의 손길이었다. 그뿐만이 아니라 "40년을 살아도 문득문득 생소해지는 이방인의 아픔이었다"에서 보면 그리움은 미국사회의 아웃사이더인 디아스포라로서 살아오면서 느낀 소외감과도 연결되어 있다.

한마디로 그리움은 삶의 본능을 추동하는 에너지였다고 할 수 있을 것이다. 즉 그로 하여금 끝없이 성취욕구를 갖도록 추동하였고, 밤으로 상징화된 고난을 극복하게 만든 별빛 같은 이상이었으며, 삶에 지친 그를 치유하는 바람의 손길이었다. 그리고 이민자로서 느끼는 소외감을 극복하여 오늘의 성취와 안정에 이르도록 이끌었던 것도 그리움이다. 이처럼 그리움이란 시어는 다양한 의미망을 가진다. 즉 한 가지 의미로 한정할 수 없는 다의성(ambiguity)을 지닌다. 영국의 시인이자 비평가인 윌리엄 엠프슨(William Empson)은 다의성(애매성)이 시의 결정적인 특질이라고 주장했다. 일상 언어에서는 명백한 의미 전달이 중요하지만 문학의 언어는 정서를 환기하는 것이 중요하다. 즉 문학적 언어는 명확한 의미 전달보다는 애매성이 오히려 중요하게 여겨진다. 특히 시에서 애매성은 단점이 아니라 장점이기 때문에 적극적으로 수용할 필요가 있는 것이다. 압축된 언어를 사용하는 시에서 언어의 애매성을 적극적으로 이용하면 내용과 의미가 풍부해진다.

 신호철의 시에서는 '그리움'이란 단어는 풍부한 암시성을 환기할 수 있는 앰비규티의 시어라고 할 수 있다. 그는 말한다. "내 속엔 그 희로애락의 순간 모두가 그리움으로 각인돼 마음에 새겨져 있다"라고……. 희로애락의 감정들이 모두 그리움으로 내면에 각인되어 있다는 것은 지천명知天命을 지나 이순耳順의 나이에 접어든 연령과 관계될 것으로 생각한다.

 이때의 '그리움'은 희로애락의 강렬한 감정의 한복판에서 변주되는 극적인 감정이 아니라 그 모든 것들과 거리를 둠으로써 발생하는 미학적 감정이다. 그에게 이러한 미학적 거리두기가 가능해진 이유는 무엇보다 나이 덕택일 것이다. 그냥 나이만을 먹은 것이 아니라 욕망하던 것들을 어느 정도 성취하고, 삶의 고난들도 다소 극복하고, 상처와 고통들도 일정 정도 치유되고, 이민자로서의 소외감도 어느 정도 극복하여 미국사회의 일원으로서 안정적으로 자리를 잡게 되었기에 가능해진 감정이라고 할 수 있을 것이다. 다만 원하던 것들을 어느 정도 성취하는 사이 어느새 나이가 들어버려 그동안 치열하게 살아왔던 시간들을 돌이켜 볼 때에 이상, 좌절, 상처, 소외감 같은 것들로 점철되었던 젊은 날의 희로애락의 감정들조차 그리움으로 변주되는 것이다.

그리움은 딱히 누구를 향한 것만은 아니어서, 잊을 수 없는 고향 같아 때도 없이 떠오르는 것이어서, 멀리 떠났다가도 밀려드는 파도처럼 아프게 가슴을 쓸고 가는 것이어서, 아무것도 들리지 않았는데 다시 살아나는 울림 같아서, 그래서 다시 가슴 가득 팽팽히 채워져 터져버리는 아픔 같은 것이어서, 신열 후 찾아오는 섬찟 떼어놀 수 없는 나의 분신 같은 것이어서, 뼈와 살의 부딪치는 소리같이 내 안으로 새벽을 읽어내는 것이어서, 신음도 낼 수 없는 깊은 어둠 같아서, 빛을 잃은 별들이 모여 부르는 노래같이 쓸쓸함이 담겨 내려오는 것이어서, 당신으로부터 내게로 와서 처절하게 부서져 다시 네게로 향하는 아물지 않은 상처 같은 것이어서, 한입 베어 먹은 사과 맛같이 달콤한 것이어서, 어디로부터 시작되어 어디로 손을 뻗어야 할지 거리의 미아가 되어 버리는 것이어서.

그리하여, 그 그리움은 혼미한 나를 깨워 내 앞에 나를 세우는 것이어서, 벗겨진 나를 내 밖에서 바라볼 수 있는 것이어서, 멈춘 세상의 문을 열고 한없이 걸어 들어가 만나는 사람들의 손을 잡는 것이어서, 마침내 내가 네 안에 네가 내 안에 숨 쉬며 살아가는 것이어서.
―「깊이 숨 쉬는 것이어서」 전문

「깊이 숨 쉬는 것이어서」는 산문시이다. 이 긴 시를 단 두 개의 문장으로, 즉 마침표 없는 쉼표의 긴 호흡으로 써 내려가고 있다. 특히 앞의 제1연(?)이 아주 긴데 그만큼 그리움이 삶의 갈피마다 고비마다 순간순간 떠오른다는 의미일 것이다. 화자는 그리움이란 어떤 특정한 대상을 향해서 또 어떤 특정한 순간에만 떠오르는 감정이 아니라고 시를 시작한다. 그리고 그리움은 아픔과도 같은 것이다. 마치 자신의 분신처럼 그리움은 신음도 낼 수 없는 깊은 어둠과 같아서 쓸쓸함으로, 처절함으로 아물지 않는 상처와 같은 것이지만 동시에 사과 맛처럼 달콤한 것이기도 하다. 상처의 쓰디씀과 사과 맛의 달콤함과 같은 양립할 수 없는 양가적 감정이 바로 그리움이다. 즉 지난날 치열했던 삶의 한복판에서 느꼈던 것이 쓰디씀이라면 그것들을 되돌아보는 현재의 감정은 사과 맛과 같은 달콤함이다. 때로 그것은 어디에서 시작되어 어디로 손을 뻗어야 할지 알 수 없는, 거리의 미아처럼 지향할 바 없는 그리움이다.

제2연에서 그리움은 혼미한 화자를 깨워 바로 세우는 것이라 규정된다. 또한 벗겨진 나를 내 밖에서 바라볼 수 있는 자기성찰의 힘을 지니고, 멈춘 세상의 문을 열고 걸어 들어가 사람들의 손을 잡는 화해의 에너지를 준다고도 말한다. 마침내 그리움과 주체 사이의 거리마저 실종되어 버리는, 바로 그것이 그리움이라고, 그리고 그것이 화자를 숨 쉬며 살아가게 만드는 힘이라고 시인은 진술하는 것이다. 숨 쉬며 살아가게 만드는 힘이니 그것은 분명 삶의 본능인 에로스이지만 동시에 그것은 신음도 낼 수 없는 어둠이나 처절함으로 아물지 않는 상처와도 같은 것이니 그것은 동시에 타나토스의 얼굴도 하고 있다. 그리움은 이처럼 양립할 수 없는 양가성, 즉 에로스와 타나토스의 앰비규티를 지니고 있다.

나 어느 날 그대를 만나게 되리
반갑게 그대를 만나게 되리
나 종일토록 그대를 찾아 헤매도
내 입술의 노래 마르지 않음은
날 사랑하기 때문에

나 가장 좋은 것으로
그대에게 드리고 싶네
내 눈의 눈물 마르지 않네
허물과 실패 두렵지 않음은
날 사랑하기 때문에

나 그대를 그리워하네
나의 삶을 다 드려
그대의 집에 머물고 싶네
길이 없는 곳에 길을 내심은
날 사랑하기 때문에
날 사랑하기 때문에
　　　　　-「그대를 만나게 되리」 전문

'나'는 입술이 마르지 않도록, 눈의 눈물이 마르지 않도록 그대를 사랑하고 그대를 그리워하고, 그대의 집에 머물고 싶다는 소망을 갖고 있다. 나의 이처럼 간절한 소망에 응답이라도 하듯이 그대는 길이 없는 곳에 길을 내주신다. 왜냐하면 나를 사랑하기 때문이다.

"날 사랑하기 때문에"를 두 번 반복한 것은 그만큼 그대의 나에 대한 사랑이 깊고 견고하다는 것을 확신하기 때문이다. 이때 그대는 사랑하는 어머니일 수도 있고, 신일 수도 있을 것이다. 그대는 길이 없는 곳에서도 나를 사랑하는 마음으로 길을 내어 인도하는 존재이다. 이 시에서 그대에 대한 그리움은 어머니의 사랑, 기독교적 사랑, 아가페적 사랑에 대한 확신이며, 신에 대한 절대적 귀의를 나타내는 다의성으로 해석된다.

> 한없는 기다림의 들길에서
> 마주하는 한 얼굴이 있습니다
> 언덕 위 노을 타오르면
> 달려가 안기고 싶은 날들도 지고
> 뒤돌아도 보이는 한 얼굴이 있습니다
> 노을 길게 퍼지는 언덕
> 내게 한 그루 나무가 되어 주는 사람
> 굽이 내리는 마을까지 환한 별빛이 되어
> 끝내 시린 손 비벼주는 한 얼굴이 있습니다
> 하루가 지는 창가에 걸터앉아
> 그리운 손끝, 바람으로 다가와
> 횅한 내 볼을 쓰다듬는 한 얼굴이 있습니다
> 눈을 감아도 눈을 떠도 잊혀지지 않는

내겐 그리운 한 얼굴이 있습니다
- 「한 얼굴이 있습니다」 전문

「한 얼굴이 있습니다」에서 기다림은 그리움의 또 다른 표현이다. "기다림의 들길에서/ 마주하는 한 얼굴"을 향해 "달려가 안기고 싶은" 젊은 날의 얼굴은 이젠 뒤돌아보는 추억 속의 얼굴이 되었다. 젊은 날의 기다림의 들길이 아니라 노년의 "노을 길게 퍼지는 언덕"에서 바라보는 그 얼굴은 한 그루의 나무처럼 버팀목이 되어 주는 존재로 변화했다. 그 나무는 천상적 세계와의 소통을 가능하게 하는 존재이다. 아니 이미 천상적 존재가 되어 있다. 따라서 환한 별빛으로 화자가 사는 마을로 내려와서 시린 손을 비벼주는 사랑을 베푼다. 때로는 바람으로 다가와서 그리운 손끝은 나의 횅한 볼을 쓰다듬는다. 따라서 그리운 그 얼굴은 눈을 감아도 눈을 떠도 잊히지 않는다. 이 시에서 '어머니'라는 단어는 한 번도 나오지 않는다. 하지만 시집의 서문과 연관지어 볼 때에 젊은 날부터 노년의 현재에 이르기까지 영원한 그리움의 대상인 어머니로 해석된다. 이 시는 '안기다, 비비다, 쓰다듬다'와 같은 포근한 사랑을 느낄 수 있는 촉각 이미지를 동원함으로써 그리움과 사랑을 보다 구체적으로 느낄 수 있도록 만들고 있다.

인간과 세계의 접촉은 감각에서 시작된다. 화자의 어머니와의 관계는 '안기다, 비비다, 쓰다듬다'와 같은 촉각의 감각에서 비롯되고 있다. '안기다, 비비다, 쓰다듬다'와 같은 피부감각에 의한 행위는 따뜻함, 포근함, 사랑, 안정감과 같은 감정을 불러일으킨다. 아이가 엄마와 피부를 접촉하는 행위는 촉각의 만족뿐만 아니라 정서적 안정감도 발달시킨다고 한다. 엄마는 아이가 울면 안아 주고 달래어 정서적 안정감을 준다. 인간은 스킨십을 통해 타인과 유대를 쌓고, 사람과 사람이 접촉하는 행위는 강한 애정을 동반한다. 촉각의 발달 과정에서 적당한 스킨십이 결핍되면 사춘기 이후 충동성, 공격성, 자폐적인 성향 등을 초래할 수도 있다. 이처럼 어머니와의 접촉을 '안기다, 비비다, 쓰다듬다'와 같은 스킨십으로 시작한 화자는 정서적으로 안정되고, 세계를 신뢰할 수 있는, 그리고 삶을 타나토스가 아닌 에로스를 갖고 긍정적으로 성취할 수 있는 인간으로 성장할 수 있었던 것이다.

시의 이미지는 표현상에서 추상적이고 관념적인 것을 구체화함으로써 내용을 보다 선명하게 인식하고 시적 상황을 암시하여 독자의 정서적 반응을 유발시키는 기능을 갖고 있다. 이미지는 과거 지각체험의 정신적 재현이고 기억이다. 브룩스(C Brooks)와 워렌(R. P. Warren)은 이미지는 단순히 마음의 그림(mental pictures)을 그리는 데 그치는 게 아니라 독자의 감각에 호소하는 힘을 지녔다고 강조했다. 즉 이미지는 시인의 감각을 동원하여 결국 독자의 감각에 호소하는 방식이다.

시인이 '안기다, 비비다, 쓰다듬다'와 같은 촉각적인 이미지를 동원한 이유는 어머니가 지각체험의 정신적 재현인 촉각적 감각으로 기억되었기 때문일 것이다. 어떤 의미에서 이미지는 시인 자신의 존재 방식을 알 수 있게 해주는 단서를 제공한다. 즉 어머니는 늘 시인을 안아 주고, 손을 비벼주고, 볼을 쓰다듬는 것으로 사랑을 표현했고, 그 사랑 속에서 시인은 세상을 긍정적으로 바라보며 살 수 있었고, 지금도 시인의 기억 속에 그 구체적 감각은 살아서 어머니에 대한 그리움을 환기하고 있다.

흔들린다고
단단하지 않은 건 아니다
흔들린 만큼 단단해지는 것이다
꽃도 흔들리며 피고
갈대도 목까지 누워도
다시 일어나는 것이다
청청한 소나무도 처음
여린 순 내밀고 흔들린 만큼
뿌리 깊이 내리는 것이다

내 어머니도 흔들리며 날 키우셨다
아픈 만큼 사랑하며 보듬으셨다
흔들리는 모든 것은 아프고 또 아프다
지나보면 그 아픔으로
꺾이지 않고 자라는 것이다
그러며 푸르러지는 것이다
다만 견딜만한 시간이 필요할 뿐
처음은 누구나 다
그렇게 흔들리는 것이다
그러며 꽃 피는 것이다
- 「그러며 꽃 피는 것이다」 전문

「그러며 꽃 피는 것이다」에서 시인은 세상의 모든 꽃들이 흔들리면서 피고, 갈대도, 소나무도, 그리고 "내 어머니도 흔들리며 날 키우셨다"라고 진술한다. 화자는 흔들려야 단단해지고, 흔들린 만큼 깊게 뿌리를 내린다며 세상에서 화자가 가장 사랑하고 신뢰하고 의지하는 어머니조차도 흔들리며 자신을 키우셨다고 회고한다. 흔들림은 아픔이고, 그 아픔이 있기에 나무는 꺾이지 않고 자라며 푸르러진다. 다만 그 흔들림과 아픔이 단단해지고 깊게 뿌리를 내리기 위해서는 인내라는 긴 시간이 필요하다. 즉 흔들림과 아픔을 인내하며 견딜 때에 나무는 깊게 뿌리를 내리고 자라며 푸르러지고 꽃은 아름답게 필 수 있는 것이다. 이 시는 시인 자신이 인생을 살아온 자세에 대해서 말하고 있는 것처럼 보인다. 즉 흔들림과 아픔을 인내하고 극복하여야 한 송이의 아름다운 꽃을 피울 수 있으며, 그것이 어머니가 나를 키우는 방식이었으며, 내가 세상을 살아가는 방식이라는 것이다.

《시카고 문학》 13호, 2021)

10
다양한 시 형식의 실험
- 박창호의 『당신의 계절』

박창호 시인은 2015년에 《미주 중앙일보》 신인 문학상을 통해 시인으로 등단하였다. '시카고 문인회' 이사장을 거쳐 현재 36대(2021~2022) 회장직을 수행하고 있다. 연방정부의 공무원으로 근무했던 그는 69편의 시를 모아 첫 시집 『당신의 계절』을 발간했다. 이번 시집의 특이점은 시적 형식의 측면에서 다양한 실험을 하고 있다는 점이다. 즉 자유시와 산문시와 정형시를 고루 선보이고 있다는 점이 큰 특징이다.

    인중에 남은 마지막 미소의 흔적
    가늘고 깊은 주름살 속에
    어둠처럼 스미고

충혈된 두 눈 속 자음과 모음
뒤집히고 엎질러져서
소낙비처럼 쏟아지다 그쳐버렸다

죽은 햇살 머무는 자리마다
굳어진 혓바닥
닳아지고 뒤틀린 몸통

소리 없이 땅을 기며 살아온
설움 복받쳐
분출되는 아드레날린으로
온몸 뜨겁게 달아오른다

지난날 상처 되새김질하다
견고한 쇠창살에
갇혀버린 광대

오늘도 탈을 뒤집어쓰고
웃음을 덧칠한다
　　　　　　 -「광대 - 페르소나」 전문

「광대 - 페르소나」는 형식적 분류에서 자유시이다. 광대라는 제목에다 페르소나라는 부제를 부친 까닭은 광대는 자신의 자유의지에 따라 사는 것이 아니라 탈을 뒤집어쓰고 웃음을 덧칠하며 타인지향적 삶을 산다는 의미일 것이다. 페르소나(persona)는 '외적 인격' 또는 '가면을 쓴 인격'을 뜻한다. 스위스의 심리학자이자 정신과 의사인 칼 구스

카프 융(Carl Gustav Jung)에 의하면 나(ego)는 외부세계와 관계를 맺는 한편으로 나의 마음, 즉 내부세계와 관계를 맺도록 되어 있다. 외부세계와의 관계에서 형성된 페르소나는 집단적으로 주입된 생각이나 가치관으로, 다른 사람들에게 보이는 나를 더 중요하게 생각하는 특징을 갖고 있다. 집단과의 관계를 유지하는 동안 자아는 차츰 집단정신에 동화되어 그것이 자기의 진정한 개성인 것으로 착각하는데, 이것을 자아가 페르소나와 동일시되어 있다고 말한다. 이렇게 되면 집단이 요구하는 역할에 충실히 맞추는 사람, 즉 집단이 옳다고 말하는 규범에 따라 사는 사람이 된다. 문제는 페르소나와의 동일시가 심해질 때 자아는 자신의 내적 정신세계와의 관계를 상실하게 된다. 이 시에서 '광대'는 탈을 뒤집어 쓴 광대처럼 집단 사회가 요구하는 타인지향적 삶, 자아상실의 삶을 살고 있는 인간에 대한 상징이다. 광대로서의 삶은 자신의 진정한 욕망을 소외시키며 쇠창살에 갇힌 광대처럼 탈을 뒤집어쓰고 남을 위해 웃음을 덧칠하며 사는 상처투성이의 삶을 의미한다. 시인은 광대의 타인지향적 삶에 대한 깊은 연민과 동정을 나타낸다.

이번 시집에는 「새순의 노래, 별에게」, 「등불 하나」, 「반가웠어, 윤정」, 「누군가 사랑이 향기라 하여」와 같은 4편의 산문시가 수록되어 있다. 산문시는 새로운 유형의 시라고는 할 수 없지만 박창호 시인의 경우, 산문시가 그 내용이나 작품의 완성도 면에서 다수의 자유시보다 더 뛰어나다.

당신의 가슴 밝아져 긴 어둠 속을 뚫고 나온 솜털 같은 주홍빛 등불 하나가 눈 속에 들어섰습니다 곤한 날들 타들어가는 목마른 가슴 견딜 수 없는 그리움 안고 가물거리는 당신 가슴의 등불을 향해 발을 내디디었습니다 아픔이 된 고독과 슬픔이 된 상실과 망각이라 할 허탈감을 걸쳐 매고 질긴 어둠을 헤쳐 당신이 켜신 희미한 등불을 향해 나아갔습니다 내어주신 빈 의자에 허기진 몸과 고단한 짐들을 내려놓고 가쁜 숨을 돌려 쉬며 눈꺼풀이 세상을 덮었을 때 당신이 켜두신 등불이 온몸을 휘감아 머물러 기다려 준 것을 알았습니다 처져 무너진 어깨 위의 귓속으로 둘려오는 소리 친구라 불러주는 교향시의 하모니로 배를 채우니 허기져 까무러진 눈꺼풀은 연두색 그리운 낙엽의 심정으로 당신의 속삭임을 듣습니다 허탈한 것과 견딜 수 없었던 그리움과 아픔이 모여 당신이 켜두신 등불을 향하는 발이 되었다는 것을 이제야 비로소 알게 되었습니다.

- 「등불 하나」 전문
(이해인 시인의 「그대 오는 길 등불 밝히고」에 답하여 쓴 시)

산문시 「등불 하나」는 이해인 시인의 「그대 오는 길 등불 밝히고」에 답하여 쓴 시라고 시인 스스로 밝히고 있다. 그러니까 박창호의 시 「등불 하나」는 일종의 패러디시인 셈이다. 그러면 이해인 수녀가 쓴 「그대 오는 길 등불 밝히고」가 어떤 시인가를 먼저 살펴본 후 두 시 사이의 상관관계를 논의해 보자.

　　내 가슴 깊은 곳에
　　그리운 등불 하나
　　켜 놓겠습니다

사랑하는 그대
언제든지 내가 그립걸랑
그 등불 향해 오십시오

오늘처럼 하늘 빛 따라
슬픔이 몰려오는 날
그대 내게로 오십시오

나 그대 위해
기쁨이 되어드리겠습니다

삶에 지쳐
어깨가 무겁게 느껴지는 날
그대 내게로 오십시오

나 그대 위해
빈 의자가 되어드리겠습니다

가슴이 허전해
함께할 친구가 필요한 날
그대 내게로 오십시오

고운 향내 전하는
바람으로 오십시오

그리고
그대 내게 오시기 전

갈색 그리운 낙엽으로
먼저 오십시오

나 오늘도 그대 향한
그리운 등불 하나
켜 놓겠습니다
    – 이해인의 「그대 오는 길 등불 밝히고」 전문

이해인 수녀의 시는 산문시가 아니라 자유시이다. 시의 화자는 사랑하는 그대를 위해 가슴속 깊은 곳에 등불을 켜놓겠다고 말한다. 그러니 언제든지 자신이 그리울 때 찾아오라는 것이다. 그러면 사랑하는 그대가 어떤 상태일 때에 그 등불은 필요한가? 시에서 화자는 그대가 슬퍼 위로와 기쁨이 필요할 때, 사람에 지쳐 휴식이 필요할 때에 빈 의자처럼 휴식을 제공하겠다고 한다. 그리고 가슴이 허전하여 함께할 친구가 필요할 때에도 친구가 되어주겠다고도 한다. 말하자면 슬프고 지치고 외로운 그대를 위하여 화자는 언제든 등불과도 같은 존재, 친구와도 같은 존재가 되겠다는 것이다. 그런데 올 때에 바람으로, 그리운 낙엽으로 오라는 뜻은 자신에게 오는 그 길이 너무 어렵지 않게 자연스럽게 주저하지 말고 바람처럼 낙엽처럼 가볍게 오라는 뜻일 것이다. 시의 화자가 보여준 헌신의 자세는 인간 대 인간의 관계라기보다는 인간을 향한 신의 아가페적인 사랑의 자세라고 할 수 있을 것이다. 이해인 시인이 수녀라는 점에서 시는 보다 설득력 있게 독자에게 다가온다.

박창호의 「등불 하나」는 원본인 이해인의 「그대 오는 길 등불 밝히고」가 간결한 자유시 형식인데 반해 산문시로 변형시켰다. 산문의 줄글 형태로 시 형식을 바꾼 것은 화자의 심경을 보다 구체적으로 드러내는 데에는 산문이 보다 효과적이라 판단했기 때문일 것이다. 의미면에서 '슬프고 지치고 외로운 그대를 위하여 나는 언제든 등불과도 같은 존재가 되겠다'는 원본에 대해 그 등불의 인도를 충실히 따르겠다는 다짐을 「등불 하나」는 보여준다.

박창호의 「등불 하나」가 이해인의 「그대 오는 길 등불 밝히고」를 원본으로 한 패러디시라는 점에서는 논란의 여지가 없다. 패러디(parody)는 단순한 모방이 아니고, 창조적이고 비판적인 모방이다. 하지만 박창호의 시는 이해인 시에 대한 일종의 응답 시로서 단순 모방이다. 패러디는 대상이 된 작품과 패러디를 한 작품이 모두 새로운 의미를 가지게 된다는 점에서 표절과는 구분된다. 「등불 하나」가 창조적 비판적 모방으로 나아가지 않은 이유는 이해인 시인과 박창호 시인 사이에 종교적 태도나 신념을 공유하고 있기 때문이다. 즉 비판이나 풍자가 필요 없었던 탓이다.

박창호의 「등불 하나」의 화자는 이해인의 「그대 오는 길 등불 밝히고」의 화자가 제시한 길을 순순히 따라가서 이해인 시의 화자가 제공하는 위로와 휴식을 느끼며 감사하다고 화답했다. '당신은 나에게 등불 같은 존재가 되겠다'고 했는데, 그 등불에 다가가 보았을 때의 나의 심경은 '이렇다'이다. 두 시 사이에는 종교적 커뮤니케이션이 아주 적절히 이루어지고 있다. 즉 절대자에 의지하고 귀의하는 자세를 그대로 순순히 받아들이겠다는 종교적 태도로 인해 비판적 패러디는 필요가 없어진 것이다.

패러디가 제대로 성립하려면 작가와 독자 모두가 잘 알고 있는 작품이어야 한다. 즉 작가가 원본이 되는 대상 작품의 주제, 기법, 배경 등을 확실히 알고 있어야 한다. 또한 패러디라는 사실을 독자가 알아야 하기 때문에 널리 알려진 작품을 대상으로 패러디 하는 것이 유리하다. 그 점에서 박창호 시인은 이해인이라는 베스트셀러 시인, 한국의 국민시인의 작품을 대상으로 패러디 시를 쓴 점에서 성공적이다. 즉 원본의 친근한 이미지를 이용하여 자신의 시에서 전달 효과를 극대화시켰다고 할 수 있다.

시의 형식적 유형은 정형시, 자유시, 산문시로 구분된다. 산문시(prose verse)는 산문으로 된 시를 지칭하는 개념이다. 산문시가 산문과 다른 것은 산문에는 잘 나타나지 않는 형태상의 긴장과 운율이 발견되고 서정적인 내용을 강하게 전달한다는 점이다. 박창호의 산문시도 산문 형태의 줄글로 썼고, 외형적인 운율을 취하지 않았음에도 시적 긴장과 운율이 적절히 유지되면서도 시적 서정성 역시 강하게 환기하고 있다는 점에서 성공적이라고 할 수 있다.

시집의 해설을 쓴 김완하 교수는 "박창호 시인의 시는 크게 장르와 형식적으로도 특성이 두드러진다. 그것은 산문시와 시조의 형식이 공존하고 있다는 점이다. 이러한 사실은 그의 시세계가 전통적인 시조와 함께 하면서도 산문시에 대한 새로운 탐구를 시도함으로써 그의 시는 다양성을 간직하고 있다"라고 언급한 바 있다.

김완하 교수는 산문시와 시조만을 언급하였으나 박 시인의 시집에서 또 하나의 새로운 형식적 시도는 「수유」라는 10음절 13행의 3음보 율격의 시 형식에 있다 할 수 있다. 필자에게는 「수유」라는 시의 형식이 산문시나 시조의 행 변형보다 더 새로운 시도로 보이며 관심이 간다. 다만 단 한 편의 시만을 선보이고 있어 이것을 과연 새로운 시도의 하나로 평가할 수 있을 것인지의 여부는 앞으로 더 지켜볼 일이다. 하지만 시인이 이와 같은 새로운 형식적 시도를 계속하여 하나의 고정된 시 형식으로 정착시켜 나간다면 매우 유의미한 성과를 거둘 수도 있을 것이다. 마치 하나의 등대처럼 우뚝 선 시각적 형태를 보이는 「수유」는 시의 마지막 행인 "홀로 서는 외로움의 등대"와 상응한다.

별이 사랑이던 바로 그 밤
당신이 자리하신 그곳이
나의 날과 시간의 첫걸음
아직도 가슴은 그 모태를
떠나지 못해서 울음 울고
봉긋한 밥상이던 향연은
선물이 된 평안과 그리움
강보에 갇히던 젖비린내
해진 날들 껍질의 소독제
존재의 초성 울어 젖힘이
깊어간 인생의 숲이 되고
잠자리 떠나지 않던 숨결
홀로 서는 외로움의 등대
- 「수유」 전문

우리나라의 전형적인 정형시는 기본적으로는 3행시(3장 6구, 45자 내외)이다. 일본의 하이쿠는 5·7·5의 17음$_音$형식의 1행시이다. 우리나라의 김양식 시인은 "진실은 길가에 구르는 돌 속에 숨어 있고/ 들판에 피어 있는 꽃 속에 숨어 있다"(「진실은」), 또는 "지금 나는 빈 하늘을 생각하네/ 생각은 거기 스미어 흔적도 벌써 없네"(「지금 나는」)와 같은 2행시를 그녀의 제8시집 『하늘 먼 자락에 구름 날리면』(2009)에서 시도한 바 있다. 그리고 서양의 소네트(sonnet)는 14행시이다. 그런데 박창호 시인이 13행시를 시도한 것이다. 그것도 1행이 10음절로 된 시를 선보였다.

모든 예술은 남과 다른 개성을 요구하고, 기존의 것을 내용적인 면에서나 형식적인 면에서 전복하는 독창성을 요구한다고 할 때에 박창호의 시는 단연 시적 내용보다는 형식면에서 남과 다른 차별화의 시도라는 개성적 가치를 획득하고 있다. 즉 산문시, 정형시인 시조의 변형, 그리고 10음절 13행시 등 다양한 시도가 이루어진 것이다. 이 가운데서 산문시는 이미 잘 알려진 형식이고, 시조 행 배치의 다변화도 그가 처음 시도한 독창적인 것은 아니다. 하지만 10음절로 된 13행시는 지금까지 전혀 보지 못한 새로운 형식으로서, 정형시와 산문시의 중간적 성격을 띠고 있다. 어떤 의도에서 이러한 형식적 시도를 한 것인지 기회가 되면 묻고 싶다.

이번 시집에서 형식적 측면에서 주목되는 한 현상은 정형시인 시조의 다양한 행 변형이다. 시인은 행의 다양한 변형을 통하여 3행시의 정형성을 탈피하여 시각적인 새로움을 추구한다. 정형시는 일정한 율격이나 운에 대한 규제가 전제되고, 여기에 의미가 결합되어 창작된 시 형식이다. 시조는 3·4조의 음수율을 가지고 3장 6구, 45자 안팎으로 이루어져 있으며 4음보의 율격을 갖고 있다. 자수는 시조마다 1,

2자 차이가 있을 수 있지만 종장 첫째 구만은 3음절을 반드시 지켜야 하는 3행의 정형시로서, 초장 3·4 ∨ 4·4/ 중장 3·4 ∨ 4·4/ 종장 3·5 ∨ 4·3을 기본형으로 한다.

> 흐려진 실상으로 읽을 수 없던 글들
> 깨끗한 모습으로 드러난 제 모습들
>
> 옮겨온 초점 거리에
>
> 허상으로
>
> 맺힌
> 진실
>
> 　　　　　　－「안경」 전문

「안경」의 초장과 중장은 각각 1행으로 전통적 형식을 지키되 종장을 3연 4행으로, 총 4연 6행시로의 변화를 도모하고 있다. 이러한 시도를 한 이유는 안경을 쓰기 전과 후의 시각적 선명도의 차이를 시각적으로 보여주기 위한 것이라 할 수 있다.

> 기다려 목이 메인 꽃대의 울음인가
>
> 그리다 스러져간
> 꽃잎의
> 슬픔인가

바람에 속삭인 고백

사랑이라

전
하
네
　　－「꽃무릇」 전문

「꽃무릇」은 초장만을 1행으로 적고, 중장은 3행으로, 종장은 2연 5행으로 적는 변화를 시도했다. 총 4연 9행으로 변화시킨 의도는 아마도 꽃무릇의 긴 꽃대를 시각적으로 보여주기 위한 것이라고 할 수 있다. 즉 행의 배치를 통해 시각적으로 꽃무릇의 형태적 특징을 독자에게 전달하고자 한 의도가 아닐까 생각한다.

가슴에 어둠 지고 설움에 복받쳐도

아플수록 더 깊고

슬플수록
더 맑아

어둠에 밝아오는 빛

등불 하나

네
눈길
　　　　-「눈길」 전문

「눈길」에서 초장은 1행으로, 중장은 2연 3행으로, 종장은 3연 4행으로, 즉 총 6연 8행으로 적는 변화를 보여주었다. 그리고 이것은 아플수록 더 깊은 등불 같은 눈길을 시각적으로 암시하는 데 보다 효과적이었다고 생각한다.

　이처럼 박창호 시인은 시조 전문시인이 아닌데도 시조의 형식을 자유자재로 변형시킴으로써 시적 내용을 시각적으로 더 돋보이도록 행과 연을 배치하며 시적 효과를 극대화하고 있다. 시의 내용에 적합한 형식적 변화를 선택한 시인의 역량이 주목되며, 앞으로 크게 기대된다.

　박창호 시인은 첫 시집 『당신의 계절』에서 자유시와 정형시, 그리고 산문시를 넘나드는 자유자재의 다양한 형식적 시도를 통해 시의 새로운 차원을 개척한 시인으로 평가받을 수 있을 것이다. 그 점이 다른 시인들과 차별화되는 개성과 독창성이다.

　　　　　　　　　　　　　　　《시카고문학》 13호, 2021》

11
우주적 감성, 그리고 하느님과의 소통
 - 고미자의 『시카고의 0시』

고(백)미자 시인은 전남 목포 출생으로, 2006년에 《순수문학》을 통해 시인으로 등단했다. 그리고 2017년과 2018년에 시카고 문학상을 수상했다. 70편의 시를 수록하고 있는 『시카고의 0시』는 그의 첫 시집이다.

시집의 첫머리에 실린 「친구여 길 떠날까」라는 시는 시인이 추구하고자 하는 시의 좌표를 잘 설정해 주고 있다.

친구여 우리
길 떠날까 이런 날은
서성이는 구름 한 점 불러다
바람의 붓으로 풍경화 한 폭 그려
생각의 폴더에 저장하고

투 메가바이트 메모리 칩 챙겨
어디든 어느 곳이든 지구의 벼랑 끝
우주 정거장까지 떠날까

초대장도 여벌옷도 여권이나
비행기표 기차표 통장도
신용카드도
운전면허증도 없이

엑스선 투시도 하지 않고
국적이 어디냐 묻지도 않는
국경과 인종도 초월한
우주의 언어를 만나러 가자

가끔은 우리 영혼에도 쉼표를 찍어
녹슨 생각을 거두어내자
희디흰 파도에 생각 싣고
떠나자 어디든지
어느 곳이든지

　　　　　　　－「친구여 길 떠날까」 전문

　이 시의 화자는 어느 날 친구에게 아무런 준비도 없이 무작정 길을 떠나자고 청유형으로 진술한다. 화자는 "어디든 어느 곳이든 지구의 벼랑 끝/ 우주 정거장까지 떠날까"라고 말하고 있지만 정작 그가 가고 싶은 곳은 "어디든 어느 곳이든"과 같이 좌표도 설정되지 않은 아무 곳은 아니다. 그가 가고 싶은 곳은 이미 정해져 있다. 그곳은 지구의 벼랑 끝에 존재하는 우주 정거장과 같은 곳이다. 그가 가고 싶은 그곳은 지상적 삶과 경계와 조건을 뛰어넘어 존재하는 장소이다. 그곳은 "초대장도 여벌옷도 여권이나/ 비행기표 기차표 통장도/ 신용카드도/ 운전면허증도 없이", 즉 실제 여행에 필요한 그 어떤 현실적인 조건도 필요 없는, 다시 말해 지상적 원리가 전혀 작동하지 않는 곳이다. 그리고 그곳에 들어가는 데에는 공항의 엑스선 투시도, 출입국수속도 필요 없다. 그곳은 국경과 인종을 초월한 곳으로서 언어마저도 한 나라나 인종에 국한된 언어가 아니라 우주적 언어를 사용하는 곳이다. 그러면 그곳에 가서 화자는 무엇을 하고 싶은 것일까. 시의 마지막 연에서 화자는 "가끔은 우리 영혼에도 쉼표를 찍어/ 녹슨 생각을 거두어내자"와 같은 일을 그곳에서 하고 싶다. 그것이 길을 떠나는 궁극적 목적이다.

시인에게 시를 쓰는 일은 '영혼에 쉼표를 찍어 녹슨 생각을 거두어내'는 일과 같다. 시인은 지상에서 살아가기 위해 필요한 모든 것들로부터 벗어난 우주적 공간에서 영혼에 쉼표를 찍어 녹슨 생각을 거두어내는 시를 쓰고 싶은 것이다. 그때 사용하는 언어는 국경이나 인종을 초월한 우주적인 언어이다. 우주적 언어는 어느 나라 어느 인종에게도 소통되는 언어이다. 작품 해설을 쓴 평론가 송기한 교수는 "우주의 언어란 시원의 언어 혹은 태초의 언어와 같은 성격을 갖는다"라고 했다. 즉 시인은 우주적 언어로 지상을 초월한 우주적 감성을 표현한 시를 쓰고 싶은 열망을 시에서 표출한 것이다. 화자의 말은 외부의 청자에게 건네는 것 같지만 그 청자는 외부의 친구처럼 생각되지는 않는다. 그 청자는 바로 화자의 내부에 존재하는 자아처럼 여겨진다. 즉 자기 자신에게 다짐이라도 하는 듯한 내적 독백으로 들리는 것이다. 즉 시인이 쓰고 싶은 시란 어떤 것인가에 대한 좌표를 이 시는 잘 보여주고 있다.

    시인의 마음은
    장엄한 우주와 하나
    그 숨결에 혼을 적신다

    구름이고 비바람
    한 그루 나무요
    한 송이 꽃

    날개 퍼덕이며 깃을 펴고
    창공을 나는 한 마리 새가 되어
    산 넘고 바다 건너 국경을 넘는다

    (중략)

    풀숲 적시는 영롱한 아침 이슬
    한줄기 빛 되려
    우주의 기운에 시린 혼을 적신다
                       -「시인의 혼」 전문

「시인의 혼」에서도 시인은 우주적 지향의식을 갖는다. 제1연에서 시인은 "시인의 마음은/ 장엄한 우주와 하나"라며 "그 숨결에 혼을 적신다"라고 진술한다. 마지막 연에서도 "우주의 기운에 시린 혼을 적신다"처럼 진술한다. 장엄한 우주와 통합되고 싶은 시적 자아는 원하는 통합을 위해 한 마리 새가 되어 "산 넘고 바다 건너 국경을 넘는다". 시인이 지향하는 우주는 산을 넘고, 바다를 건너고, 국경을 넘어야 하는 먼 곳에 존재한다. 따라서 시적 자아는 "창공을 나는 한 마리 새가 되어" 자유롭게 현실적 한계와 공간적 제약을 뛰어넘고자 한다. 즉 현실의 얽매임에서 벗어나고 모든 제약을 초월하여 우주적 교감을 표현한 시를 쓰고 싶은 것이다.

산다는 것
숨을 쉰다는 것은
환희와 눈물의 조각
즐거움과 아픔의 조각들

한층 또 한층
우주의 공간에 쌓아 올리는
사다리 만드는 일이리
발맞춤 하듯 그렇게
철길처럼 나란히

미세한 바람에도
사다리는 흔들린다

산다는 것은
흔들거리는 사다리 위에서
위태롭게 춤을 추는 것
두려워 떨며

추는 춤
-「위태로운 춤」 전문

　이 시의 화자에게 숨을 쉰다는 것, 즉 산다는 일은 결코 쉽지 않다. "환희와 눈물의 조각/ 즐거움과 아픔의 조각들"이 철길처럼 평행선을 긋는 것이 지상적 삶이다. 그나마 다행인 것은 환희와 슬픔(눈물), 즐거움과 아픔이라는 서로 공존할 수 없는 상반된 감정들이 평행선을 긋듯이 공존한다는 것이다. 즉 환희와 즐거움 또는 눈물과 아픔 어느 한쪽에만 편향되지 않는 균형을 이룬 것이 다행이라고나 할까.
　따라서 화자는 "한층 또 한층/ 우주의 공간에 쌓아 올리는/ 사닥다리 만드는 일이리"처럼 지상적 삶을 우주적 삶으로 올라가기 위해 한 층 한 층 쌓아가는 사다리로 여기며 현실의 눈물과 아픔들을 견디며 살아간다. 우주적 삶에 대한 동경은 바로 고미자 시인이 믿는 가톨릭 신앙과 연결되어 있다. 하지만 유혹에 쉽게 흔들리는 인간에게 신앙적 삶은 확고부동하기보다는 늘 위태롭고 불안하다. 마치 삶은 "미세한 바람에도/ 사닥다리는 흔들린다// 산다는 것은/ 흔들거리는 사닥다리 위에서/ 위태롭게 춤을 추는 것/ 두려워 떨며/ 추는 춤"처럼 불안하다. 이 시가 인간적 진실을 표현할 수 있었던 것은 '흔들린다'는 사실을 솔직하게 고백했기 때문이다. 그리고 삶이 사닥다리 위에서 춤을 추는 것처럼 늘 두렵고 위태롭다는 것을 인식했기 때문이다. 화자가 고백하고 있는 두려움과 위태로움은 언제 자신의 신앙이 유혹으로 흔들릴지도 모르며, 천상적 삶을 동경하지만 지상적 삶으로 어느 순간 추락할지도 모른다는 불안의식과 위기의식에서 기인한다. 하지만 화자가 위태롭다는 인식을 갖는다는 것 그 자체가 이미 균형을 위해 노력하고 있다는 증거라고 할 수 있을 것이다.

> 오로라, 우주의 숨결
> 잠시 숨 고르며
> 펌프질하는 심장에
> 쉼표, 찍는다
>
> 아직 본 적 없고 만난 적도 없다
> 빛의 대 서사시
> 꿈속에서나마 그려본다
>
> 나의 영혼 초록으로 물든다
> 보라로 푸름으로 물든다
> 경이로움에 내 가슴은 뛰놀고 있다
> 　　　　　　 - 「오로라」 전문

　시 「오로라」는 우주의 숨결을 느끼게 해주는 시적 대상이다. 우주의 세계는 "아직 본 적 없고 만난 적도 없다"라고 했듯이 아직 신비의 세계이다. 다만 오로라가 그 숨결이나마 느끼게 해줄 뿐이다. 그러나 화자는 오로라를 보는 것만으로도 벌써 심장이 뛰는 설렘을 느끼며, 영혼이 초록이나 보랏빛으로 물드는 신비로운 경이를 느낀다.

> 하늘 저편에
> 무지개 걸어놓고 하늘정원 만드시어

꽃구름 걸어놓고 온갖 새를 부르시는
하느님 당신은 우주의 디자이너

흙과 자갈 고르시어
생명나무 심으시고 은총으로 적시우며
말씀으로 키우시어 꽃과 열매 풍성하네

잠든 영혼 깨우시고 병든 영혼 고치시고
지친 영혼 일으키어 힘주시며
하늘과 땅의 징검다리 놓으시는
당신은 온유하신 우주의 주인

계절마다 물감 풀어 산과 들녘 새 옷 주며
엄동설한 나무들엔 투명한 옷 입히시니
경이로운 선물이여 놀라워라 하시는 일

절기 따라 시간마다 순간마다
우주의 프레임에 바꿔 끼우시니
살아 숨 쉬는 모든 만물 당신의 작품
당신은 영원하신 우주의 디자이너
　　　　　　　　 -「우주의 디자이너」 전문

「우주의 디자이너」라는 시에서 비로소 시인이 꿈꾸는 '우주'라는 이상적 세계를 관장하는 주체가 시인이 신앙하는 종교의 '하느님'이라는 것이 밝혀진다. 시인은 가톨릭에 대한 신앙심이 깊다. 하느님이야말로 살아 숨 쉬는 모든 우주만물을 디자인하는 주체이다. 그는 하늘 저편에 무지개를 걸어놓고 하늘정원을 만들거나 꽃구름을 걸어놓고 온갖 새를 불러들이는 존재이다. 흙과 자갈을 골라 생명나무를 심고 은총으로 적시우고 말씀으로 키워 꽃과 열매를 풍부하게 만드는 존재이기도 하다. 어디 그뿐인가? 인간의 잠든 영혼을 깨우고, 병든 영혼을 고치고, 지친 영혼을 일으켜 힘을 주며, 하늘과 땅의 징검다리를 놓는 온유한 우주의 주인이다. 그리고 계절의 변화를 일으켜 인간에게 경이로운 선물을 안겨주는 놀라운 존재이다. 절기 따라 시간마다 순간마다 산과 들을 우주의 프레임에 바꿔 끼우는 존재도 바로 하느님이다. 한마디로 그는 우주를 설계한 영원한 디자이너이다. 왜 시인이 그토록 우주에 대한 지향의식을 갖고, 그 세계에 깊게 경도되었는지 알게 해주는 시이다.

안개가 걷히듯 어두움이 걷히며
새벽이 마중 옵니다.
맑디맑은 미소 머금고

구름을 헤치고 햇살이 비치듯
새싹이 어두운 흙을 뚫고 나오듯
육신 속에 감싸였던 영이 고개를 듭니다.

허물 속의 삶이 부끄러운 통곡 되어 흐르고
마음 가득 부어주신 당신 얼에
영혼은 환희로 빛나옵니다.

보호자이시며 아버지이신 주 하느님

병아리가 어미의 날개 밑에 모이듯
작은 영혼들은 당신 안에 모여듭니다.
　　　-「새벽이 마중 옵니다」 전문

「새벽이 마중 옵니다」에서 화자는 하느님은 "안개가 걷히듯 어두움이 걷히며" 맑디맑은 미소를 머금게 하고, "구름을 헤치고 햇살이 비치듯/ 새싹이 어두운 흙을 뚫고 나오듯" "육신 속에 감싸였던 영이 고개를" 들게 하는 존재라고 진술한다. 또한 하느님은 허물 속의 삶을 부끄럽게 여기며 참회로 통곡하게 하여 영혼을 환희로 빛나게 하는 존재이다. 즉 보호자이자 아버지와 같은 존재이다. 따라서 그 하느님 앞에 병아리가 어미의 날개 밑에 모이듯이 작은 영혼들이 모여든다는 것이다. 그래서 하느님의 사랑과 자비심으로 화자의 삶은 "광활한 우주 속/ 물 한 모금의 사랑/ 바람 한 오라기 자비심에/ 삶은 더 풍요하리"(「선물」 부분)처럼 풍요롭게 변화된다.

《시카고문학》 13호, 2021)

12
자기 치유와 자아 성찰의 시
- 송인자의 『시는 노예다』

    송인자는 대전 출생으로, 1975년에 미국 시카고로 이민하여 연방공무원으로 우체국에 근무하다 2013년에 은퇴했고, 2014년에 《서울문학》 제62회 시 부문 신인상에 당선됨으로써 시인으로 등단했다. 2019년에 경희사이버대 미디어문예창작학과에 입학하여 현재 수학 중에 있다.
    『시는 노예다』는 송인자의 첫 시집으로 70편의 시를 수록하고 있다. 시인은 '머리말'에서 "낯선 외국인들 틈에 끼어 힘든 일을 견디며, 쉬는 시간마다 시를 쓰고 스스로를 위로하고 달래며 친구가 되어주던 글들을 모아 한 권의 시집을 냅니다"라고 자신에게 시를 쓰는 일이 어떤 의미를 갖는가를 밝힌다. 즉 자신에게 시는 이민자로서 낯선 미국 사회에서 힘든 일상을 견디게 해주고 위로가 되어 주는 친구와도 같은 존재라는 것이다.

강물이여!
슬픔과 괴로움 깊은 속사정까지도 들어주고 품어줄 것 같은
넓은 바다로 묵묵히 흘러 보내는 그대에게 위로받고 싶습니다
말없이 들어주고 조용히 침묵을 지켜주는 당신에게

감추인 밑바닥 수면 위로 떠올라 자책하며 몇 날 며칠을
날밤 새워 가며 고통의 몸부림을 다 쏟아 버린다 해도
부담스럽지 않을 것 같은 안식이 있기에
못난 나를 씻기어, 목청껏 소리 질러 흘러 떠나보내고
차분히 흐르는 그대를 바라보며 위안을 받고 싶습니다

롱펠로 강물이여 시를 읊조리며
고마운 강물이여!
보잘것없는 나를 돌아볼 수 있는 기회를 교훈을 준 정다운 당신,
당신의 넓은 마음을 감히 따라갈 수 없어 흉내 내기조차 어렵더라도

그것 작시마저도 품어 줄 수 있는
자유롭게 평안을 주는 그대
강물이고 싶습니다.
　　　　　　　　　　　　　　－「강물이고 싶어라」 전문

「강물이고 싶어라」라는 시에서 '강물'이란 메타포(metaphor)는 바로 자신이 쓰는 '시'를 의미한다. 넓은 바다로 묵묵히 흘러가는 강물처럼 시는 "슬픔과 괴로움 깊은 속사정까지도 들어주고 품어"줄 뿐만 아니라 "말없이 들어주고 조용히 침묵을 지켜"준다. 화자는 "못난 나를 씻기어, 목청껏 소리 질러 흘러 떠나보내고/ 차분히 흐르는 그대를 바라

보며 위안을 받고 싶습니다"라고 자신이 쓰는 시를 통해 위안을 얻고자 한다. 침묵하며 넓은 바다로 묵묵히 흘러가는 강물은 포용과 카타르시스와 위안을 넘어서서 나를 성찰할 수 있도록 만들어 준다. 화자의 진정한 바람은 강물과 같은 치유의 시를 쓰고 싶다는 것이다. 그 치유는 자기 치유를 넘어서서 시를 읽는 독자에게도 치유를 줄 수 있을 것이다.

> 인간은 누구나
> 사랑받기를 원하며
> 존경받기를 원한다
> 그러기에
> 자기 자신을 사랑할 줄 알아야 다른 사람도
> 사랑할 줄 안다고들 말한다
> 때로는
> 이기적인 성격인 줄 알면서
> 그 본질을 착각하며 잊고 살아갈 때가 있다
> 자책에 괴로울 때
> 거울 앞에 자기 얼굴을 비춰본다
>
> 내가 다른 사람을 천대하고 미워했을 때
> 나 자신이 아름답지 않다고 스스로 느낀다
>
> 내가 다른 사람을 사랑할 때에는
> 나는 지금 나 자신을 사랑하고 있음을 안다
> 내가 다른 사람을 존경하고 있을 때는
> 나는 나 자신이 겸손해진다

나의 걸음걸음 몸짓 하나하나 거울 속에 드러나
마음과 행동은 거울 속을 훤히 비춘다
　　　-「나를 거울에 비추어 본다」 전문

「나를 거울에 비추어 본다」에서 '거울'은 자아 성찰의 메타포다. '자아 성찰'이란 단순히 뭔가를 반성하고 뉘우친다는 의미를 넘어서서 타인과의 비교를 통해 자신의 내면을 들여다보고 스스로에게 질문을 던지고, 잘못된 점이 있으면 이를 인정하고 받아들이며 반성한다는 의미이다. 따라서 화자는 "자책에 괴로울 때/ 거울 앞에 자기 얼굴을 비춰 본다." 왜냐하면 거울은 정직하게 자신을 비추어주기 때문이다. 자책이란 무엇인가? 자신의 결함이나 잘못에 대하여 스스로 깊이 뉘우치고 자신을 책망한다는 뜻이다. 자책은 자신의 도덕적 잘못에 대한 인식에서 나오는 죄책감과 관련되어 있다. 또한 자신이 다른 사람들의 이상에 따라 행동하지 못했다는 수치심과도 관련되어 있다. 인간은 도덕적 규범을 어길 때는 죄책감을 경험하고, 개인적 이상에 따라 행동하지 못했을 때는 수치심을 느낀다. 죄책감과 수치심은 자신을 평가할 내적 기준인 양심이나 정신분석학에서 말하는 슈퍼에고를 가지고 있어야 나올 수 있는 감정이다. 화자는 남보다 강한 슈퍼에고를 갖고 있다. 거울은 말하자면 슈퍼에고의 객관적 상관물이다. 따라서 "내가 다른 사람을 천대하고 미워했을 때" 바라본 거울은 "나 자신이 아름답지 않다고 스스로 느낀다"처럼 자신을 냉정하게 객관화한다. 거울은 겉으로 드러나는 나의 걸음걸음 몸짓 하나하나뿐만 아니라 보이지 않는 마음까지도 훤히 비춰주기에 화자는 자기성찰이 필요할 때마다 거울 앞에

선다. 그 결과 얻은 깨달음은 인간은 누구나 사랑받기를 원하며, 존경받기를 원하는 존재라는 것이다. 즉 내가 남으로부터 사랑받고 존경받기를 원하듯이 나도 남을 사랑하고 존경해야만 한다는 것이다. 이처럼 거울은 화자에게 깨달음과 깨우침을 주는 존재이다. 거울을 통해서 얻은 자아 성찰의 궁극적 목표는 바로 인격적 성숙일 것이다.

송인자의 시 「나를 거울에 비추어 본다」는 윤동주의 시 「자화상」이나 「참회록」과 동일한 발상법을 취하고 있다. 윤동주는 「자화상」에서 "산모퉁이를 돌아 논가 외딴 우물을 홀로 찾아가선 가만히 들여다봅니다"라고 우물을 들여다보다가 "그리고 한 사나이가 있습니다./ 어쩐지 그 사나이가 미워져 돌아갑니다"처럼 우물 속에서 발견한 자신의 모습에 미움을 느낀다. 이때 '우물'은 거울이란 메타포의 변용이다. 그리고 미움은 자기혐오라기보다는 부끄러움이나 수치심과 같은 감정에 가깝다. 윤동주는 「참회록」에서는 직접적으로 '거울'이란 메타포를 사용함으로써 한층 더 심화되고 고조된 자아 성찰을 보여주고 있다. 「참회록」은 내면적 자아 성찰을 넘어서서 참회하는 자아의 모습을 그려낸다. 즉 화자는 매일 밤 구리 '거울'을 닦고 닦으며 한층 더 투철하고 심화된 자아 성찰을 시도하는데, 성찰의 결과는 자기의 잘못에 대하여 깊이 뉘우치는 참회로 이어진다. 「참회록」에서 거울의 이미지는 외적 반영을 넘어서서 내적 반영, 자아 탐구, 또는 자아 성찰이라는 의미로 상징화되어 나타났다. 즉 거울에 비추어진 자아의 모습을 통해 부끄러움과 죄의식을 느끼며 참회한다.

송인자의 시 「나를 거울에 비추어 본다」는 제목부터 시적이기보다는 서술적이다. 서술성을 벗어나 시적 간결성과 함축성 면에서 좀 더

세련성을 기한다면 보다 좋을 것이다.

> 나는 변해야 한다
> 열병을 토해낼 때
> 입술의 경련의 떨림은 목선을 타고
> 심호흡을 할 때마다
> 점점 작아지는 자신을 내려다본다
>
> 자만심을 내려놓고 낮아져 작은 글들의
> 문장 속으로 들어가 성실하게 변해야 한다
> 예리한 펜촉 무기의 손 떨림의 흥이
> 내 안에 잠재해 있다
> 진정한 성숙은 자신을 잃지 않는 것
> 결코 포기하지 않는 것이다
> 　　　　　　　 -「변해야 한다」 부분

「변해야 한다」에서도 시인은 자아 성찰의 예리한 칼날을 자신과 자신이 쓴 시를 향해 들이댄다. "점점 작아지는 자신을 내려다본다"에서 자신(자아)를 내려다보는 주체는 바로 슈퍼에고(초자아)이다. 강력한 초자아의 지배하에 자아는 점점 위축되지만 시적 자아가 추구하는 변화의 궁극적 목표는 자만심을 내려놓고 겸손해지는 것이다. 즉 진정한 인격적 성숙이다. 그리고 이러한 인격적 성숙이 자신이 쓴 시에도 반영되기를 시인은 소망한다.

> 스스로 고통의 텃밭을

응시하고 있음은
힘든 영혼을 파고 또 파며

땀방울이 가슴에 맺히어
정신이 번쩍 든 것이다
　　　-「평안의 텃밭을 만든다 2」부분

　시의 제1연 "스스로 고통의 텃밭을/ 응시하고 있음은/ 힘든 영혼을 파고 또 파며"에서 진술하고 있는 의미도 바로 자아 성찰이다. 끊임없는 자아 성찰은 고통의 텃밭을 만든다. 즉 높은 도덕적 기준, 즉 슈퍼에고를 갖고 자아를 응시할 때 영혼을 파고드는 괴로움과 고통이 뒤따른다. 사르트르의 개념에 따른다면 '응시'는 문구멍으로 안을 몰래 들여다볼 때 두려움이 느껴지는 순간처럼 늘 타자가 나를 지켜보고 있다는 가능성을 말한 것이다. 이처럼 타자는 나처럼 주체이고, 그렇게 나와 연결되어 있다. 주체는 타자가 자신을 바라보고 있음에 놀라고 수치심을 느끼고 그 자체가 된다. 그리고 그때 고통이 뒤따른다.

　　암흑 속을 헤치고 선두로 전쟁터의 영웅처럼
　　깊은 고뇌의 무리를 몰고 나타났다
　　창과 벽에 북을 치며 달려들고
　　의자가 끌려 다니다 나동그라지는 소리에 놀라
　　한밤에 밖에서 일어나는 상황을 예의 주시한다
　　나뭇가지가 사정없이 휘청거리고
　　흩어진 잎들이 못 견디다 이리저리 방황을 하겠지

이런 상황에 지금 무슨 생각을 하고 있는 걸까
나는 주님의 말씀으로 무장하고 있다
어지럽고 시끄러운 악의 세상으로부터
분리되어 보호받으며

나는 오리털을 목덜미로 끌어당기고 몰두하던 상처를 푼다
어머니의 자궁 안에 들어가 평안을 맛보며
안도감에 희열을 느낀다

편안한 숨을 내쉬며
잠자리를 인도하는
바람은 나의 경호원이었다.
-「바람 전쟁과 평안」 전문

초자아(super-ego)는 원초아(id), 자아(ego)와 함께 정신을 구성한다. 프로이트에 의하면 초자아는 양심의 기능을 담당한다. 즉 초자아는 원초아(id)로부터 발생하는 충동이나 자아의 활동을 감시하고 통제하며 억압한다. 그것은 대체적으로 무의식적인데, 양심의 소리라든지 죄책감으로서 의식되는 측면도 있다. 슈퍼에고의 지나친 발달은 "암흑 속을 헤치고 선두로 전쟁터의 영웅처럼/ 깊은 고뇌의 무리를 몰고 나타났다"처럼 깊은 고뇌를 불러일으킨다. '전쟁터의 영웅'은 초자아가 지나치게 확장되어 자아를 지배하는 강력한 모습에 대한 비유이다. 그런데 양심의 개입에 따라 나타나는 고뇌와 고통으로부터 어떻게 벗어날 것인가도 자아의 과제이다. 어느 정도의 초자아는 원초아를 억압하고 통제하지만 때로 초자아는 자기를 관찰하고 평가하고, 이상과 비

교하고, 비판, 책망, 벌주기 등 다양한 고통스런 정서로 이끌기 때문에 지나친 초자아의 감시로부터 벗어날 필요가 있는 것이다. 즉 건강한 자아를 구성하기 위해서는 슈퍼에고와 이드의 균형이 이루어질 수 있도록 이 둘을 잘 조화시켜 나가야 한다. 화자는 주님의 말씀, 즉 기독교라는 종교로의 도피, 또는 신앙을 통해서 어머니의 자궁 안과 같은 평안을 획득하며 비로소 안도감과 희열을 느낀다. 기독교라는 종교는 초자아의 지나친 개입으로 인한 죄책감과 수치심 또는 세상으로부터 받은 나의 상처를 풀어주며 시인으로 하여금 내적 평화에 다다르게 만들어준다.

《시카고문학》 13호, 2021)

제5부

한민족 이산문학 현황 파악 및 문학교류 활성화 정책 연구 - 캐나다편

Ⅰ 권역별 개관
Ⅱ 조사 항목
Ⅲ 결론 및 정책 제안

한민족 이산문학 현황 파악 및
문학교류 활성화 정책 연구 - 캐나다편*

I. 권역별 개관

세계에서 러시아 다음으로 국토가 넓은 캐나다는 한국전쟁 참전국으로, 1963년 1월 14일에 한국과 단독으로 외교관계를 맺었으며, 1964년 11월에 주한 캐나다대사관을 겸임 대사관으로 개설하고, 1974년에 상주 대사관을 설치하였다.

한국은 1963년에 주캐나다 대사관을 설치하고, 주유엔대사를 겸임 대사(이수영, 1963.1~1964.7)로 임명하였다. 그리고 1965년에 처음으로 3대 대사로 상주대사(백선엽, 1965.8~1970.1)를 임명하였다.

현재 캐나다에는 **주駐캐나다 대사관**과 3개의 총영사관이 설치되어

---

* 이 글은 한국문학번역원이 2018년 9월 7일에 개최한 〈한민족 이산문학 교류 활성화〉 정책 토론회에서 발표한 보고서이다.

있다. **주駐캐나다 대사관**의 영사관할지역은 오타와(Ottawa)이며, **주 토론토(Toronto) 총영사관**의 관할지역은 온타리오(Ontario)주, 매니토바 (Manitoba)주이다. **주밴쿠버(Vancouver) 총영사관**의 관할지역은 브리티시 컬럼비아(British Columbia)주, 앨버타(Alberta)주, 서스캐처원(Saskatchewan) 주, 유콘 준주(Yukon Territory), 노스웨스트 준주(Northwest Territories), 누나부트(Nunavut)이고, **주몬트리올(Montreal) 총영사관**의 관할지역은 퀘벡 (Quebec)주, 노바스코샤(Nova Scotia)주, 뉴펀들랜드 래브라도(Newfoundland and Labrador)주, 뉴브런즈윅(New Brunswick)주, 프린스에드워드아일랜드 (Prince Edward Island)주이다.*

캐나다는 19세기 말 한국의 근대화에 기여한 선교사와 의사들을 파견한 나라이며, 한국전쟁에 2만7천 명의 병력을 파견한 3대 참전국으로서 전쟁기에 우리에게 도움을 준 우방이다. 2014년에 양국은 전략적 동반자 관계로 격상하였고, 2015년에 한-캐 자유무역협정(FTA) 발효, 2016년에 주 캐나다 한국 문화원 개원, 2017년에 한-캐 과학기술혁신 협력협정 발효 등을 통해 실질적 협력의 틀이 구축된 나라이다. 양국은 전략적 동반자 관계 하에서 상호보완적인 경제구조를 가지고 있으면서, 안보와 평화, 민주주의와 인권 등 보편적 가치를 공유하고 있다. 특히 2018년은 한-캐 수교 55주년, 한국전 정전 65주년, 캐나다 선교사가 내한한 130주년의 뜻깊은 해이다.

24만 명의 교민이 이주해 살고 있는 캐나다는 우리나라의 2대 이민 대상국이자 3대 유학 대상국이고, 4대 재외동포 거주국으로서 연간 상

---

* 캐나다 주재 한국 공관 현황(캐나다 개황, 2009. 12, 외교부)
 (https://terms.naver.com/entry.nhn?docId=1522726&cid=43961&categoryId=43962).

호방문객 수가 46만 명을 상회하는 등 양국 국민들 간의 인적 교류가 활성화되고 있다.

캐나다로의 한인들의 이민은 캐나다 정부가 유색인종에 대해 문호를 개방하면서 본격화되었다. 이전에도 극소수의 유학생, 목사, 의사 등이 이주하여 캐나다 한인사회의 토대를 형성하였지만 이민이라고 부를 만한 인구 이동은 1960년대 후반부터 시작되었다. 1960년대 후반에 독일, 베트남, 브라질, 아르헨티나, 파라과이 등에서 광부, 간호사, 기술자, 농업 이민자로 일하러 갔던 사람들이 캐나다로 재이주하면서 한인 이민사회의 초석이 다져졌다. 1970년대 중반부터 한국에서 캐나다로 직접 이민 가는 사람들이 증가하였고, 1980년대 후반부터는 캐나다가 투자이민을 적극 장려하면서 큰 자본을 가지고 이민생활을 시작하는 새로운 이민자 집단이 유입되기 시작했다. 그러다가 우리나라가 1997년 외환위기를 맞으면서 기업의 구조조정으로 일자리를 잃거나 장래가 불안정해진 30대의 전문직 사무직 출신의 중산층 이민이 증가하였고, 조기유학을 목적으로 한 초중고 학생들도 한인 이민사회를 구성하는 새로운 구성원이 되어 캐나다 이민사회는 제2의 형성기를 맞이했다. 캐나다에 거주하는 이민자의 절반은 1990년대 이후에 이주한 사람들로서 이들은 한국에서 대학교육을 받고 전문직 기술직 등에 종사했던 중산층 출신이다.*

캐나다한인문학은 캐나다로의 이민이 본격화된 이후에 시작되었다. 이민 초기인 1960년대부터 1970년대까지는 이질적인 문화권 속에서

---

* 윤인진, 『코리안 디아스포라』, 고려대학교출판부, 2005, 263~264면.

문학활동을 할 수 있는 정신적 여유가 없었지만 1970년대 후반에 접어들면서 차츰 새로운 환경에 적응하고 생활의 안정을 찾게 되면서 교민 대상 주간지 등을 통해 작품 발표를 시작해오다가 1977년에 '캐나다한국문인협회'가 창립됨으로써 한인 중심의 문학활동이 본격화되었다.*

1977년에 캐나다의 한인문단이 조직된 것은 이주 역사가 훨씬 길고 문인의 숫자가 훨씬 많은 미국의 한인문단 조직(1982)보다도 앞선 것이었다.** 이처럼 문단의 조직이 빠른 시기에 이루어질 수 있었던 것은 이민자들 속에 조직능력을 갖춘 기성문인들이 포함되어 있었고, 초기 이민자들이 지역적으로 토론토의 한인 타운을 중심으로 모여 살았기에 용이했다.

캐나다한인문단을 대표하는 '캐나다한인문인협회'***는 2018년에 창립 41주년을 맞았다. 한-캐 수교 50주년이었던 2014년에는 박근혜 대통령이 캐나다를 공식 방문하였다. '캐나다한인문인협회'는 수교 50주년을 기념하여 한글과 영어를 동시에 실은 『시와 수필 대표작 선집』(2013)을 발간한 바 있다.

현재 캐나다에는 캐나다 전체를 총괄하는 토론토 중심의 '캐나다한인문인협회' 이외에도 밴쿠버에 '(사)한국문인협회 캐나다 밴쿠버지부'****, '캐나다한국문인협회(Korean Writer's Association of Canada)'(2009년 창립), 그리고 '캐나다한인문학가협회'(2003년 창립)가 조직되어 있다.***** 그리고

---
* 박충도, 「캐나다 속의 한국이민문학」, 《캐나다문학》 8, 캐나다한국문인협회, 1997, 313면.
** 이민법의 개정에 따라 1970년대가 되면서 이민자의 수가 증가하고 코리언 커뮤니티가 형성되고, 미주한국문인협회가 결성되어 《미주문학》이 창간(1982)된다.
*** 1977년 조직 당시의 명칭은 '캐너더한국문인협회'였으나 1979년에 '캐나다한국문인협회'로 표기를 바꾸었다. 그리고 2001년에 '캐나다한인문인협회'로 개칭했다.
**** 1997년에 '캐나다한인문인협회'의 밴쿠버 지부로 출발하여 2000년에 '캐나다크리스챤문인협회', 2004년에 '밴쿠버한인문인협회', 2014년에 '(사)한국문인협회 캐나다 밴쿠버지부'로 개칭하였다.

캘거리 지역에 '캘거리한인문인협회(Calgary Korean Canadian Writers Association)' (2003년 창립)와 에드먼턴 지역에 '에드몬튼한인얼음꽃문학회'(2000년 창립)가 결성되어 활동하고 있다. 중남부지역인 서스캐처원(Saskatchewan)주에도 '사스캐츠완문학회'(2011년 창립)가 창립되었다.

지역별로 조직되어 있는 문인단체는 이주 한인의 숫자에 비한다면 단체의 수가 많은 편이고, 그 활동도 활성화되어 있다. 캐나다한인들은 이주 한인의 숫자가 24만 명에 불과한 열악한 독자상황, 문학전문지의 부재, 현지의 열악한 출판사정, 2세들의 한국어 사용능력 결여 등의 불리한 상황 속에서도 협회의 문예지 발간, 신춘문예를 통한 신인 발굴, 한영대역작품집 발간, 모국과의 교류 확대, 인터넷 공간으로 발표공간을 확장해 가며 문학활동을 활발히 계속해 오고 있다.

캐나다한인문학은 이민 1세들이 중심이 되어 모국어인 한국어로 문학활동을 하고 있지만 아직 뚜렷한 대표작가와 대표작품을 배출하지 못한 상황이고, 현지어로 창작을 하여 캐나다 주류문단에서 두각을 드러낸 작가도 부재하는 상황이다.

'캐나다한인문인협회'는 1977년에 창립을 하자마자 '캐너더한국문인협회' 명칭으로 곧바로 《새울》(1977.5)을 창간하였다. 1979년 《이민문학》 2집을 발간하면서 '캐나다한국문인협회'로 명칭이 바뀌었다가 2001년 《캐나다문학》 10집 발행 때부터 '캐나다한인문인협회'로 다시 명칭을 바꾸어 현재에 이르렀다. 영어 명칭도 창립 당시에는 'Korean Canadian P.E.N Club'이던 것이 1997년 《캐나다문학》 8집부터는

***** 밴쿠버에 여러 문인단체가 설립되어 있는 것은 밴쿠버 한인의 인구증가와 관련된다.

'Korean Literary Society of Canada'로 바뀌었고, 다시 2001년에는 'Korean Canadian Writers' Association'으로 바뀌어 오늘에 이르렀다. '캐나다한인문인협회'는 캐나다한인문인문단을 대표하는 가장 규모가 크고 오래된 문인단체이다.

1997년, 밴쿠버에 인구가 증가함으로써 '캐나다한인문인협회' 밴쿠버 지부가 결성된 이후로 캐나다한인문단은 토론토 중심의 시대에서 밴쿠버, 에드먼턴, 캘거리, 서스캐처원 등에도 문인단체가 결성되는 등 다변화의 시대로 접어들었다. 하지만 아직 캐나다한인문단 전체를 아우르는 문학행사나 문예지는 전무하다.

캐나다한인사회에서 언론사와 문인단체가 공동으로 주최하는 '신춘문예'는 문학 신인 발굴에 있어 매우 큰 역할을 하고 있다. '캐나다한인문인협회'가 회원을 지속적으로 확보할 수 있었던 것도 1978년부터 현지 《캐나다 한국일보》와 함께 시행해온 '신춘문예'를 통해서이다. 다른 지역의 문인협회도 신춘문예 제도를 통해서 신인들을 발굴하고 있는데, 신춘문예는 별도의 문예지가 없는 캐나다에서 한인들이 문인이 될 수 있는 유일의 등용문 구실을 하고 있다. 그 밖의 회원은 한국에서 등단한 기성문인이 새롭게 이민했을 때 이들을 영입한 경우로서, '캐나다한인문인협회'가 2008년까지 영입한 기성문인은 38명 정도이다.* 특히 1997년 이후 한국의 외환위기에 따른 이민자의 증가는 2000년대 이후 회원 숫자의 급격한 증가로 이어졌다. '캐나다한인문인협회'의 2015년 현재 회원의 수는 113명이다.

---

* 20대 '캐나다한인문인협회' 회장인 수필가 손정숙과의 인터뷰.(2008. 7)

그런데 현지의 신춘문예를 통해 등단한 캐나다의 문학 신인들은 2000년대 이후 모국인 한국과의 교류가 활발해지면서 한국의 문예지를 통해 재등단하는가 하면 작품집의 출판이나 문인단체의 기관지 인쇄도 거의 한국에서 이루어지고 있다. 한국문단에서의 재등단은 비단 캐나다만이 아니라 미국 등 북미지역에서 공통으로 나타나는 동일한 현상이다. 한국문단과의 교류 확대와 한국문인단체의 가입은 캐나다한인문학의 질적 발전과 발표지면의 확대라는 측면에서는 긍정적 효과가 있지만 이러한 현상의 가속화는 캐나다한인문단과 문학을 한국문단과 문학의 주변으로 만들 가능성을 배제할 수 없다는 점에서 반드시 바람직한 현상만은 아니다. 왜냐하면 캐나다한인문학뿐만 아니라 재외한인문학이 한민족문학이라는 큰 카테고리에 속하면서도 개별 지역문학으로서 개성과 정체성을 갖지 못한다면 한국문학의 주변으로 전락할 위험성으로부터 벗어나기 어렵기 때문이다. 따라서 재외한인문학은 모국과의 관계 설정에서 적당한 거리를 유지해야 한다. 즉 캐나다한인문학은 한국문학 그리고 캐나다문학과의 적절한 거리를 유지함으로써 그들만의 개성을 추구하고 고유한 정체성을 확립하지 않으면 안 된다.*

2000년을 전후하여 재외한인문학 연구의 붐이 크게 일어났음에도 캐나다한인문학은 연구자들의 관심을 끌지 못한 채 소외되어 왔다. 그 이유는 그동안의 재외한인문학 연구가 미국, 중국, 일본, CIS 고려인 문학 등 재외한인의 숫자가 많고, 문단 형성의 역사가 오래된 지역

---

* 송명희, 『캐나다한인 문학연구』, 지식과교양, 2016, 50~51면.

부터 먼저 이루어졌기 때문이다. 뿐만 아니라 캐나다는 지리적으로 미국과 연접해 있고, 역사·문화·관습·제도 등에서 미국과 유사성을 보이며, 한인들의 이민 동기(고학력자들이 자녀교육이나 보다 높은 삶의 질을 추구하기 위한 자발적 이민)도 미국과 유사하다는 점에서 캐나다한인문단을 재미한인문단의 한 변방 정도로 여겨 온 것이 사실이다. 그리고 이것은 캐나다한인문학에 대한 연구의 무관심으로 이어졌다.*

Ⅱ. 조사 항목

1. 거주 한인 수와 주요 분포지역

캐나다한인의 숫자는 2003년 17만 명으로 집계된 후 2011년 23만1천 명을 정점으로 한때 감소하였다가 2015년부터 다시 증가하여 2017년에는 24만 명으로 집계되고 있다.

* 캐나다한인의 통계(외교부 「재외동포현황」)(단위: 천 명)

연도	2003	2005	2007	2009	2011	2013	2015	2017
숫자	170	198	216	223	231	206	224	240

2013년에 캐나다한인의 숫자가 감소한 이유는 조기유학생이 절반 이하로 감소했기 때문이다. 조기유학생 감소의 원인은 2008년 글로벌

---
* 위의 책, 30~51면 참조.

금융 위기 이후 국내의 경기 침체와 함께 비싼 유학비용을 들인 만큼 국내의 대학 입시나 취업에서 조기 유학이 더이상 유리하지 않다는 현실적인 판단 때문이었다.

외교부의 재외동포현황에 따르면 2017년 현재 캐나다에는 24만942명의 한인이 살고 있다. 근래 약간의 증가폭을 보이는 것은 캐나다에 유학한 유학생들이 귀국하지 않고 영주권을 얻어 캐나다에 정착했기 때문이다. 캐나다 전체 인구는 2018년 4월 1일 현재 3,706만7,011명으로 나타났다.* 캐나다의 인구 증가는 대체로 외국인의 이민에 의해 이루어지고 있으며, 현재 한인들이 차지하는 비율은 캐나다 전체 인구의 0.65%에 불과하다. 한인들은 여전히 소수의 아시아계 이민자로 살아가고 있는 것이다.

한인들의 주요 분포지역은 주별로 온타리오, 브리티시컬럼비아, 퀘벡, 마니토바, 앨버타 등이다. 특히 온타리오와 브리티시컬럼비아에 거주하는 비율이 1996년에는 84%였고, 2001년에는 85.4%로 증가했다. 앨버타와 퀘벡에는 약 12% 정도의 한인들이 거주하고 있다. 캐나다에 거주하는 한국 교민의 약 90%가 토론토 중심의 온타리오주, 밴쿠버 중심의 브리티시컬럼비아주, 몬트리올 중심의 퀘벡주에 거주하고 있었으나, 최근에는 앨버타주, 매니토바주 등 여타 지역으로 확산되고 있는 추세이다.

캐나다에 이주한 전체 이민자들은 대체로 토론토, 벤쿠버, 몬트리올 등 대도시에 집중하는 경향을 보이는데, 한인 이민자들도 유사한 경향

---

* 출처: SBS뉴스(원본링크:
http://news.sbs.co.kr/news/endPage.do?news_id=N1004803984&plink=ORI&cooper=NAVER&plink=COPY
PASTE&cooper=SBSNEWSEND.

을 보이고 있다. 그런데 캐나다에서 두 번째로 큰 대도시인 퀘벡주 몬트리올에는 한인이 단지 3.7%만이 거주하고 있다. 왜냐하면 한인들은 프랑스어의 언어구사능력이 떨어지기 때문에 프랑스어권 지역인 퀘벡주에 거주하는 것을 선호하지 않기 때문이다.*

초기 이민자들이 3대 대도시에 집중되었던 집단거주지역이 점차 인구가 상대적으로 적은 다른 대도시 지역으로 확산되는 현상은 초기 이민 당시의 사회경제적 요인, 이민자의 환경 적응 능력, 노동시장의 접근성, 분산의 자발적 요인, 정착지원 및 다문화정책과 같은 정부정책 등이 작용하고 있기 때문이다.**

* 캐나다 내 한인의 지역별 분포현황***

	2011	2013	2015	2017
주토론토(총)	113,877	113,058	115,206	123,912
주밴쿠버(총)	105,317	80,773	94,224	101,802
주몬트리올(총)	9,672	9,567	11,687	12,135
주캐나다(대)	2,624	2,595	2,937	3,093
소계	231,492	205,993	224,054	240,942

캐나다의 한인사회는 캐나다 시민권 또는 영주권을 보유하고 있는 비율이 높으며 사회적으로나 경제적으로 비교적 안정적인 생활을 영위하고 있다. 과거에는 소규모 상점 등 자영업 및 전문직 종사자가 대부분이었지만 최근 들어 대규모 유통체인점, 식당업에 진출하는 신규 이민자가 늘어나는 추세에 있다.

---

* 윤인진, 앞의 책, 294~297면.
** 강휘원, 「캐나다 이주민 거주지역의 초기 집중과 공간적 확산: 사회통합의 요인 탐색」, 《한국정책연구》 10-3, 경인행정학회, 2010, 1~19면.

* 캐나다 거주 자격별 재외동포 현황*

재외국민				외국국적 (시민권자)	총계
영주권자	일반체류자	유학생	계		
57,137	28,861	25,396	111,394	129,548	240,942

　캐나다의 한인사회는 짧은 이민역사, 언어·풍습 등의 차이, 소수민족으로서의 애로 등으로 이민 1세 중 정치적, 사회적으로 현지사회에 진출하는 사람이 많지 않았지만 짧은 역사에도 불구하고 다른 소수민족에 비해 급속한 성장을 이루어냈다. 그리고 이민 2세의 경우에는 1990년대 이후 사회 진출이 활발하다.

　현재 캐나다 한인사회의 변화 핵심은 세대교체이다. 즉 이민 규모가 줄어드는 대신에 어린 나이에 이민을 간 1.5세와 현지에서 출생한 2세들이 점차 성인이 되어감으로써 이들이 교민사회의 새로운 주역으로 부상하여 영향력이 갈수록 증대되고 있다. 즉 경제적으로 이민 1세의 자영업 등의 비율이 줄어드는 대신 전문직 관리직 사무직 종사자의 비율이 증가하고 있다. 활동분야도 경제분야뿐만 아니라 정치, 언론, 예술, 학문분야 등으로 보다 다양하게 확대되고 있다.**

　특히 캐나다한인의 직업분포를 살펴보면 재미한인에 비교해서도 전문관리직에 종사하는 비율이 더욱 높다. 25세 이상의 취업 인구 56.2%가

*** 외교부 2017년도 재외동포현황
　　http://www.mofa.go.kr/www/brd/m_3454/view.do?seq=365018&srchFr=&srchTo=&srchWord=&srchTp=&multi_itm_seq=0&itm_seq_1=0&itm_seq_2=0&company_cd=&company_nm=&page=1).
* 외교부 2017년도 재외동포현황(http://www.mofa.go.kr/www/index.do).
** 윤인진, 「북미한인 차세대의 사회경제적 지위와 성취: 세대별 및 민족집단별 비교」, 전남대학교 세계한상문화연구단 국제학술회의, 2008.10, 117면.

전문관리직에 종사하는 등 전문관리직의 비율은 1세에서 1.5세, 2세로 넘어갈수록 높아지는 경향이다.* 한인 1.5세와 2세의 아직 어린 연령 구조, 영어능력, 캐나다식 교육, 거주국 사회문화에의 동화 정도를 감안하면 이들은 앞으로 빠른 속도로 자영업과 민족경제로부터 이탈하고, 그 대신 거주국 주류사회로 적극 진출할 것으로 보인다.**

따라서 전 세계에 흩어져 있는 한인들을 연결시켜주는 글로벌 네트워크의 구축은 재외한인들의 발전을 위해서는 물론이며, 세계화 시대를 맞은 우리나라가 탈국경과 무한경쟁의 시대를 헤쳐 나가기 위해서 절실하다고 하지 않을 수 없다.

2. 이주 경로의 역사적 계기와 지역적 특성
- 이주시기, 이주 계기 등

캐나다에 처음으로 이주한 한인은 20C 초에 한국에 파견된 선교사들의 주선으로 신학을 공부하기 위해 온 유학생들이었다. 그 후로도 몇몇 유학생들이 입국하였으나 그들의 대다수가 귀국하지 않고 캐나다에 정착하였다. 극소수의 유학생, 목사, 의사 등이 이주하여 캐나다 한인사회의 토대를 마련하였지만 1965년에 캐나다의 한인 수는 70명 정도에 불과했다.

한인들의 이민 형태의 인구 이동은 1960년대 후반부터 본격화되었

---

* 위의 논문 131면.
** 위의 논문, 137면.

다. 그 계기는 만성적인 노동력 부족에 시달리던 캐나다의 1960년대 후반 유색인종에 대한 문호 개방이다. 1967년에 제정된 캐나다 이민법에서는 인종과 민족보다는 캐나다의 노동시장의 수요와 개인의 기술을 중시하게 됨으로써 독일, 베트남, 브라질, 아르헨티나, 파라과이 등에 광부, 기술자, 농업이민자로 이주했던 한인들이 캐나다로 재이주하면서 캐나다한인 이민사회의 초석을 다지게 되었다. 이후 월남전에 기술자로 근무하던 한인들 중 다수가 한국으로 귀국하지 않고 캐나다로 이주하였다. 이들이 재이주 국가로 미국이 아닌 캐나다를 선택한 이유는 미국보다 캐나다 비자가 더 쉽게 발급되었기 때문이다.

캐나다로의 직접 이민은 1970년대 초에 이민법 개정으로 가족친지의 초청이민이 가능해짐으로써 1970년대 중반부터는 한국에서 직접 캐나다로 이민하는 사람들이 증가했다. 그 결과 1970년부터 1980년 사이에 캐나다로 이주한 한인은 18,148명으로 늘어났다.

1980년대 후반에는 캐나다의 경기가 일시적으로 침체됨으로써 가족초청 이민이 감소한 반면에 캐나다 정부가 투자이민을 적극 장려하면서 자본을 가지고 들어와 이민을 시작하는 새로운 부류의 이민자 집단이 유입되기 시작했다.*

그리고 한국이 외환위기에 처한 1997년 이후 일자리를 잃거나 장래가 불안정해진 30대의 전문직·사무직 출신의 중산층 이민이 증가하는 한편, 어학연수나 조기유학을 목적으로 한 초중고 학생들도 한인사회를 구성하는 새로운 구성원이 되어 캐나다 한인사회는 제2의 형성기

---

* 김은기, 「캐나다 한인과 다문화주의」, 전남대학교 세계한상연구단 국내학술회의, 2009.12, 73~74면.

를 맞았다.*

그리고 1994년 5월부터 시작된 한-캐 무비자 협정 이후 단기체류 한국인의 수도 크게 증가했다. 한국은 2000년대에 중국 다음으로 캐나다에 많은 유학생을 보내는 나라가 되었다. 미국을 선호해온 한인들의 이주 추세가 같은 북미지역에다 영어권인 캐나다로 바뀐 것이다. 1999년의 외교통상부의 통계에 의하면 캐나다 이민은 처음으로 미국을 제치고 가장 많은 수를 차지하게 되었다. 따라서 1999년 후반에는 한국이 캐나다에 다섯 번째로 많은 수의 이민자를 보내는 나라가 되었다. 캐나다로의 이민 증가는 한국의 외환위기와 같은 경제상황뿐만 아니라 미국달러에 비해 캐나다달러가 이민 투자금을 많이 가져갈 수 있다는 장점, 무료 의료보험제도, 사회보장제도, 캐나다 출신 영어강사들의 존재, 반미감정 등이 영향을 미쳤다.**

지역적 특성은 다음과 같다.***

1) 오타와 지역

캐나다의 한국 교민사회는 형성 초기에 연방정부공무원, 교수, 연구원 등 전문직 종사자들이 대부분이었으나 최근에는 정보통신기술(Information Technology) 전문직 인력, 어학연수생, 조기유학생 등의 유입으로 구성이 다양화되고 있다. 오타와(Ottawa) 지역의 교민사회는 비교적 보수적이며 교육 수준이 높고, 대부분 캐나다 시민권을 획득하고

---

* 윤인진, 앞의 책, 263~268면.
** 김은기, 앞의 글, 75면.
*** 캐나다의 주요 지역별 한국 교민사회 특성(캐나다 개황, 2009. 12, 외교부)
 (https://terms.naver.com/entry.nhn?docId=1522726&cid=43961&categoryId=43962).

있다. 교민 구성면에서는 자영업자의 비율이 낮으며, 최근 오타와 시 정부의 기술인력 유치시책에 따라 이주한 기술이민자(특히 IT분야)가 다수를 차지한다.

2) 토론토 지역

캐나다한인사회의 교민 1세들은 짧은 이민역사로 인한 취약한 정치·경제적 기반, 언어문제, 소수민족으로서의 불리한 여건 등으로 갖은 역경을 겪었다. 그러나 1990년대 이후에는 교민 2세들의 현지사회 진출이 활발하게 이루어지고 있으며, 최근에는 언론, 문화예술, 의료, 법조계 등 전문직종으로의 진출이 가시화되고 있다.

토론토 지역의 한인사회는 캐나다 내 최대 교민사회로서 토론토의 블루어(Bloor) 지역, 웨스턴(Western) 지역, 노스욕(North York) 밀집 거주 지역 등에 한인 타운(Korea Town)을 형성하고, 정체성을 유지·발전시켜 감은 물론, 진취적이고 적극적으로 현지 사회에 참여하고 있다. 1996년 11월에는 숙원사업이던 한인회관을 교민 모금과 주정부 보조금 등으로 건립하여 교민단체 및 소수민족단체의 각종 행사장으로 활용하고 있다. 또한 한인사회는 1998년 5월에는 토론토 지역 아시아계 13개 소수 민족협의회 창설에 주도적 역할을 담당하였으며, 1999년 12월에는 토론토 블루어 한인 타운에 캐나다 내 소수민족으로는 여섯 번째로 한글로 된 거리 표지판을 설치하였다.

토론토 지역은 최근 한국 이민자 및 유학생의 최대 목적지로 부상하면서 50여 년의 이민사를 지닌 교민사회는 역동적인 변화와 발전을 지속하고 있다. 그리고 100여 개 이상의 각종 교민단체가 교민사회

발전을 이끌고 있으며, 특히 사회봉사단체의 활동이 활발하다.

3) 몬트리올 지역

퀘벡주는 캐나다 내 최고의 산업화 지역으로 그중 몬트리올은 우주항공, 생명공학, 정보통신 및 컴퓨터기술 분야를 선도하고 있는 지역이다. 몬트리올의 한국 교민사회는 10여 개의 교회(성당)를 중심으로 단합하여 현지 사회에 뿌리 깊게 정착하고 있다. 최근 교민 자녀들 중에는 변호사, 의사, 교수 등 전문직 종사자 수가 점점 증가하고 있는 추세이다.

4) 밴쿠버 지역

밴쿠버 지역은 캐나다의 태평양 지역 관문으로서 최근 유학 붐과 온화한 기후, 사회적 안정 등의 유인으로 신규 이민자의 유입이 크게 증가하고 있다. 밴쿠버 지역의 한인사회는 소규모 코너스토어(corner store), 식당, 모텔 등 자영업을 기반으로 성장하고 있으며, 최근 들어 다양한 업종으로 투자 규모를 확대 진출하는 경향을 보인다. 또한 이민사회의 구성이 다양화됨에 따라 현지사회 진출의 역량이 커지고 주류사회와의 교류가 점차 진전되고 있으며, 문화행사를 통한 한국·캐나다 교류가 활발히 전개되고 있다.

밴쿠버는 최근 어학연수, 단기 해외파견, 정년퇴직 후 정착지로 가장 선호되는 도시로서 유학생과 그 가족들이 밀집하면서 새로운 문화권이 형성되고 있다. 중국계, 인도계, 필리핀계 이민사회와의 교류 및 연대를 통한 아시아계 이민사회의 역할이 증대됨에 따라 아시아 문화권의 위상이 증대되고 아시아 문화권 중에서 한인사회의 영향력이 커지는 추세에 있다.

5) 에드먼턴, 캘거리 지역

에드먼턴과 캘거리 지역은 캐나다 전 지역에서 최근 10년간 경제활동이 가장 활발한 지역적 특성을 반영하여 비교적 안정된 생활기반을 구축한 곳이다. 이 지역은 지리적으로 밴프 국립공원(Banff National Park), 재스퍼 국립공원(Jasper National Park)과 근접하여 한국으로부터 관광객과 유학생의 유입이 늘어나고, 초기 정착지로서의 이점이 크다. 또한 유전, 탄광 등 자원개발의 중심지로서 이에 연관된 분야에 종사하는 교민들도 증가하고 있다.

한인들의 거주 지역 확산은 문인단체가 토론토 중심에서 벗어나 여러 지역으로 다변화하는 데 영향을 크게 미쳤다.

3. 재외 한인의 역사적 변천과정

캐나다한인의 이민 형태는 제1단계가 극소수의 초기 유학생 시대, 제2단계가 1960년대 후반의 서독에 광부와 간호사로 파견되었던 사람들의 재이주와 브라질 파라과이 등 남미지역에 농업기술 이민자의 재이주, 월남전 참가 기술자들의 재이주 등의 취업이민과 1970년대의 가족초청이민, 그리고 제3단계가 1980년대 이후의 투자이민이다.*

---

* 김은기, 앞의 글, 74~75면.

한국인의 대對캐나다 진출은 1980년대 말 이후 투자이민자의 대거 유입으로 큰 신장세를 보여 왔는데, 1990년대 초 캐나다 경제가 일시적 침체현상을 보이고, 한국의 경제력 신장 등으로 해외이민 선호도가 하락함에 따라 그 신장세가 한때 둔화되기도 하였다. 그러나 1997년부터는 다시 신장세를 회복하여 1998년도에 처음으로 4,000명 선을 돌파하였다. 이후 1999년에 7,215명, 2000년에 7,630명 그리고 2001년에는 9,604명으로 이민 원천국 중 중국, 인도, 파키스탄, 필리핀에 이어 한국은 5위를 차지하는 지속적인 이민 증가세를 유지해 왔다. 그러나 언어 및 현지경력 요건이 강화된 개정이민법(2002.6.28)이 발효됨에 따라 2002년도에는 감소세로 전환되기도 하였다.

하지만 2008년에 캐나다 경험자 이민 카테고리(category)가 신설되면서 캐나다에서 전문대 및 대학을 졸업한 유학생들과 취업비자 소지자들이 이민을 신청함에 따라 이민자 수가 다시 증가하여 2007년에 5,866명, 2008년에 7,245명에 이르렀다. 그러다 2009년에는 한국의 해외이주자가 전체적으로 감소하였는데, 이는 미국을 비롯해 세계경제가 침체기에 접어들었기 때문이다.

1968년 캐나다의 이민개방 정책이 발표되면서 서독에서 광부로 근무하던 한인들이 캐나다로 대거 재이주한 것을 시발로, 브라질, 파라과이 등 남미 이민자의 캐나다 재이주, 월남전 당시 기술자로 근무하던 사람들의 캐나다 이주가 잇따르면서, 초창기 한인사회 발전의 중요 구성 부분을 이루었다.

1970년대 중반부터 한인들은 토론토 시내 블루어에 한인 타운을 형성하였으며, 1984년 이후 투자이민자들이 진출하면서 한인사회는 양적 질적으로 확대 발전하였다. 1990년대 이후에는 토론토 북부 지역인 노스욕 지역에 새로이 한인 타운이 형성되면서 한인사회는 더욱 번창하였다. 2000년대 들어 기존 이민자들의 정착이 이루어졌고, 한인 1.5세와 2세가 성장하였으며, 유학생(어학연수생 포함)과 관광객 등이 증가함으로써 한인사회는 양적 질적으로 더욱 성장 발전하고 있다.

캐나다 내 최대 한인사회를 구성하고 있는 토론토 지역은 한인 타운-블루어 지역, 노스욕 밀집 거주지역 등-을 형성하여 고유한 소수민족 사회를 유지, 발전시켜가고 있으며, 최근에는 이민자 이외에 유학생, 관광객이 어우러져 역동적으로 변모 발전하고 있다.

1996년 11월 숙원사업이던 한인회관 건립을 비롯하여 1999년 12월에는 토론토 블루어 한인 타운에 캐나다 내 소수민족으로서는 여섯 번째로 한글표지판을 설치하게 되었다. 2005년 10월에 토론토한인회는 한반도 평화통일을 염원하는 제1회 평화마라톤대회를 개최한 후 매년 개최해 오고 있으며, 해를 거듭할수록 한인 동포 및 현지인 참여가 증가하고 있다. 그밖에도 블루어 한인 타운의 단오제(코리아타운 BIA 주최), 노스욕 한인 타운의 한가위 대축제(북부번영회 주최)가 매년 개최되는 등 한민족의 전통문화의 유지와 계승 활동에도 한인들은 적극적이다.

캐나다한인의 캐나다사회 내 위치는 다음과 같다.

1) 정치적 위치

캐나다 내에서 한인사회는 이민 역사가 비교적 짧고 캐나다 전체 인구에서 차지하는 비중도 낮아 정치적 영향력은 그다지 크지 않으나, 최근 들어 정치 참여가 증대하고 있는 추세에 있다. 2009년 1월 스티븐 하퍼(Stephen Joseph Harper) 캐나다 총리에 의해 상원의원으로 지명된 연아 마틴(Yonah Martin)이 한국계 캐나다인으로는 최초로 연방의회에 입성하였으며, 1994년 11월 이래 교민 조성준 의원이 토론토 시의원을 5선 연임하였다. 준주의원으로 이승신 의원, 세인트 존(St. John) 시의원으로 장재영 의원 등이 정계에서 활동하고 있다. 현재 캐나다의 한국 교민사회는 이민 1.5세 또는 2세를 중심으로 변호사, 회계사, 연예인 등 다양한 전문가 그룹이 형성되는 등 질적 변화가 진행되고 있다.*

2) 경제적 위치

초기 캐나다 한인사회의 대부분은 가족단위의 소규모 상업(영세 잡화 상점)에 종사했다. 따라서 소득수준은 대부분이 중류 또는 중하류 수준이었다. 미국과 캐나다 등 북미한인의 전체적인 사회경제 지위와 성취 수준은 다른 아시안 집단들과 비교하면 교육수준에서는 결코 낮지 않지만 직업 지위와 소득 수준에서는 낮은 것으로 밝혀졌다. 특히 한인 1세의 교육 수준과 직업 지위 소득 수준 간의 불일치는 큰 것으로 나타났다. 이는 한인 1세의 낮은 수준의 영어 구사력과 교육호환성에 기인하는 것으로 보인다. 하지만 1세에 비교해서 1.5세와 2세의 전문직화가 빠르게 증가하고 소득도 증가하는 것으로 나타나 상향적 세대 간 신분이동이 빠르게 진행되고 있음을 보여준다.**

---

* 한국 교민의 캐나다 사회 내 위치(캐나다 개황, 2009. 12, 외교부)
  (https://terms.naver.com/entry.nhn?docId=1522726&cid=43961&categoryId=43962).
** 윤인진, 「북미한인 차세대의 사회경제적 지위와 성취: 세대별 및 민족집단별 비교」, 전남대학교 세계한상문화연구단 국제학술회의, 2008.10, 137면.

3) 사회적 위치

50년의 짧은 이민역사로 인해, 한인 1세들은 정치, 경제적 기반이 취약하고, 언어와 문화의 차이, 그리고 아시아계 소수민족으로서의 어려움 등으로 갖은 역경을 겪었다. 특히 이민 1세의 경우 언어장벽, 낯선 관습, 사고방식의 이질성 등으로 캐나다 사회보다는 모국에 대한 유착이 더 강한 경향을 나타냈다. 그러나 1990년대 이후 한인 2세들의 주류사회의 진출이 점차 가시화되고 있는 것으로 나타나고 있다. 즉 최근 언론, 문화예술계, 의료계, 법조계 등 전문직종에서의 진출이 두드러지고 있다.*

4. 한인 네트워크 커뮤니티 현황

21세기의 국제사회는 세계화와 정보화가 결합되어 네트워크 사회로 이행되고 있으며, 네트워킹이 잘 되어 있는 민족들과 경제적으로 문화적으로 뛰어난 민족이 경쟁력을 가지게 되었다.** 재외한인 역시 사회단체 등 네트워크를 통해 한민족에 대한 정체성을 유지하고 한인사회의 새로운 장을 형성하고 있다. 즉 재외한인 네트워크의 발전은 한인의 사회적 위상을 향상시키는 데 중요한 촉매역할을 하고 있다.*** 때문

---

* 한국 교민의 캐나다 사회 내 위치(캐나다 개황, 2009. 12, 외교부)
  (https://terms.naver.com/entry.nhn?docId=1522726&cid=43961&categoryId=43962).
** 김영술, 「세계 한민족 네트워크의 활용 방안 연구: 장보고 상단의 네트워크를 중심으로」,《한국학논집》36, 계명대학교 한국학연구소, 2008, 291면.
*** 나형욱, 「재외한인네트워크 구축을 위한 사회단체의 역할」, 전남대학교 세계한상문화연구단 국제학술회의, 2003.12, 209면.

에 재외한인을 네트워킹하고 이를 잘 활용하는 방안을 모색하는 것은 국가적으로나 재외한인 모두에게 있어 매우 중요한 과제이다. 즉 캐나다 사회 내의 한인 사회단체는 한인들 간의 상호이해와 권리신장을 위한 밀접한 연결망으로서도 그 가치가 중요하지만 세계화 시대에는 재외한인들의 국가 간 또는 모국과의 글로벌 네크워킹이 매우 중요시되고 있다.

재외한인의 권리의식의 신장, 한국정부의 관심 증대, 한인기업의 해외 진출 등 다양한 환경 변화에 따라 재외한인 사회단체는 소규모 차원에서 그들의 이익과 권익을 위해 출발하였지만, 한인사회의 성장과 더불어 문화적, 정치적, 경제적 영향력을 키워 나가면서 현지 거주국 사회에 참여하고 역할을 확대하는 질적 변화를 가져왔다. 한인 사회단체는 한인사회에서 주도적 역할을 할 수 있을 뿐만 아니라 민족이라는 내부적 힘을 교민 거주지역이라는 외부에 확산시킨다는 점에서도 의미가 크다. 뿐만 아니라 글로벌 사회에서 한민족 공동체 네트워크를 구축하는 데 있어서도 사회단체는 교두보 역할을 할 수 있다.*

194개 "국가에 흩어져 살면서도 민족정체성을 간직하고 있는 재외한인을 한국사회가 어떻게 인식하고 다루느냐에 따라 재외한인의 활용가치는 달라진다. 재외한인은 더이상 정치적, 사상적, 체제적 소모품이 아니라 세계화 시대의 국가 발전의 주체로, 민족통합의 에너지로, 안보의 초석으로, 한민족 공동체의 기초로 뿌리 내려야 하며, 평화와 번영을 추구하는 개방화 시대에 제2의 대한민국을 5대양 6대주에 건설

---

* 위의 논문, 218면.

하는 지식 정보화의 첨병으로 재평가되어야 할 때다. 지난날 대한민국의 국력이 재외동포사회의 역량에 힘입어 크게 신장되었으며, 지금도 여전히 무한한 잠재력을 가진 민족 자산으로 존재하고 있다."*

캐나다에는 한인회를 비롯하여 장학재단, 친목단체 등 다양한 직능과 분야에서 수많은 교민 사회단체가 결성되어 활발하게 활동 중에 있다. 주요 교민단체로는 캐나다한인회 총연합회, 민주평화통일자문회의 캐나다 지역협의회, 재캐나다 한국과학기술자협회, 한인실업인협회, 한인사회봉사단체 네트워크, 캐나다 한인장학재단, 한인학교 협의회, 재향군인회 캐나다 지회, 여성회, 노인회, 교육 학술, 경제, 전문 직종, 문화, 예술, 종교, 정치, 농업직능조직, 교역자협의회, 체육, 동창회 등이 있다.

이 가운데 '캐나다한인회 총연합회'는 1978년 4월 지역한인회의 연합체로서 발족되었으며, 지역한인회 사이의 유대강화 및 교민 권익옹호를 모색하는 데 앞장서고 있다. 그리고 '재캐나다 한국과학기술자협회'는 1990년에 결성되었으며, 한국계 과학 기술인으로 구성되어, 과학기술 분야 자문, 정보 교류 및 친목 도모에 노력하고 있다. 한편 캐나다 각 지역에 '한인실업인협회'(주로 편의점업계)가 결성되어 있는데, 한국 교민업체의 권익증진을 위해 활동 중에 있다. '한인 사회봉사단체 네트워크'는 2002년 토론토 지역 사회봉사단체가 참가하여, 한국 교민들에게 사회복지 및 건강분야 등의 정착 정보 서비스를 제공하고 있다. '캐나다 한인장학재단'은 1978년 한국 교민 후세에 대한 장학사업 및 우수인

---

* 위의 논문, 235면.

력 양성을 목적으로 설립되었다. '캐나다한글학교연합회'는 100여 개가 가입된 협의체로서 매년 한글학교 교사 연수행사 등을 개최하고 있다. 이외에도 지역별로 교민단체들이 많이 있는데, 한인회의 경우 온타리오주에는 오타와, 토론토, 킹스턴(Kingston), 피터보로(Peterborough), 나이아가라(Niagara), 워털루·웰링턴(Waterloo·Wellington), 윈저(Windsor), 런던(London), 해밀턴(Hamilton), 서드베리(Sudbury), 채텀·켄트(Chatham·Kent) 지역, 수생트마리(Sault Ste. Marie) 등에 12개가 있다.

그리고 브리티시컬럼비아주 및 앨버타주에는 밴쿠버, 빅토리아, 프레이저 밸리(Fraser Valley), 에드먼턴과 캘거리 등에 4개 한인회가 있다.

또한 뉴브런즈윅(New Brunswick) 주에는 프레드릭턴(Fredericton), 몽턴(Moncton), 세인트 존(St. John) 등에 3개 한인회가 있다.

그리고 몬트리올, 노바 스코샤(Nova Scotia)주, 뉴펀들랜드 래브라도(Newfoundland and Labrador)주, 매니토바주, 서스캐처원주, 리자이나(Regina), 프린스 에드워드 아일랜드(Prince Edward Island)주 등에도 한국 교민단체들이 구성되어 있다.*

1) 주토론토 총영사관 관할지역 한인 네트워크**

재캐나다독일동우회, 한인상위원회, 해군전우회, 온타리오한국맹인후원회, 무궁화사랑모임, 캐나다한인양자회, 생명의 전화 상담교육센터, GTA한카노인회, 토론토한국노인회, 캐나다한인여성회, 세계한민족여성재단(KOWIN), 자유총연맹, 홍사단토론토지부, 애국지사기념사

---
* 캐나다 내 한인 교민단체(캐나다 개황, 2009. 12, 외교부)
 (https://terms.naver.com/entry.nhn?docId=1522726&cid=43961&categoryId=43962).
** 주토론토 대한민국총영사관 홈페이지(http://overseas.mofa.go.kr/ca-toronto-ko/index.do) 참조.

업회, 재캐나다파독간호사협회, 한인 온타리오 간호사협회, 한인변호사협회, 북부토론토한인번영회, 코리아타운 BIA, 세계한인무역인협회 토론토지회, 캐나다한인상공회의소, 온타리오 한인실업인협회, 해군전우회, 해병전우회, 공수특전단, 공군전우회 캐나다동부지회, 월남전참전유공자전우회 캐나다동부지회, 재캐나다 6·25참전전우회, 캐나다 동부 참전국가유공자회, 재향군인회 캐나다동부지회, 수생마리한인회, 해밀턴한인회, 피터보로한인회, 토론토한인회, 킹스톤한인회, 차탐·켄트한인회, 윈저한인회, 워터루·웰링턴한인회, 서드버리한인회, 마니토바 한인회, 런던한인회, 나이아가라한인회, 북한인권협의회, 캐나다민속문화협회(민속놀이협회), 재캐나다대한체육회, 차세대무역스쿨 토론토지회(W-OKTA), Global Youth Leaders of Canada(GYL), 캐나다총한인학생연합회, 캐나다온타리오한국학교협회(구 캐나다한국학교협회), 캐나다한국학교총연합회, 캐나다한인과학기술자협회, 캐나다한인대학교수협의회, 토론토아카데미윈드오케스트라, 사물놀이캐나다, 쟁이사물놀이, 캐나다한국전통음악협회, 소래청소년교향악단, 마니토바한국고전무용예술단, 나래무용단, 토론토한인합창단, 캐나다한인미술가협회, 캐나다한인문인협회, 예멜음악애호가협회(예멜필하모닉합창단), 캐나다한인교향악단, Join the Leaders, 캐나다한인장학재단, 스코필드박사추모재단, 조이모자선교회, 한인봉사단체네트워크, 캐슬뷰양로원한인봉사회, 한가족선교회, 캐나다효문화재단, 한국복지재단 온타리오후원회(구 불우어린이후원회), 캐나다한국무용연구회, 민주평화통일 자문회의 토론토 협의회, 토론토 대학원 총한인학생회(UTKGPSA, University of Toronto Korean Graduate and Professional Students' Association), 한카노년 스포츠 협회, 캐나다 온타리오 이북도민회, 사물놀이캐나다, 캐나다밀알선교단, 캐나다한인사진협회, 토론토미술작가협회, 나눔선교회, 홍푹정신건강협회, 베터리빙복지센터, 성인장애인공동체, 마니토바노인회, 캐나다조국사랑 무궁화포럼연합회, 런던서독동우회, 호국안보단체협의회 캐나다연합회, K-LINC(Korean Leaders International Network Consortium), 캐나다불교인협회, 한인전문인협회(KPWA), 한카치매협회, 재캐나다태권도한인협회, 휴로니아 한인회.

2) 주밴쿠버 총영사관 관할지역 한인 네트워크*

 * 한인회 및 동포단체 - 밴쿠버 한인회, 빅토리아 한인회, 캘거리 한인회, 에드먼턴 한인회, 사스카툰 한인회, 리자이나 한인회, 밴쿠버 한인 노인회, 캘거리 한인 노인회, 에드먼튼 한인 노인회, 밴쿠버 여성회, 세계 한민족 여성 네크워크(KOWIN), 민주평화통일자문회의 캐나다 서부지회, 밴쿠버 한인 장학재단, 6·25참전국가유공자회, 대한민국 재향군인회 캐나다 서부지회, 월남전참전자회 캐나다 서부지회, 이북도민회, 캐나다한인과학기술자협회(서부지역), BC주 한인의료인 협회, 밴쿠버 한인 기독교 협회, 밴쿠버 유학원 협회, 캐나다 한인 늘푸른 장년회

 * 실업인협회·무역협회 - BC주 한인협동조합 실업인협회, 세계한인무역협회(옥타) 서부 캐나다지회, 캘거리 실업인협회, 에드먼튼 실업인협회

---

* 주밴쿠버 대한민국 총영사관 홈페이지(http://overseas.mofa.go.kr/ca-vancouver-ko/index.do) 참조.

* 문화예술단체 - 한국 전통예술원, 캐나다 한국 문인협회, 천둥, 시온합창단, 솔리엔, 밴쿠버 여성합창단, 뮤즈 한인청소년 오케스트라, 메트로 밴쿠버 남성합창단, 극단하누리, 국악전문 공연단 및 아카데미 밴 남사당, BC 한인미술인협회, (사단법인)한국문인협회 캐나다 밴쿠버 지부

5. 매체 목록과 서지 사항

1) 문예지

캐나다한인 문인들이 발간하는 문학지는 각 단체를 중심으로 '캐나다한인문인협회'의 《캐나다문학》, '캐나다한국문인협회'의 《한카문학》, '(사)한국문인협회 캐나다 밴쿠버지부'의 《바다 건너 글 동네》, '에드몬튼한인얼음꽃문학회'의 《얼음꽃문학》, '캘거리한인협회'의 《맑은 물 문학》, '서스캐처원문학회'의 《밀밭》 등이다.

'캐나다한인문인협회'의 정기간행물인 《캐나다문학》*은 현재 격년으로 발간되고 있다. 《캐나다문학》은 《새울》(제1집, 1977), 《이민문학》(제2집, 1979), 《이민도시》(제3집, 1980), 《이민문학》(제4집, 1981), 《이민문학》(제5집, 1989), 《이민문학》(제6집, 1992), 《이민문학-옮겨심은 나무들》(제7집, 1995), 《캐나다문학》(제8집, 1997), 《캐나다문학》(제9집, 2000), 《캐나다문학》(제10집, 2001), 《캐나다문학》(제11집, 2003), 《캐나다문학》(제12집, 2005), 《캐나다문학》(제13집, 2007), 《캐나다문학》(제14집, 2009), 《캐나다문

---

* 영어 명칭 'Korean Canadian Literature'.

학》(제10집, 2011), 《캐나다문학》(제16집, 2013), 《캐나다문학》(제17집, 2015), 《캐나다문학》(제18집, 2017)으로 이어져왔다.

 이밖에 이민 1세 중심의 한인문학에서 탈피하여 한국어를 모르는 2세와 영어를 공용어로 사용하는 캐나다인들에게 한인들의 문학을 읽히기 위해 한영작품집 - 제1집 《Literary Collection Of KCWA Members》(2007)를 발간한 이래 제2집 《KCWA Literary Collections》(2009), 제3집 《KCWA Literary Collections》(2011), 그리고 한 - 캐 수교 50주년 기념으로 제4집 《시와 수필 대표작 선집》(An Anthology of Poetry and Essays by Korean Canadian Writers)(2013), 제5집 《The Voice of Rose of Sharon》(2017) 등을 발간했다. 이는 거주국 캐나다 내에서의 현지화에 대한 적극적 의지의 표출로 보인다. 즉 영어로 독서가 가능한 2세를 비롯한 타민족 영어 사용 독자들에게까지 독자의 외연을 넓히고자 하는 의지의 일환이다. 그리고 2009년(02.08)일부터 '캐나다한인문인협회'는 인터넷카페http://cafe.daum.net/koreansassocia를 개설함으로써 격년으로 발간되는 《캐나다문학》이 가진 발표지면의 한계를 극복해 나가기 시작한다. 카페 개설로 회원들은 자유롭게 인터넷 상에 수시로 작품을 발표를 할 수 있게 되었고, 특히 소설분야에서 다른 장르와 달리 중편과 장편 연재가 가능해짐으로써 단편 위주의 발표를 벗어나 중장편의 활성화에 크게 기여하고 있다.

 그리고 '신춘문예'는 문학 신인 배출에 큰 기여를 해왔는데, 처음에는 '캐나다한인문인협회' 단독으로 실시했지만, 1988년부터는 《캐나다한국일보》의 후원으로, 2007년부터는 '캐나다한인문인협회'와 《캐나다 한국일보》의 공동주최로 바뀌었다. 그리고 《캐나다 한국일보》는

'문협광장'을, 《토론토 중앙일보》는 '살며 생각하며' 코너를 고정하여 정기적으로 문인들의 발표매체로서 중요한 기능을 하고 있다. 이밖에 《캐나다 조선일보》가 2011년에 창간되었으며, 밴쿠버에도 《밴쿠버 한국일보》, 《밴쿠버 중앙일보》, 《밴쿠버 조선일보》 등의 현지신문이 발간되어 문인들에게 발표지면을 제공하고 있다.

밴쿠버(Vancouver) 거주의 문인이 증가함으로써 1997년에 '캐나다한인문인협회 밴쿠버지부'가 만들어졌다. 2000년 12월 14일부터 밴쿠버지부는 '캐나다크리스챤문인협회'(초대회장 반병섭)라는 명칭을 사용하기 시작했는데, 2004년에 '밴쿠버한인문인협회 Korean Literary Society of Vancouver(K.L.S.V)'로 개칭한다. 그리고 2014년 9월부터는 '(사)한국문인협회 캐나다 밴쿠버지부'(2018, 회장 임현숙)로 활동하기 시작했다. 이 단체는 2005년에 《바다 건너 글 동네》 창간호*를, 2008년에는 2집을, 2013년에는 3집을 발간했다. 밴쿠버를 중심으로 한 캐나다 서부지역 한인문인들을 아우르는 이 단체는 2002년부터 '신춘문예' 공모를 통하여 회원들을 다수 배출했고, 이들은 회원으로 가입했다. 현재 회원은 48명(시18명, 수필26명, 시조1명, 동화1명, 소설1명, 평론1명)이다. 주요 활동은 1)신춘문예(작품모집) 공모, 2)문협 뉴스 및 작품집 발행, 3)연구 발표회 및 강연 개최, 4)문학의 밤 개최, 5)백일장 개최, 6)타 문학단체와의 교류, 7)친목모임 등이다.

2009년에 밴쿠버를 중심으로 창립된 '캐나다한국문인협회(Korean Writer's Association of Canada)'는 《한카문학》을** 12집(2017.10)까지 발간하

---

* 28명의 회원작품 수록.
** 뉴스레터 형식.

였다. 교포사회에서 "생활 속의 한국문학"과 "차세대 한국문학교육", "다민족간 문학교류"를 목적으로 설립한 이 단체에는 50여 명의 회원들이 활발히 활동하고 있다. 캐나다뿐만 아니라 한국, 미국, 독일, 인도 등에도 회원이 있는 이 단체는 주류문단인 '캐나디언의 문협(Canadian Authors Association, Burnaby writers Society)'의 모임에도 참가하고, 회원의 시를 영어로 번역하여 '캐나다인의 문협'의 작품집에 발표하는 등 캐나다 주류문단과의 소통에 지속적인 노력을 기울이고 있다.* 그리고 한카문학제, 시낭송회, 세미나 등을 개최해오고 있다.

에드먼턴에는** '에드몬튼한인얼음꽃문학회'(초대회장 박능재)가 2000년 7월에 '문학활동을 통하여 한국어 계승과 우리의 전통문화를 계승 유지한다'는 것을 목표로 조직되어 《얼음꽃문학》을 13집(2013)까지 발간하는 등 현재 30명의 회원***이 활발히 활동하고 있다. 주요활동으로는 한인도서관 설립, 매년 동인지 발간, 신춘문예 실시, 시화전, 독후감 경진대회, 문학의 밤 개최 외에 영문 동인지를 2집까지 발간했다.

'캘거리한인문인협회'(초대회장 이유식)는 캘거리 거주 문인들이 중심이 되어 조직된 단체로서 2003년 2월에 이유식, 안희선, 오혜정, 안세현

---

* 2009년 6월 17일 창립된 캐나다한국문인협회(Korean Writer's Association of Canada)(카페 http://cafe.daum.net/KWA-CANADA)는 교포사회에서 "생활 속의 한국문학"과 "차세대 한국문학교육"을 목적으로 설립되었으며, 2012년에는 "다민족 간 문학교류"를 추가하여 지금까지 활발히 움직이고 있다. 문협 정회원은 50명 정도이다. 2009년 6월 창립총회와 함께 "제1회 한마음문학제"를 개최하였으며, 제2회부터 "한카문학제(Canada Korea Literary Festival)"로 개칭하여, 해마다 9월이면 주제를 바꿔가며 열리고 있다. 한카문학회 회원들은 캐나다 주류문단인 캐나디안의 문협(Canadian Authors Association, Burnaby writers Society) 모임에도 나가고, 회원의 시를 영어로 번역하여 동 캐나다인문협의 작품집 등에 발표하고 있다. 2012년 3월부터 시작된 동인지 《한카문학》(3월, 9월 발행)을 발간하였으며, 2013년에는 "한카문학상"을 제정했다.: 박오은《한카문학》편집장)과의 이메일 인터뷰(2014.12.6.).
** 캐나다 서남부의 알바타주의 도시로서 로키산맥의 동쪽의 대평원에 위치함.
*** 박능재, 김중현, 김영숙, 소병희, 김덕산, 윤원식, 서영옥, 전선희, 이종배, 이항운, 이종숙, 안재빈, 전미자, 노신옥, 조용옥, 조율리, 양정윤, 전혜나, 박영호, 조혜란, 김경숙, 박동순 등.

등이 창립멤버가 되어 창립했다. 현재 이유식, 강목수, 최광력, 방세형, 원주희, 고성복, 김영애, 이희라, 이진종, 김희조, 박충선, 김목례, 유진원, 오혜정, 김민식, 신금재, 안세현 등 총 17명이 참여하고 있으며, 한국문단에서 등단한 기성문인은 10명이다. 캘거리문협은 2007년부터 신춘문예를 공모하여 신인을 배출해왔고, 2007년에 창간한 동인지《맑은 물 문학》은 2014년에 4집까지 발간됐다. 현재(7대회장) 회장은 심금재이다. 'Calgary'가 인디언 원어로 '맑은 물'이라는 뜻을 지니고 있기 때문에 '맑은 물 문학'이라는 제목이 붙여졌다.*

2011년에는 캐나다 중부지역인 서스캐처원주에 '사스캐츠완문학회'가 창립되어 2013년에 동인지《밀밭》을 창간호를 발간했고, 2017년에는 2집을 발간했다.

'캐나다한인문학가협회'는 2003년 '세계크리스천문인협회'로 출발하여 2006년에 개칭했다. 이 단체는 캐나다와 한국에서 활동하는 크리스천 문인들로 구성되어 있다. '국제펜클럽 한국본부 캐나다지역위원회'도 설립되었지만 별다른 활동은 없다. 이밖에 동인으로 '시둥지', '문예동인', '여성동인' 등이 있다.**

현재 문학지는 단체별로 반년간, 격년 또는 비정기적으로 발간되고 있다. 그리고 캐나다한인 문인단체들은 종이책 형태의 기관지 이외에 인터넷 카페를 개설함으로써 인터넷 공간을 수시의 발표지면으로 적극 활용하며 회원들의 소통공간으로서의 기능도 훌륭하게 수행하고 있다. 사실 각 단체의 기관지 이외에 별도의 문학지를 갖지 못한 캐나

---

* 초대회장 이유식과의 이메일 인터뷰(2009. 2).
** 송명희, 앞의 책, 30~43면.

다한인 작가들로서는 인터넷 공간이야말로 그들의 작품을 발표할 수 있는 매우 훌륭한 매체가 되고 있다. 각 단체를 넘어서서 캐나다 전체를 아우를 수 있는 인터넷 문학지를 발간할 수 있다면 한인들의 창작 활성화에 매우 큰 도움을 줄 것으로 생각한다. 나아가 모국인 한국에서 캐나다한인들의 인터넷 문학지 운영에 경제적 실제적으로 도움을 줄 수 있다면 바람직할 것으로 생각한다.

그리고 캐나다 내에는 한국 교민들을 위한 언론 매체가 다수 있어 문인들에게 발표 기회를 제공하고 있다.

토론토 지역 – 《캐나다 한국일보》(일간), 《토론토 중앙일보》(일간), 《시사한겨레》, 《재외동포신문》, 《경향미디어그룹》, 《얼 TV》(TV방송), 《기독교방송》(라디오방송) 등이 있다.

밴쿠버 지역 – 《밴쿠버 한국일보》, 《밴쿠버 중앙일보》, 《밴쿠버 조선일보》, 《TV 코리아》, 《얼 TV》, 《교차로》, 《동아라이프》, 《플러스뉴스》, 《한국인/코리아 뉴스》, 《KCTV》(TV방송), 《기독교방송》, 《CN드림 캘거리(calgary)》, 《알버타저널》(캘거리), 《빅토리아투데이》(빅토리아), 《주간한국》(에드먼턴) 등이 있다.

몬트리올 지역 – 《한·캐 타임즈》, 《코리안 뉴스위크》, 《VoKo》(라디오방송) 등이 있다.

2) 신문

가. 일간지

《캐나다 한국일보》 www.koreatimes.net

   - 발행인 김명규

   - 전화 416-787-1111, 팩스 416-781-7777

   - 이메일 public@koreatimes.net

《토론토 중앙일보》 www.cktimes.net

   - 발행인 김완수

   - 전화 416-736-0736, 팩스 416-736-7811

   - 이메일: news@cktimes.net

《밴쿠버 한국일보》

《캐나다 밴쿠버 조선일보》 www.vanchosun.com

《캐나다 밴쿠버 중앙일보》 http://joongang.ca

나. 주간지

《캐나다헤럴드》

   - 발행인 박기선

   - 전화 416-224-2074, 팩스 416-224-2076

   - 이메일 dongponewsca@hotmail.com

《시사한겨레》
- 발행인 김종천
- 전화 416-773-0070, 팩스 416-773-0050
- 이메일 sisahan@gmail.com

《경향미디어 그룹》 www.khcanada.com
- 발행인 이영식
- 전화 905-764-8833, 팩스 905-764-8866
- 이메일 info@khcanada.com

《캐나다 한국인》
- 발행인 김완수
- 전화 416-736-0736, 팩스 416-736-7811
- 이메일 cktimesnet@yahoo.com

《토론토 교차로》 www.kcrnews.com, www.114click.com
- 발행인 윤용덕
- 전화 416-590-1004, 팩스 289-597-5275
- 이메일 kcrad@kcrnews.com

《크리스챤 월드》
- 발행인 서준용
- 전화 416-441-0191, 팩스 416-441-0925

- 이메일 cw0191@gmail.com

《부동산 캐나다》 www.budongsancanada.com
- 발행인 조준상
- 전화 416-449-5552, 팩스 416-449-0694
- 이메일 info@krep.ca

《캐나다 우먼파워》
- 발행인 김지연
- 전화 905-508-7762, 팩스 905-237-2698
- 이메일 canadawomanpower@hotmail.com

《캐나다경제신문》
- 발행인 홍성인
- 전화 416-887-3213
- 이메일 imaple1@gmail.com

《일요신문》
- 발행인 김원태
- 전화 416-800-6757
- 이메일 canadailyo@gmail.com

《마니토바코리아타임즈》 www.tkoreatimes.com

- 발행인 송원재
- 전화 204-663-5051
- 이메일 tkoreatimes@gmail.com

다. 인터넷 신문

《월드인캐나다》 www.worldincanada.com
- 발행인 윤덕현
- 전화 416-590-0525
- 이메일 danny@worldincanada.com

《글로벌코리언》 www.globalkorean.ca
- 발행인 강한자
- 이메일 news@globalkorean.ca

3) 방송

가. 케이블 및 인터넷 TV

《얼 TV www.alltv.ca》
- 대표 이장성, 전화 416-538-2211, 팩스 416-588-6550

《Arirang Korea(OMNITV.ca)》
- 대표 김민구, 전화 416-835-2528
- Cable 14 OMNI2 채널 : 목요일 오후 4:30, 일요일 오후 10:30

《경향 앤 티비(&TV)》 www.khcanada.com
- 대표 : 이영식
- 전화 : 905-764-8833
- 이메일 : info@khcanada.com

나. 라디오
《토론토 기독교 방송》 www.cbstoronto.com
- 대표 김경희
- 전화 416-512-7722, 팩스 416-512-0676

4) 기타
《티알캐나다(TR Canada)》 www.trcanada.com
- 대표 백용권
- 전화 : 647-244-8279
- 이메일 : info@trcanada.com

《케이 토론토(K_Toronto)》 www.trcanada.com
- 대표 김민환
- 이메일 : ad.ktoronto@gmail.com

6. 이산문학이 한인사회 및 해당 지역에 미친 영향 및 효과

캐나다는 원주민과 다른 나라에서 온 이민자들로 구성된 나라이다. 초기의 이민자들은 주로 프랑스와 영국 등 유럽에서 건너왔지만, 1970년 대에 이민과 다문화를 장려하는 새로운 이민 정책으로 아시아, 아프리카 등 세계 각지에서 많은 이민자들이 들어왔고, 지금도 캐나다의 인구 증가는 매년 25만 명 이상의 새롭게 유입되는 이민자들에 의해서 이루어지고 있다.

캐나다의 이민 정책은 이웃 나라인 미국과 자주 비교된다. 미국의 이민 정책이 이민자들의 고유문화와 전통을 지우고 미국 사회에 동화시키는 '용광로 정책'이라면, 캐나다의 이민 정책은 이민자들의 이주 전 특성을 그대로 유지하면서 캐나다 사회에 적응하도록 하는 '모자이크 정책'이다.

이민자들은 캐나다에 이주 후에도 미국과 같은 동화를 강요받지 않고, 다문화주의에 의거하여 자신들의 이주 이전 모국의 전통을 유지할 것을 권장 받으며, 혈통을 자랑스러워하고 모국의 문화를 지켜 간다. 때문에 캐나다는 마치 여러 나라와 민족이 조각조각 모여서 하나를 이루는 모자이크 문화를 형성하고 있다. 이로써 미국과 차별화된 캐나다만의 독특한 문화를 형성하고 있다.

캐나다의 공식 언어는 영어와 프랑스어이다. 하지만 캐나다에는 세계 각국에서 모인 이민자들이 많아, 사용하는 언어도 다양하다. 캐나다 원주민들이 쓰는 다양한 고유어와 함께 네덜란드어, 폴란드어, 독일어, 중국어, 한국어, 베트남어, 아랍어 등 서로 다른 언어를 쓰는 사람이 전체 인구의 13%가 넘는다. 이에 캐나다 정부는 이민자들이 자신들의 모국어를 캐나다에서 계속 사용할 수 있도록 학교 교육에서도 지원하며, 소수민족에 대한 모국어 교육을 장려하고 있다.

  캐나다는 1971년 각 인종들의 다양성을 인정하는 다문화주의 정책을 세계에서 처음으로 채택했다. 다문화주의를 통해 캐나다 정부는 인종·언어·종교에 관계없이 모든 시민들이 평등하다는 개방적인 사회건설을 추진하고 있다. 캐나다 다문화주의의 정책들은 이중국적 및 여러 개의 시민권 인정, 정부에 의한 신문, 방송매체 등의 소수 언어 지원, 소수민족을 위한 축제, 연휴, 기념일 등의 지원, 소수문화를 위한 음악과 예술의 지원, 학교 교과과정 안에 다문화주의 정착, 학교 군대 사회 등에서 전통적이거나 종교적인 의상의 허용, 정치 교육 노동 등에서 소수문화를 대표할 수 있는 프로그램의 개발 등이다.*

  '다문화주의(복합문화주의)'는 미국화로부터 캐나다 독자의 것을 구별하는 데 필연적 요소가 되어왔다. 즉 남쪽에 인접한 미국과 언어를 같이 하는 캐나다가 미국의 TV·라디오·영화·출판물의 자유로운 유입에 의해 일어날 수 있는 미국에의 문화적 통합을 막을 수 있는 것은 세계 각지 출신의 이주민들이 고유의 전통을 캐나다 땅에서 계속 지키고 있기 때문이다.

  따라서 캐나다한인들이 모국어로 문학활동을 한다는 것은 캐나다를 다문화사회로 발전시키는 데 중요한 역할을 한다고 할 수 있다. 캐나다의 다문화주의와 다중언어정책에 의해 한인들은 문인단체를 만들어

---

* 김은기, 앞의 글, 82면.

서 이를 중심으로 모국어로 문학활동을 하고, 회원들 간에 친목을 도모함으로써 자연스럽게 민족문화를 이어갈 수 있다. 그리고 한국어 문학을 통해 모국어를 2세들에게 자연스럽게 교육시킬 수도 있다.

캐나다한인문인협회의 목적 중에는 "문학을 통하여 동포의 교양 및 정서생활에 이바지한다."라는 문구가 있다. 캐나다한인들이 캐나다에서 모국어인 한국어로 문학활동을 한다는 것은 한인 이민자들의 교양 및 정서생활을 풍요롭게 하는 데 이바지하게 된다.

캐나다라는 낯선 사회에서 한인들은 생활고와 언어장벽, 인종차별, 가족 해체 등의 좌절을 겪으며 살아간다. 문학은 이들의 경험을 진솔하게 표현하고, 그들이 경험하는 정체성의 혼란과 문화충격, 모국에 대한 그리움을 표현하고 갈등을 치유하는 역할을 해왔다. 또한 이민의 경험을 통해서 얻은 통찰력을 문학을 통해서 제시하고, 이민자로서의 삶의 본질을 형상화함으로써 차세대 이민자들에게 이주의 소중한 경험을 전수할 수도 있다.

하지만 무엇보다도 중요한 것은 모국어를 통해 한민족으로서의 민족문화와 민족정체성을 유지하고 전승시키는 데 모국어를 사용하는 한인문학은 귀중한 역할을 해왔다고 할 수 있다. 언어야말로 민족성(ethnicity)의 가장 중요한 상징으로 인식되어 왔으며, 한 민족집단의 언어 동화는 그 집단의 사회문화적 동화의 가장 신뢰할 만한 지표로 여겨져 왔다. 민족어(ethnic language)는 전통어(heritage language)를 통해 한 민족집단의 문화적 가치와 민족정체성이 세대에 걸쳐 전승되기 때문에 차세대가 민족어를 어느 정도 잘 하느냐는 민족문화와 정체성이 세대 간에 지속될 수 있는지의 여부를 측정하는 지표가 된다.* 낯선 땅에서 모국어로 문학활동을 한다는 것은 이민 1세들에게는 민족정체성과 문화를 유지시키고 민족통합을 가능하게 하며, 2세들에게는 민족문화와 민족정체성의 뿌리를 전승시키는 역할을 하고 있다.

캐나다한인문단의 대표적 시인으로는 이주 기간은 길지 않지만 가장 많은 시집을 발간한 권천학 시인을 들 수 있다. 그녀는《현대문학》(1991)으로 등단한 후 지금까지 한글시집 14권, 일어시집 1권, 영한 시집 2권 등을 발간했다. 그녀는 이주 전 한국에서도 활발한 작품 활동을 했으며, 이주 후에는 한글시를 영어로 번역하여 영한시집을 두 권 발간했고, 한국 고유의 정형시인 시조를 영어권에 보급하는 일에도 앞장서고 있다. 영한시집의 발간이나 시조 보급운동은 한국문학과 한국문화를 영어권에 보급하자는 의지의 일환으로 해석된다. 그녀는 최근에 발간한 시집 『영장류 출입금지』(시문학사, 2018)에서 생태주의에 입각한 시세계를 보여주고 있다. 이 시집은 전체가 생태주의 시로 구성되어 도저한 생태적 상상력으로 충만해 있다. 시집에 수록된 한편 한편의 시들은 생태적 윤리의식에 깊게 경도되어 있으며, 시인 특유의 생태주의적 세계관을 전파한다. 시집 전체를 관통하는 주제는 생태 파괴의 원인이 되는 자본주의 체제와 인간중심주의를 반성하며 생태적 윤리의식을 회복하여 에코토피아의 세계를 구현하자는 것이다. 그렇다고 시인이 생태주의적 도그마를 건조한 언어로 설파하는 것이 아니라 원숙한 시적 형상화 과정을 통해 독자들의 가슴에 생태적 가치를 일깨우고 생태 파괴에 무관심했던 삶을 성찰하게 만든다. 시인이 시집에서

---

* 윤인진, 앞의 논문, 127면.

지향한 생태주의는 생태 파괴의 원인으로 자본주의 체제를 문제 삼고 있지만 근본적으로는 인간이 자연을 지배하는 인간중심주의에서 생태 파괴가 일어났다고 보고, 이를 벗어나 인간과 자연이 평등하게 상생하는 에코토피아의 세계를 지향했다는 점에서 심층적 생태주의에 가장 가깝다고 할 수 있다.* 온실가스 배출에 따른 지구온난화 문제가 전 지구적 과제가 되어 있는 작금의 상황에서 그녀의 생태주의 시는 지구촌 어느 곳에서도 감동을 불러일으킬 수 있는 전 지구적 보편성을 띠고 있다.

캐나다한인 소설의 대표적인 작가는 이종학, 장명길, 어윤순, 김외숙 등을 들 수 있다. 이종학의 소설집 『검은 며느리』(2002)는 이민 1세들을 중심으로 이민생활의 자아상실, 이국땅에서 겪은 불안과 좌절 등을 핵심적 주제로 그려내는 한편으로 혈통에 기반한 민족의식을 고취한다. 『검은 며느리』에 수록된 「피의 충동」은 혈통과 함께 민족정체성 확인에서 언어 역시 중요하다고 말하고 있다. 「4월의 메아리」(1989)에서는 이민 초기에 자민족중심주의의 사고에 머물러 거주국에서의 적응에 어려움을 겪는 캐나다한인의 모습을 사실적으로 그려내고 있다. 「딸의 모습」(2001)에서도 혈통의 순수성과 문화적 규범의 보존과 계승과 같은 민족정체성의 주제를 중요하게 형상화해냈다. 장편소설 『국밥 속의 민들레』(1994)에서는 사진신부가 되어 낯선 땅 캐나다에 뿌리를 내린 1970년대 이주여성들의 파란만장한 삶을 통해 결혼과 행복의 진정한 의미를 질문한다. 『눈 속으로 간 여자』(2004)는 이민 1세들의

---

* 송명희, 「생태적 윤리의식과 에코토피아의 꿈」, 권천학, 『영장류 출입금지』, 시문학사, 2018, 127~151면.

애환과 새로운 이민 세대들과의 갈등 그리고 한국유학생들의 실상 등 다양한 소재를 그려냈다. 한편 『죽은 여인이 보낸 키스』(1994)에서는 추리소설이라는 새로운 형식을 시도했다.

장명길은 첫 소설집 『풀의 기원』(2004)에서 이주로 인한 자아상실과 이질적 세계 속에 편입된 디아스포라의 부적응과 문화충격, 이민 가족의 황폐한 모습 등을 집중적으로 그려냈다. 「드림하우스」는 '드림하우스'라는 제목을 통해 역설적으로 드러나고 있듯이 이민이란 그럴 듯한 외양과 달리 부부간, 또는 부모자식 간의 관계가 소원하다 못해 황폐해진 가족 풍경을 보여준다. 부모는 자식 교육을 위해 이민을 했지만 새로운 사회에서 그들은 부모로서 자식에 대한 영향력 행사는 고사하고 자식으로부터 배척과 배신을 당하고 만다. 이민자들이 새로운 사회에서 겪는 가족해체와 윤리적 갈등을 집중적으로 그려낸* 그의 소설은 독자로 하여금 이민 자체에 대해 근본적으로 성찰하게 만든다.

이기인은 이종학과 장명길이 재미한인 작가에게서는 볼 수 없는 백인과의 충돌, 2세 교육과 세대 간의 갈등, 교민단체나 교회와 같은 교민사회의 문제를 다루었다**고 분석했다.

어윤순은 데뷔작인 『이민파티』(1976)를 발표할 때부터 디아스포라의 생생한 경험을 충실하게 그려왔다. 그녀의 『블랙 죠』(1993)는 4·29 LA 폭동을 소재로 한 소설이다. 사건 직후 현장을 직접 답사하여 목격자들의 증언을 청취하면서 쓴 기록 형식의 연작소설이 바로 『블랙 죠』다. 이 작품은 미주지역 한인문학에서 4·29 LA 폭동을 그린 거의 유

---

* 송명희, 앞의 책, 207면.
** 이기인, 「미주지역 이민 1세대 소설 비교연구」, 《한국언어문학》 72, 한국언어문학회, 2010, 401면.

일한 소설이라는 점에서 주목하지 않을 수 없다. 작가는 미국 주류사회의 구조적 모순이 사건의 근본원인임을 지적한다. 백인과 흑인, 히스패닉, 한인 등으로 이어지는 인종간의 위계질서는 바로 계층 간의 위계질서에 다름 아니며, 이것은 미국사회의 구조적 모순을 드러내 주는 것이라고 작가는 지적한다.*

캐나다인 목사와 결혼하여 2003년에 이민한 김외숙은 「우리의 만찬」(2009)에서 이민족 간의 결혼과 이주에 따른 삶의 갈등을 다루고 있다. 이 작품은 작가 자신의 자전적 경험이 반영됨으로써 더욱 설득력을 갖는데, 1인칭 화자이자 주인공은 외국인과의 결혼에 극도의 스트레스를 느낀 나머지 이혼까지도 고려하는 갈등적 상황에 빠져 있다. 타국으로의 이민과 외국인과의 결혼은 문화적 차이를 넘어서서 사소한 국면에서부터 문화충격을 유발하기 때문이다. 결말에서 작가는 서로 간에 문화적 차이를 인정하고 통합을 이루어 나가려는 꾸준한 노력과 인내가 쌍방 간에 모두 필요하다고 말하고 있다.** 즉 문화상대주의를 통해 갈등을 치유해가자는 대안을 제시한다.

강기영은 『각하』, 『들쥐』를, 전정우는 『개 같은 세상에서 위대한 역사』, 『얼굴 없는 나르시스』, 『강보다 깊은 국경』 등의 장편소설을 캐나다한인문인협회의 인터넷 카페에 연재하는 등 최근 가장 활발한 활동을 펼치고 있다. 앞으로의 활동이 크게 기대되는 작가들이다.

캐나다한인 수필가 가운데서 가장 많은 수필집을 발간한 이동렬은 캐나다 웨스턴 온타리오대학 교육심리학과 교수와 이화여자대학교 심

---

* 이상갑, LA 4·29사태, 미국사회의 정치학 - 캐나다한인소설 『블랙 죠』(어윤순)를 중심으로, 《현대문학이론연구》 38, 현대문학이론학회, 2009.
** 송명희, 앞의 책, 136~140면.

리학과 교환교수를 역임한 수필가이다. 그는 캐나다한인사회에서 수필이 동포 정서의 중요한 역할을 맡고 있다고 말한다.* 즉 수필을 포함한 글쓰기가 작가 자신에게 있어 매우 중요한 의미기능을 띠고 있다고 본다. 고학력의 캐나다 이민자들에게 글쓰기는 내적 갈등의 분출구이며, 절실한 자기표현이고, 정체성 확립에 있어서도 매우 중요한 역할을 한다는 것이다. 한편 그는 한국의 옛시조 180수를 뽑아 현대적으로 풀이한 『세월에 시정을 싣고』(2002)라는 수필집을 발간한 바 있다. 그의 수필에는 한국과 동양의 고전에 대한 인유가 매우 풍부하며, 한국의 가곡, 대중가요 등을 인용하고 풀이하는 수필들도 많다. 이것은 다분히 의도적으로 보인다. 그 의도란 문학을 통해 한국인의 정신적 자산을, 즉 한국인으로서의 민족정체성을 계승하자는 민족적 의미이다.

수필가 장정숙은 수필집 『어머니의 뜰』(2005) 등에서 다문화주의를 채택하고 있는 캐나다에서 아시아계 이민자인 한인들이 백인들로부터 겪는 불가시적 차별을 예리하게 포착해내는 수필들을 써서 주목받아 왔다.

7. 이산문학의 특성과 주요 갈등 문제

한민족의 디아스포라를 다각적으로 연구해온 윤인진은 재외한인의 이주와 정착의 경험에는 이주, 차별, 적응, 문화접변, 동화, 공동체, 민족문화와 민족정체성 등 다양한 주제들이 포함되어 있다고 했다.**

---

* 이동렬, 「교민사회 수필문학의 현주소」, 『꽃 피고 세월 가면』, 선우미디어, 2006, 231면.

한민족의 디아스포라를 경험적 기반으로 한 이산문학의 가장 중요한 갈등의 문제는 바로 디아스포라의 이산경험으로부터 표출되어 나오는 갈등이라고 할 수 있다. 즉 이주와 정착의 과정에서 발생하는 이주, 차별, 적응, 문화접변, 동화, 공동체, 민족문화와 민족정체성 등의 주제들이 이산문학의 특성이자 주요 갈등의 문제라고 하지 않을 수 없다. 캐나다한인문학에는 정체성에 대한 갈등, 문화변용과 문화충격, 피부색과 언어 차이로 인한 차별의 문제 등이 중요한 갈등 요인으로 나타나고 있는 것을 볼 수 있다. 이 문제를 장르 별로 고찰해 보면 다음과 같다.

　캐나다 한인시의 경우는 2000년 이전의 초기 시와 2000년 이후의 시를 별도로 나누어서 문화변용의 태도에 대해 고찰한 결과 2000년을 기점으로 하여 큰 변화가 나타났다. 초기의 시에서 한인들은 캐나다로의 이주가 어디까지나 자발적 선택이었고, 캐나다가 이민자들의 모국문화를 인정하는 다문화주의 정책을 실시했음에도 불구하고 문화적 배경이 상이한 캐나다에서 소수민족으로서 새롭게 적응하는 일이 결코 쉽지 않음으로써 야기되는 내적 갈등을 노정하고 있다. 즉 이민을 선택한 자신의 경솔함에 대한 후회, 언어 소통의 어려움, 사고방식의 차이로 인한 가치관 혼란, 현실에 대한 좌절감 등등 이민 초기에 경험한 문화충격의 다양한 증상들이 표출되고 있다. 그리고 그에 대한 방어기제로서 모국에 대한 향수가 집중적으로 나타나고 있다. 더욱이 1.5세의 경우는 정체성의 혼란이 집중적으로 드러나 1.5세들이 1세들

** 윤인진, 앞의 책, 4면.

에 비하여 모국과 거주국 사이에서 더 큰 정체성 갈등을 겪는다는 것을 알 수 있었다.

이처럼 초기 시는 문화변용에서 주류문화와 고유문화 모두를 동일시하는 통합(integration) 대신 고유문화에는 동일시하지만 주류문화는 무시하는 '고립'과 주류문화에도 참여하지 않고 고유문화도 잃어버리는 '주변화'의 태도를 집중적으로 나타냈다. 캐나다가 이주민들에게 다문화주의 정책을 폈음에도 한인들은 백인중심의 주류사회에서 피부색과 언어장벽, 그리고 생활양식이나 관습과 제도의 차이로 인하여 이민 초기에 문화적 단절감과 좌절을 느낄 수밖에 없었으며, 그것이 '고립'과 '주변화'의 태도로 나타난 것으로 보인다.

베리(J.W. Berry)는 다수의 주류집단이 이주민들의 고유한 정체성과 생활방식을 존중하고 문화적 다양성을 유지하면서 사회통합을 이루도록 다문화주의를 추구하면 소수집단은 통합적 정체성을 추구한다고 하였다. 하지만 캐나다의 관주도형 다문화주의 정책은 이민자 개개인의 현실 속으로 파고들지 못한 채 유리된 측면을 이주 초기의 시는 보여주고 있다.

하지만 이주 초기에 새로운 문화에 적응하지 못함으로써 나타나는 고립과 주변화의 태도는 자연스런 것일 수 있다. 왜냐하면 새로운 사회에 적응하고 통합을 이루는 데는 시간이 필요하기 때문이다.

따라서 2000년 이후의 시에서는 고립과 주변화를 벗어나 점차 적응과 통합을 이루는 변화 양상이 다양하게 나타난다. 첫째, 거주국에 대한 실망감과 소외감이 솔직하게 표현되었으며, 이민의 좌절감을 종교에 대한 귀의를 통해서 극복하고자 하는 모습이 보인다. 둘째, 현지

적응을 위한 치열한 생존전략을 모색하는 태도가 나타나고 있다. 셋째, 캐나다의 자연풍광 및 복지제도를 찬양하는 시가 창작된다. 넷째, 모국의 정치사회적 문제에 대한 관심과 비판, 또는 장거리 민족주의가 표출되고 있다.

즉 이주 기간이 길어지면서 거주국에 대한 실망감과 소외감이 극복되고, 기독교 등 종교적 귀의 등을 통해 현지 적응이 점차 이루어지고 있다는 것을 2000년대 이후의 시들은 다양하게 보여준다. 그리고 모국에 대한 향수보다는 현지에 적응하려는 치열한 생존전략을 모색하는 태도나 캐나다의 자연 풍광과 복지제도에 대한 찬양은 다름 아닌 캐나다한인들이 캐나다라는 국가 공동체의 일원으로서 점차 소속감을 갖기 시작했다는 의미로 해석할 수 있다. 한편 그들은 모국인 한국의 정치사회적 사건에 대해서도 깊은 관심을 나타낸다. 이는 같은 혈통을 지닌 동일 민족으로서 갖는 장거리 민족주의의 표출이라고 할 수 있다. 거주국의 자연풍광과 복지제도를 찬양하는 한편에서 모국에 대한 장거리 민족주의를 동시적으로 표출한다는 것은 캐나다한인들이 고립과 주변화를 극복하고 점차 거주국과 모국 모두를 동일시하는 통합의 단계로 나아갔다는 것을 보여준 것이라고 할 수 있다. 현지 적응을 추구하면서도 모국에 대한 동일시와 애착, 그리고 민족정체성을 나타냈다는 것은 그들이 캐나다한인으로서 이중정체성을 추구하는 방향으로 변화했다는 것으로 해석된다.

이런 변화는 거주국 캐나다가 이주민 정책으로 다문화주의 정책을 실시했다는 사실이 주효했을 것이다. 뿐만 아니라 한국의 경제대국으로의 발전과 재외국민정책의 전향적 전환, 그리고 캐나다한인들이 캐나다에 자발적으로 이민한 사람들이라는 사실들이 복합적으로 작용하여 거주국과 모국의 문화를 모두 동일시하는 통합의 정체성을 갖도록 긍정적 영향을 미쳤을 것으로 파악된다. 무엇보다도 캐나다라는 새로운 사회에 적응하는 데 필요한 시간이 충분히 흘러감으로써 심적 여유를 갖게 되고, 통합적 정체성도 갖게 되었을 것으로 해석된다.

캐나다 한인소설은 한인들이 처한 갈등의 구체적 모습을 드러내고 있다. 문화적응 양상, 서발턴의 관점에서 이민이 초래한 삶의 질 추락과 거주 공간의 분리 문제, 이민 가족의 황폐화 문제 등이 그것이다.

첫째, '문화 간 감수성 발전 모형이론'*에서 볼 때에 캐나다한인소설은 캐나다한인들이 이주 초기의 부정과 방어 단계에서 벗어나 점차 최소화와 수용의 단계로 나아가며, 최종적으로 적응과 통합의 단계로 문화적응을 해가고 있음을 보여주었다. 즉 자민족중심주의 단계를 벗어나 민족상대주의 단계로 변화함으로써 문화적응을 해가고 있다는 것을 소설들은 말해준다. 캐나다한인소설에서 문화상대주의와 다문화주의의 원리를 말하기 시작한 것은 2000년대 이후의 일이다. 즉 이민 초기의 소설들은 한국인으로서의 고유한 정체성과 민족애착만을 강조했다. 하지만 이주 기간이 길어지면서 자민족중심주의를 벗어나 점차 현지문화에 통합을 이루면서도 한국인으로의 정체성도 유지하는 방향으로 변화해 나갔다는 것을 소설들은 보여주었다.

둘째, 캐나다한인들은 보다 질 높은 삶을 추구하기 위해서 자발적으로 이민을 하였지만 현지에서의 적응은 결코 녹녹치 않았다. 캐나다한

---

* 최윤희, 『문화 간 커뮤니케이션』, 커뮤니케이션북스, 2013.

인 이주자를 서발턴(subaltern)의 관점에서 바라보며, 그들의 삶의 질 추락과 거주 공간의 분리문제를 고찰해 볼 때, 이민은 오히려 그들의 삶의 질을 떨어뜨렸으며, 계급적 추락을 초래하게 만드는 아이러니한 결과를 초래했다는 것을 알 수 있다. 한인들은 캐나다의 빈민층과 함께 슬럼가에서 살아가며, 그들의 사회경제적 위치는 주변화(marginalization)가 심하게 일어났다는 것을 일부 소설들은 보여주었다. 즉 소설작품에는 캐나다한인들이 이주 초기 저임금의 막노동이나 자영업에 종사하는 현실, 백인들의 유색인종 이민자에 대한 차별, 그리고 슬럼가로의 거주 공간의 분리 문제 등 서발턴으로서의 주변화된 삶이 소설에 다양하게 재현되어 있다. 그야말로 캐나다한인소설은 한인들의 주변화된 삶을 형상화한 서발턴의 서사라고 할 수 있다.

그뿐만 아니라 캐나다한인 작가들은 그 자신들이 한국문학과 캐나다문학 그 어느 곳의 중심에도 속하지 못하는 주변적 존재, 즉 서발턴 작가이다. 하지만 그들은 한국에서 높은 교육을 받았던 고학력자들로서 이민 이후 캐나다에서 한인문단을 조직하고, 한국어로 그들의 주변화된 삶을 그려내며 자신들의 서발턴의 지위에 꾸준히 저항하여 왔다.

그들이 자신들의 문학을 통하여 정체성을 질문하고, 자신들의 스토리를 구성해 왔다는 것은 매우 의미 있는 일이다. 하지만 그것만으로는 부족하다. 그들은 캐나다 공용어로 작품을 발표함으로써 주류사회를 향해 그들의 목소리(independent voices)를 보다 적극적으로 발화할 수 있어야 한다. 그래야만 서발턴으로서의 주변화된 위치를 벗어나는 데 도움이 될 수 있다.

셋째, 소설작품은 가족이민 형태로 이민한 한인 가족의 황폐해진

가족 풍경을 다양하게 보여준다. 이민으로 공간의 이동은 이루어졌으나 캐나다한인 가족에서 한국적인 가족주의, 가부장주의는 단절되지 않고 있다. 따라서 1세들의 한국적 가치관은 1.5세나 현지에서 태어난 2세들의 개인주의적 가치관과 충돌을 일으킨다.

유계화의 「법원 가는 길」에 나타난 세대 간의 갈등과 '아버지 살해 욕망', 이명자의 「폴과 제이슨」에서 가족의 희생양이 되어 마약중독에 빠져 죽은 아들 폴, 이명자의 「형」이 보여준 아버지의 어머니 살해와 자살 그리고 아들의 '외상 후 스트레스장애'로 인한 자살, 장명길의 「드림하우스」의 저장강박증과 딸의 어머니에 대한 한정치산자 선고와 정신병원 감금, 장명길의 「드림하우스」와 김채형의 「연」에 나타난 남성 이민자의 부적응과 부권의 실추…. 이들 소설을 볼 때에 이민가족은 갈등과 해체의 위기에 빠져 있다.

새로운 사회로 이주하면 그 사회가 요구하는 새로운 문화를 수용하고 그에 맞게 재사회화가 이루어져야 한다. 그럼에도 이민 1세들은 새로운 환경에 적응하지 못하고 문화충격을 겪고 있다. 부모세대는 자식들에게 한국적 가치관을 강요하고, 자식세대는 현지의 가치관으로 살아가길 희망한다. 그로 인해 부모-자식 간의 갈등이 야기되는 것이다. 그리고 여성들은 새로운 사회에 비교적 잘 적응하는 데 반해 남성들은 한국적인 가부장주의를 청산하지 못함으로써 부부간 또는 부모자식 간에 갈등이 야기되고 새로운 사회에 적응하지 못하는 모습을 보이고 있다. 그 갈등의 결과는 가족 해체로 나타난다는 것을 소설 작품들은 보여준다. 개인주의와 민주주의, 평등의 윤리가 작동하는 북미사회에서 한국적 가족주의, 가부장주의는 부모자식 간의 갈등이나 부부간의 갈등을 유발하는 요인이 될 뿐이다.

캐나다 한인수필은 수필이 지닌 비허구적 성격 때문에 이민자로서 겪는 갈등의 실상이 그 어떤 장르보다도 사실적으로 드러나고 있다. 수필문학에서 볼 때에 캐나다한인들은 캐나다가 사회복지 및 의료시스템이 잘 완비된 훌륭한 국가이며, 다문화사회로서 유색의 소수민족 이민자들에게도 차별이 없는 정의로운 사회라는 긍정적 거주국 인식을 나타내고 있다. 이러한 인식은 모국으로의 귀국을 별로 희망하지 않고, 캐나다를 제2의 고향으로 여기는 데서 잘 확인된다. 이 점은 비자발적인 이산을 겪은 아시아지역의 이민 1세들과는 상이한 태도라고 할 수 있다. 미국이나 캐나다 등 북미지역에 이주한 한인들은 거주국에서의 빠른 적응과 현지 정착이 목표이다. 수필에는 이들의 현지 적응과 정착을 위한 노력이 잘 표현되고 있다.

하지만 캐나다가 공식적으로 표방하는 다문화주의의 이면에서 작동하는 불가시적인 백인우월주의와 인종차별의식이 엄존하고 있음이 지적되기도 한다. 뿐만 아니라 그들의 이민 동기의 하나가 자녀 교육과 성공이라고 할 때에 2세들이 주류사회 진입에서 겪게 될지도 모를 부당한 대우와 차별에 대한 불안감이 표출되기도 하고, 이것이 자녀의 성공에 대한 심각한 압박으로 작용하여 부모-자녀 사이에 갈등이 표출되거나 자녀가 심리적 갈등을 겪거나 자살로 내몰리기도 한다. 또한 이민자들은 고학력의 교육 수준에 걸맞은 직업을 갖지 못함으로써 겪는 경제적 어려움과 사회적 박탈감, 이질적인 문화와의 접촉에서 야기되는 문화충격이 그 어느 장르보다도 솔직하게 표출되고 있다.

캐나다한인들은 거주국에서의 성공적 정착을 지향하면서도 그들의 내면에서는 정서적으로 한인으로서의 강한 민족정체성과 애착, 그리고 생활습속을 유지하려는 경향을 나타낸다. 하지만 세대교체가 일어나자 더이상 혈통의 순수성도 지켜질 수 없고, 민족어의 사용에도 한계가 있다는 데서 1세들은 좌절한다. 그런데 한국인으로서의 정체성 규정에서 혈통, 언어, 습속이 더 이상 절대적 요인이 될 수 없다면, 과연 무엇을 통해서 한국인으로서의 정체성을 유지시켜 나갈 것인가? 고유한 민족문화의 유지와 계승이야말로 다문화사회의 일원으로서 캐나다한인들이 직면하고 있는 가장 중요한 과제의 하나이다.

캐나다 한인비평은 한마디로 캐나다한인문학의 정체성 모색과 방향을 찾기 위한 비평이라고 할 수 있다. 제1대 캐나다한인문인협회 회장을 지낸 이석현은 '또 하나의 한국문학'으로 압축되는 이민문학론을 표방하였다. 하지만 박충도는 이석현의 이민문학론에서 탈피하여 캐나다한인문학이 한국문학의 하위범주가 아니라 캐나다문학의 하위범주의 하나라는 인식을 나타냈다. 그의 논점은 세 가지로 요약된다. 첫째, 캐나다한인문학이 캐나다의 모자이크 문화를 형성하는 하나가 되어야 한다는 역할의식과 이민 2세들에게 모국의 문화적 유산을 계승시키겠다는 사명의식을 가져야 할 것을 촉구하였다. 둘째, 캐나다한인문학이 역사의식을 갖고 과거지향적 망향의식에서 벗어나 미래지향적인 비전을 제시해야 한다고 보았다. 셋째, 소수민족문학으로서 캐나다한인문학이 처한 주변적 위치와 비주류적 상황을 벗어나기 위해서는 현지어로 창작하는 것이 필수적인데, 이는 캐나다 현지어에 능통한 2, 3세를 적극 영입함으로써 가능하다는 것이다.

2001년에 접어들어 젊은 세대인 박민규는 한국문학과의 파생의 단절을 주장하며 캐나다문학과의 적극적인 제휴를 제안한다. 사이드(Edward Said)는 망명의식으로부터 '파생(filiation)'과 '제휴(affiliation)'를 창출해내는데, 파생은 세대와 세대 사이의 자연스러운 전이나 계속성, 또는 자신이 태어난 문화와 개인과의 관계를 의미한다. 제휴는 태어난 이후에 갖게 되는 여러 가지 관계와 결속-예컨대 교우관계, 직업, 정당 활동 등-을 의미한다.* 박민규는 캐나다한인문학이 복사된 한국문학을 넘어서서 캐나다 주류문학을 향해서 나아가야 한다고 주장했다. 그는 박충도가 현지어로 창작함으로써 캐나다한인문학이 처한 소수민족문학으로서의 주변적 위치와 상황을 벗어날 수 있다고 본 것과는 달리 캐나다 백인과 유색의 소수민족 사이에 중심과 주변의 권력이 형성되어 있듯이 캐나다문학과 소수민족문학 사이에도 언어적 차원 이상의 극복될 수 없는 한계가 존재한다고 보았다.

변창섭은 캐나다한인문학이 한국문학의 주변성에서 벗어나야 하며, 그것은 중심인 한국문학과의 차이를 통해서 이루어져야 한다고 주장했다. 그리고 그것은 혼혈문학이 되어야 한다고 했다. 그가 말한 혼혈문학이란 한국문화와 캐나다문화의 접촉과 경계, 즉 파생과 제휴의 조화에서 찾아지는 혼종성이라고 할 수 있을 것이다.

캐나다 한인비평은 궁극적으로 캐나다한인문학이 추구할 정체성과 방향을 '파생'과 '제휴'의 조화에서 찾아야 할 것으로 설정했다고 볼 수 있다. 즉 캐나다한인문학은 제1단계에서 파생의 추구, 제2단계에서 제휴의 추구, 제3단계에서 파행과 제휴의 조화로 나아갔다고 할 수 있다.

---

* 김성곤, 『포스트모더니즘과 현대미국소설』, 열음사, 1990, 129면.

이것은 단순히 문학적인 과제에 국한된 문제만은 아닐 것이다.

캐나다한인들은 이민 초기에 자신을 한국인과 동일시함으로써 그들의 문학도 한국문학의 일부로 인식했지만 이주기간이 길어지면서 점차 자신을 한국인도 캐나다인도 아닌 캐나다한인이라는 이중의 정체성을 지닌 존재로 자각했고, 이러한 자각이 그들의 문학이 추구해야 할 문학적 정체성 인식에서도 반영되었다고 할 수 있다.*

캐나다한인들의 디아스포라 문학에서 나타난 갈등의 문제들은 디아스포라가 일반화된 우리 사회에도 많은 시사점을 던져준다. 즉 정부는 3.9%에 달하는 국내 외국인의 문제에 어떤 다문화정책을 수립해야 할 것인가 대해 많은 정책적 교훈을 얻을 수 있을 것이다. 그리고 개인들도 외국인들을 낯선 이방인이 아니라 공존대상으로 여김으로써 사회적 갈등을 최소화하고 국가 번영에 기여할 수 있는 길을 모색할 수 있을 것이다.

8. 한국어 교육 및 민족학교 실태

이민자들의 나라인 캐나다는 공용어로서 영어와 프랑스어 가운데 하나를, 비공식적으로는 여러 민족 고유의 언어를 사용하도록 하는 다중언어국가이다.** 이러한 배경에는 캐나다가 1971년부터 복합문화정책을 채택하여 온 이른바 다문화주의 국가라는 사실과 연관이 깊다.

---
* 송명희, 앞의 책, 310~318면.
** 강희숙, 「캐나다 거주 한국인의 모국어 교육 실태」, 《사회언어학》 13-2, 한국사회언어학회, 2005, 2면.

특히 1988년에 제정된 복합문화진흥법에 의거하여 1991년에 통과된 방송법은 주류 미디어로 하여금 문화적 다양성을 잘 반영하도록 규정하고 있다. 뿐만 아니라 소수민족의 매체들도 다양하게 발전하도록 배려하고 있다.

이에 따라 신문의 경우만 하더라도 40개 이상의 문화가 캐나다의 소수민족 언론계에 반영되는 다양성을 나타낸다. 캐나다의 복합문화진흥정책 가운데 가장 주목할 만한 것은 각 민족 집단이 보유하고 있는 고유 언어 장려정책이다. 이는 언어가 살아남아야 문화가 살아남는다는 경험적 원리에 입각한 것이다. 캐나다 연방정부의 문화 유산성과 주정부 산하의 각 교육청들은 고유 언어 사용과 유지 및 교육을 위한 여러 프로그램들을 시행하고 있다.*

캐나다 내의 각 민족 집단들은 자신들의 고유 언어를 교육하는 프로그램 운영을 위한 자금을 지원받고 있으며, 또한 대부분의 교육청에서는 방과 후 활동 가운데 하나로 국제 언어 과목들을 이수케 함으로써 두 개의 공식 언어, 즉 영어와 프랑스어 외에도 다른 민족들의 고유 언어를 배움으로써 다른 문화에 대해 올바르게 인식할 수 있는 기회를 제공한다. 이러한 일련의 정책은 캐나다 내의 소수민족들은 물론이며, 캐나다 전체를 위해서도 필요하다는 주장이다. 왜냐하면 소수 민족 자체의 세대 간의 언어장벽을 해소할 뿐만 아니라 점차 경쟁이 치열해가는 국제 시장경쟁 환경에서 다중언어능력이 캐나다의 국제무역 역량과 경제 번영을 크게 증진시킬 수 있다고 보기 때문이다.**

---

* 위의 논문, 3면.
** 위의 논문, 3~4면.

캐나다한인들은 한국어 학교를 운영할 수 있도록 캐나다 주정부(Board of Education)로부터 교실 임대료와 교사의 강사료 지원을 받고 있으며, 한국 정부도 교육영사를 총영사관에 상주시키며 한국어교육을 지원하고 있다.* 주토론토총영사관 내의 '캐나다한국교육원'은 1981년부터 한글학교 지원뿐만 아니라 외국인이나 재외동포 자녀들이 대한민국에서 유학할 수 있도록 적극 지원하고 있으며, 국내 교육기관과 캐나다 내 교육기관과의 교류협력사업을 추진하고 있다.

현재 한국은 캐나다의 이민자 순위 10위에 올랐으며, 한국어 역시 이민자가 사용하는 모국어 순위 10위에 올랐다. 밴쿠버의 경우는 5위에 올랐다.

미국의 현대언어협회 통계에 따르면 미국 대학에서 언어 전공이 전반적으로 감소하는 추세 속에서 지난 2013년에서 2016년 사이에 유독 한국어 전공 채택은 14%가 증가했다. 현재 미국에서 한국어를 배우는 학생은 1만4천 명으로, 20년 전에는 163명에 불과했던 것과 천양지차이다. 외국어 학습 어플리케이션인 듀오링고(Duolingo)는 이러한 수요를 반영해 지난해 한국어 강의를 출시했다. 해당 강의는 출시되자마자 20만 명의 가입자를 끌어들였다.

10년 전 캐나다 토론토대학은 한국어 강의를 처음으로 개설했다. 당시 30명의 학생이 강의를 수강했지만 오늘날 학생 수는 150명으로 증가했으며, 학생들은 강의를 듣기 위해 대기자 명단에 이름을 올린다. 한국 역사를 공부하려는 학생 수도 증가했다. 방탄소년단 노래와 싸이

---

* 손정숙 회장과의 이메일 인터뷰(2009.5.16)

의 〈강남스타일〉 등 전 세계적으로 큰 인기를 얻고 있는 K팝(Korea Pop) 노래 가사를 따라 부르려는 움직임이 미국과 캐나다, 태국, 말레이시아 등에서 한국어 열풍을 불러일으키고 있다고 영국 BBC 방송은 보도했다.

토론토대학에서 한국 역사를 강의하는 안드레 슈미트 교수는 "한국 가요와 드라마의 인기에 따라 한국어를 배우려는 학생들이 증가했다"라며 "내가 가르치는 학생 중 온타리오주 외지에서 온 학생은 한국에 대해 배우려고 일부러 토론토대학을 선택했다"라고 밝혔다. 슈미트 교수는 "15년 전이었으면 불가능했을 일"이라며 "유튜브 등을 통해 외지에서도 누구나 K-팝을 접할 수 있기에 가능한 것"이라고 덧붙였다.

영국 BBC 방송은 '한류(Hallyu)'라 칭하는 한국 문화가 1990년대부터 외부로 알려지기 시작해 오늘날 방탄소년단 등이 세계 주요 뮤직차트의 톱을 차지하는 수준까지 도달했다고 평했다.*

언어는 민족의 가장 주요한 지표로 인식되어 왔으며, 민족 집단의 언어 동화는 그 집단이 사회문화적 동화의 가장 신뢰할 만한 지표로 여겨져 왔다. 민족어를 통해 한 민족 집단의 문화적 가치와 민족정체성이 세대에 걸쳐 전승되기 때문에 이민 차세대들이 민족어를 어느 정도 잘 하느냐는 민족 문화와 정체성이 세대 간에 지속될 수 있는지의 여부를 측정하는 중요한 지표가 된다.**

실제로 이민 1.5세와 2세의 경우 모국어 사용 및 한인으로서의 정체성 및 1세와의 의사소통 등에 큰 문제를 안고 있는 것이 사실이며,

---

* 신유리, 「영국 BBC "K팝이 한국어 열풍 이끈다"」,《뉴스핌》, 2018년 07월 12일자 (http://www.newspim.com/news/view/20180712000408).
** 윤인진, 앞의 책, 309면.

이러한 문제를 해결하기 위해 한인사회는 한국어학교(한글학교) 운영을 통해 한국어를 가르치기 시작했고,* 캐나다 전역에 걸쳐 112여 개의 한국어 교육기관이 운영되고 있다.

이에 부응하기라도 하는 듯 캐나다 여러 지역의 한인문인협회는 '교민백일장'과 '청소년 현상글짓기' 개최 등 동포들로 하여금 모국어에 대한 의식을 제고하기 위한 여러 사업을 펼치고 있다.

한국어 교육은 한국인으로서의 정체성 유지라는 다소 추상적 가치 차원에서 이루어지고 있지만 국제화시대의 사회적 요구, 즉 다중언어를 필요로 하는 국제적 환경, 대학 진학시 한국어 학점 이수가 유리하다는 현실적 판단, 이민 세대 간의 원활한 의사소통, 한국인 이민 사회의 일원으로서 봉사할 수 있는 기회를 갖고 싶은 욕구 등 현실적 차원에서 이루어지고 있다.**

전 세계적인 다중언어 교육의 흐름 속에서 모국어 및 다중언어 교육이 동포 자신의 삶을 풍요롭게 만든다는 전제하에 한국어 교육을 위한 교육과정과 교재개발 및 전문인력 양성 등 국가정책적 차원에서 적극적 정책 수립과 방향이 설정되어야 할 것이다.

캐나다에는 한국어 교육기관인 한글학교 이외에 공식적인 민족학교는 존재하지 않는다. 한글학교는 일주일에 한번 운영되는 곳이 대부분이다. 특히 토·일 주말에 운영되는 학교 수가 많다. 학부모 교육프로

---

* '캐나다 한인학교 협의회'와 한국 교육부가 관장하는 토론토 '한국교육원'의 자료에 의하면, 2005년 4월 현재 등록된 한국어 학교들은 113개에 이르며, 학교의 명칭도 '한글학교', '한국어학교', '한국학교', '한국문화학교', '한인학교', '한국문화원' 등으로 다양하다. 이 학교들은 한인 최대 주거지인 토론토(89개교)와 그 인근 지역에 집중되어 있으며 벤쿠버(19개교), 몬트리얼(4개교), 오타와(1개교)의 순서로 되어 있다. : 김영곤, 「캐나다 대학 속의 한국학」, Journal of American-Canadian Studies, 토론토 대학교, 2007. 2, 49면.
** 강희숙, 앞의 논문, 6~7면.

그램을 통해 한글교육 필요에 대한 중요성을 강조하여 2세들이 한글을 자신의 모국어로 사용하여 한국인으로서의 정체성을 유지할 수 있도록 교육하고 있다.*

'캐나다한글학교연합회'는 크게 온타리오지역, 밴쿠버지역으로 나누어 구성되어 있다.

1) 온타리오 지역**

가든교회한글학교, 갈보리채플한글학교, 게이트웨이한국어학교, 군엘프한글학교, 나이아가라한글학교, 노스욕한글학교, 노스욕컴머밸리한글학교, 다니엘한글문화학교, 동신한국문화학교, 두날개한글학교, 디모데교회한글학교, 런던한국어학교, 런던뎀즈벨리한국어학교, 릴리안한국학교, 캐나다매니토바한글학교, 서월리엄뮤락고등학교, 베트스티븐슨한글학교, 벧엘꿈나무한글학교, 본한인교회한국학교, 부활의교회한글학교, 빌라덴비장로교회한글학교, 새생명한글학교, 서드버리한국학교, 서부한국어학교, 세너터오코너토요학교, 수정한글학교, 시온성교회한글학교, 심코지역교육청한글학교, 알렉산더메켄지한글학교, 알파한인연합교회한글학교, 엘콘한글학교, 염광한국문화학교, 영락한국문화학교, 예수성심주일한글학교, 요크한국학교, 우드바인한국어학교, 우리장로교회한글학교, 이스트욕한글학교, 이슬링톤한글학교, 이토비코한국학교, 정음학당, 토론토기쁜소래한글학교, 중앙장로교회한글학교, 큰빛한국학교, 키치너워터루한글학교, 킹스턴한글학교, 토론

---

* 캐나다한글학교 연합회 홈페이지(https://caks.org/).
** 주 토론토 대한민국 총영사관 홈페이지(http://overseas.mofa.go.kr/ca-toronto-ko/index.do).

토소망한국학교, 토론토한인감리교회한글학교, 토론토한인장로교회한국어학교, 피터보로한국학교, 필한국학교, 한마음선원한글학교, 한맘한국어학교, 할톤한국어학교, 해밀턴한국학교, 해밀턴웬트위스한글학교, KCCM한글학교, 런던위블센터고등학교한국어학교, 리치몬드힐한글학교, 새순한글학교, 재림한국학교, 핀치한글학교, The NEKS School, 순복음영성한글학교, 밀튼한글학교, 제시케첨월요일한글학교, 처칠한글학교, 로자리한글학교, 반야한글학교, 윈저한글학교, 돈보스코한글학교, 세인트라벗가톨릭고교, 서부세천사한국학교, 토론토명성한국학교, 능력교회한글학교, 킹스턴벨빌한글학교, 맥키한글학교, 이글스필드한글학교 등 총 80개.

2) 밴쿠버 지역*

밴쿠버(Vancouver) - 광역 밴쿠버 한국어학교(The Greater Vancouver Korean Language School)(코퀴틀람, 버나비, 킬라니), 밴쿠버 한인장로교회 한글학교(Korean School of Vancouver Korean Presbyterian Church), 밴쿠버 삼성교회 한글학교(Korean Trinity Presbyterian Church Korean School), 해오름 한국문화학교(Sunrise Korean School)

코퀴틀람, 버나비, 노스밴쿠버(Coquitlam, Burnaby, North Vancouver) - 주님의제자교회 한글학교(DiscipleMethodist Church Korean Language School), 샤론 한국어학교(SharonKorean School), IYF 밴쿠버 한글학교(IYFKorean

---

* 주밴쿠버 대한민국 총영사관 홈페이지(http://overseas.mofa.go.kr/ca-vancouver-ko/index.do) 참조.

Class), 큰빛 한글학교(VLCKorean School)

써리, 랭리, 아보츠포드, 메이플릿지, 칠리왁(Surrey, Langley, Abbotsford, Maple Ridge, Chilliwack) - 밴쿠버 광림교회한국어학교(KwanglimKorean School), 대건 한국어학교(DaegunSchool), 그레이스 한글문화학교(GraceKorean Language &Cultural School), 밴쿠버 중앙 한국어학교(VancouverJoongang Korean School), 밴쿠버 온누리 한국어학교(VancouverOnnuri Korean School), 프레이져밸리 한국어학교(FraserValley Korean School), 서광사선재 한글학교(SeoGwang Buddhist Temple Korean Language School), 메이플릿지 한국어학교(MapleRidge Korean School), 칠리왁 한인장로교회한글학교(Chilliwack Korean Presbyterian Chruch Korean School)

빅토리아, 나나이모, 켈로나, 프린스조지(Victoria, Nanaimo, Kelowna, Prince George) - 빅토리아 한글학교(VictoriaKorean Langauge School), 켈로나 한글학교(KelownaKorean Language School), 프린스 죠지 한글학교(PrinceGeorge Korean Language School)

캘거리, 에드몬튼(Calgary, Edmonton) - 캘거리 한인학교(CalgaryKorean School), 캘거리 한인침례교회한글학교(CalgaryKorean Baptist Church Korean School), 레드디어 한글학교(Red deerKorean Cultures' Language School), 에드몬튼 한국어학교(EdmontonKorean Language School), 벧엘 한국어학교(BethelKorean School)

서스캐처원, 리자이나(Saskatoon, Regina) - 사스카툰 한글학교(SaskatoonKorean Language School), 리자이나 한 배움터(ReginaKorean Language School), 리자이나 한글학교(Regina Korean School), 베틀포드 우리 한글학교(BattlefordsWoori Korean School)

9. 한글 창작 작품 서지

이민 역사가 짧고, 문단 형성의 역사가 40여 년에 불과한 캐나다한인 문단은 아직 1세대 중심이기 때문에 캐나다 주류문단에서 현지어로 작품 활동을 하는 작가가 부재한다. 물론 '캐나다한인문인협회'를 비롯하여 지역 문인협회가 한영 대조작품집을 발간하거나 개인적으로 한영 대역 시집을 발간한 예가 드물게 있지만 이민 1세가 중심이 된 캐나다한인 문단은 대부분 한국어로 작품 활동을 하고 있다.

이와 같은 현상은 캐나다가 다문화주의를 채택하고 다중언어정책을 씀으로써 이민자들에게 모국어 사용과 교육을 장려하는 사실과도 관련이 깊다. 하지만 이민 1세와 달리 이민 1.5세나 2세의 경우 영어가 주된 언어가 되고 있고, 세대교체가 빠르게 진행되고 있는 만큼 앞으로의 상황은 달라질 것으로 예상된다.

시(동시 포함), 소설(동화 포함), 수필 등의 장르별로 주된 활동을 해온 작가들과 작품집을 소개하면 다음과 같다.

1) 주요 시인과 시집

1977년에 캐나다한인문인협회를 주도한 것은 이석현 등 8명의 시인이었으며, 첫 합동문집 《새울》은 113편의 시로만 편집되었다. 현재에도 캐나다한인문인협회를 비롯하여 문인단체의 회원 가운데 시인의 숫자는 가장 많고 신춘문예를 통해서 배출한 문인도 다른 장르에 비하여 시인이 가장 많다.

캐나다한인 문단에서 활동하고 있는 시인들은 현재 이민 1세 중심이며, 개인 시집을 발간한 시인들은 다음과 같다.

캐나다한인문인협회의 창립회원이자 제1~3대 회장을 역임한 이석현(1925~2009)은 1975년에 이민했다. 그는 이민 전 한국에서 등단했고, 언론인으로도 활동을 했던 작고문인이다. 그는 제2회(1971) 한정동 아동문학상과 제12회(1984) 새싹문학상을 수상했으며, 제1회(1996) '캐나다한국인상'을 수상했다. 그는 1997년까지 저서 12권, 편저 10권, 번역서 12권을 저술했다. 저서에 동요시집 『어머니』(가톨릭청년사, 1958), 동화집 『성큼성큼』(새벗사, 1970), 동시집 『가을 산마을』(1975), 시집 『들리는 소리』(가톨릭출판사, 1975), 수상집 『이역 하늘 아래서』(성바오로출판사, 1990) 등이 있다.

목사인 반병섭은 캐나다한인문인협회 제10대 회장을 역임했으며, '밴쿠버문인협회' 초대회장으로서 여러 권의 시집과 수상집을 냈다. 그는 시, 시조, 소설로 등단했는데,* 시집(시조집)에 『살아있음이 이리도 기쁜데』(종로서적, 1994), 『겨울 창가에서』(보이스사, 2002), 『물은 스스로 소리가 없지만』(2003), 『양지로만 흐르는 강』, 한영시집 『교포의 정원』

---
* 시는 《심상》, 시조는 《시조문학》, 소설은 《한맥문학》으로 등단했다.

(2002) 등이 있으며, 수상집(설교집 포함)에 『잔칫집과 같은 교회』(보이스사, 1984), 『나는 그저 물이면 된다』(보이스사, 1985), 『마른 뼈에 대언하라』(보이스사, 1988), 『목장의 메아리』(보이스사, 1988), 『질그릇 같은 나에게도』(양서각, 1988), 『길보다 먼 여정』(종로서적, 1995) 등이 있다.

조정대는 동국대 국문과 출신으로 1975년에 이민했으며, 캐나다한인문인협회 6대 회장을 역임했다. 시집 『세월의 바닷가에서』(문예한국, 1993), 『겨울 나이아가라』(문예한국, 1993) 등을 펴냈다.

김영주는 파인 김동환의 딸로서 이화여대 국문과 졸업 후 《월간문학》으로 등단했으며, 1987년에 캐나다로 이민했다. 시집 『사랑이 무어라 알기도 전에』(시와시학, 1997), 『바다 건너 시동네』(베다니, 1996)와 산문집 『내가 사는 데서 그대의 집 갑절로 그립다』(장문사, 1997), 『너 가까이 가는 마음으로』(빛샘, 1993), 『사랑 그 일 도의 하늘에는』 등이 있다.

이유식은 1974년에 이민했고, 《열린문학》으로 등단했으며, '캘거리한인문인협회'를 조직하여 초대회장을 맡았다. 시집 『로키산마루의 노을』(시간과공간사, 1992), 『이민길1』(살림터, 1998), 『이민길2』(포엠토피아, 2001), 『그날은 오는가』(북토피아, 2000), 『지울 수 없는 그림자』(온북스, 2006), 『이방인의 노래』(다트앤, 2010), 『멀고 먼 당신』(한글, 2015) 등의 저서가 있다.

이금실은 1975년에 이민했고, 한영시집 『누가 너에게 호수를 주었는가』(성바오로출판사, 2000)를 출간했다.

장석환은 1946년 서울 출생으로 시집에 『바람 깃 당겨 시간의 갈기만 눕히네』(문학예술, 1995), 『서울』, 『에밀리아를 부르면서』(홍사단출판부, 2013) 등이 있다.

이상묵은 1940년생으로 1969년에 이주했다. 제22대 '캐나다한인문인협회' 회장을 역임했으며, 《문학과 비평》(1988)을 통해 등단했다. 시집에 『링컨 생가에서』(아침나라, 1993)와 『백두산 들쭉밭에서』(살림터, 1996)가 있다.

박영희는 《열린문학》으로 등단했으며, 시집에 『테임즈강변에서 달빛사냥』(북토피아, 1999)이 있다.

안봉자는 《순수문학》 신인상으로 등단했고, 시집 『파랑날개 물고기』(시한울, 2004), 『그대 오신다기에』(순수문학, 2006), 수필집에 『낙타처럼 그리움 등에 업고』(시한울, 2007) 등이 있다.

유병옥은 충남대 국문과를 졸업하고, 1975년에 이민했다. 《시조문학》으로 등단(1995)하여 『산은 산 따라 흘러도』(혜진서관, 2002), 『어제는 나를 찾아 강물이 되고』(문학마을, 2004)를 출간했다.

조혜미는 시집 『불꽃나무』(시와시학, 1995)를 출간했고, 홍정희는 시집 『내 모국어로 부는 바람』(시와시학, 1996)을 출간했다.

안희선은 『날 위한 이별』(경운출판사, 2002)을 출판했다.

권순창은 시집 『위대한 자유의 부자유』(시문학사, 1984)를, 길미자는 시집 『이처럼 함께』(강원일보사, 1985)와 시조집 『산새』(강원일보, 1984), 신앙수기 『아멘, 아멘, 아멘』(조형사, 1981)을 출간했다.

김영매는 시집 『너에게』(예전사, 1988)를, 손성호는 시집 『숙녀는 건배를 들고』(토론토, 1980)를, 박옥선은 시문집 『방향감각』(성바오로출판사, 1979)을 출간했다.

권천학은 《현대문학》(1991)으로 등단한 후 『고독 바이러스』(풀잎문학, 1994), 『청동거울 속의 하늘』(푸른물결, 1998), 『초록비타민의 서러움 혹은』(문학의 전당, 2011), 『노숙』(월간문학, 2014), 『유명한 무명시인』(신아출판, 2015),

『길에서 도道를 닦다』, 『영장류 출입금지』(시문학사, 2018) 등 한글시집 14권, 일어시집 1권, 영한 시집 2권 등을 발간했다. 단편소설「오이소박이」로 경희해외동포문학상 대상을 수상(2010년)했으며, 수필「나와 무궁화」로 흑구문학상 제1회 특별상(2014), 영랑문학상(2017), 국제PEN한국본부 해외작가상(2017), 온천시조문학상 특별금상(2018) 등을 수상했다.

태레사 현(현태리)는 《시와 시학》을 통해 등단했으며, 『판문점에서의 차 한 잔』(시와시학, 2012), 『평화를 향해 철마는 달린다』(시학, 2016) 등 두 권의 시집을 발간했다.

'에드몬튼얼음꽃문학회' 소속의 조용옥은 『푸르게 걸어가는 길』(시선사, 2012), 전마리아*는 《참여문학》 시부문 신인상(1995)으로 등단했으며, 『글 없는 일기장』(문예촌, 2006)을 발간했다. 김숙경은 『시월애詩月愛』(문학공원, 2008)를 출간했다.

2) 주요 소설가와 소설집

김외숙**은 '캐나다한인문인협회' 회원으로서 《문학과 의식》으로 등단(1991)하여 제1회 한하운 문학상(1998)을 수상했다. 그녀는 《캐나다문학》 12집(2005)에 수필「저무는 날의 사색」을 발표하고, 《캐나다문학》 13집(2007)에 단편소설「미행」을 발표하며 캐나다문단에서 활동을 시작했다. 『그대 안의 길』(제3문학사, 1997), 『두 개의 산』(석일사, 1999), 『바람의

---

* 한국시인협회, 한국펜클럽, 참여문학, 서울시 시낭송클럽, 에드몬튼한인얼음꽃문학회 회원.
** 1953년 경북 청도 출생. 명지전문대학 문예창작과 졸업. 1991년 계간 《문학과 의식》으로 단편소설 등단. 2003년 캐나다 이주. 1997년 한하운 문학상 소설부문 대상. 한국 크리스천 문학상 수상. 한국문인협회, 한국 소설협회, 캐나다한인문인협회 회원. 2005년부터 캐나다한인문인협회에서 활동을 시작함.

잠』(제3의문학, 2003), 『아이스와인』(나눔사, 2006), 『유쾌한 결혼식』(나눔사, 2009), 『매직』(제3의문학, 2011), 『두 개의 산』(교원사, 2011), 『그 바람의 행적』(나눔사, 2013) 등의 소설집과 『바람 그리고 행복』(나눔사, 2005), 『춤추는 포크와 나이프』(제3의문학, 2008), 『내 사랑 나이아가라』(서울문학, 2015) 등의 수필집이 있으며, 2003년에 캐나다 남성과 결혼하여 이주했다.

전정우는 장편소설 『땅 끝에 핀 야생화』(상·하)(삶과꿈, 1994)를 발간했고, 캐나다한인문인협회의 카페에 장편 『개 같은 세상에서 위대한 역사』(2013.5.20.~2013.11.4.), 『얼굴 없는 나르시스』(2014.10.10.~2015.4.22.), 『강보다 깊은 국경』(2015.9.28.~2016.2.28.)를 연재했다.

이종학은 《신세계》 소설 신인상으로 등단하였으며 1988년에 이민했다. 소설집 『눈 먼 말』(백암, 1998), 『국밥 속의 민들레』(백암, 1994), 장편소설 『욕망의 지평』 1(백암, 1998), 『검은 며느리』(백암, 2002), 『손바닥 속 인연』(백암, 2000), 『눈 속으로 간 여자』(백암, 2004), 장편소설집 『태아가 보이는 세상』(백암, 2007), 장편소설 『업녀』 1, 2(백암, 2010), 수필집 『고독 속에 묻어 둔 낙엽』(백암, 2012) 등을 발간한 그는 '캐나다한인문인협회', '에드몬튼한인얼음꽃문학회', '캐나다한국문인협회' 회원으로도 활동하고 있다.

어윤순*은 소설집 『이민파티 그 후』(햇빛출판사, 1988), 『이민 2세의 사랑연습』(햇빛출판사, 1990), 『블랙 죠』(이가책, 1993), 『리아-제단 위의 불꽃』(햇빛출판사, 1990), 『호박등이 켜진 하얀 벽돌집』(햇빛출판사, 1991)과 시집 『꽃잎의 아픔』(햇빛출판사, 1988), 산문집 『천국의 삐에로』(지식산업사,

---

* 《이민문학》 5집(1989)에 시 한편을 발표한 후 《캐나다문학》 8집(1997) 이후 캐나다한인문인협회 회원 명단에서도 빠지고 활동이 전무함.

1983) 등이 있다.

장명길은 《한국소설》로 등단(1998)했고, 소설집 『풀의 기원』(한국소설가협회, 2004)을 발간했다.

최필원은 소설가와 번역가로 활동하며, 소설 『베니스 블루1』(대현문화사, 2001), 『베니스 블루2』(광개토, 2001), 『아네모네』(대현문화사, 2002), 『비의 교향악 No.9』(대현문화사, 2003) 등을 발간했다.

이명자는 장편소설 『혼란의 순간들』(민중출판, 2003)을 발간했다.

김정희는 재중동포로서 '캐나다한인문인협회'의 신춘문예(2010)를 통해 등단한 소설가로서 자전적 장편소설 『푸른 빛』(지식공감, 2013)을 발간했다.

김채형은 소설집 『그 사막에는 야생화가 있다』(청어, 2013)을 발간했다. 「연」, 「분이」, 「제 그림자 죽이기」, 「연속무늬 지우기」, 「물안개」(한국소설 2012. 12월호 발표), 「바람소리」 등의 소설을 '캐나다한인문인협회'의 카페를 통해 발표했다.

강기영*은 제4회 재외동포문학상 대상 수상작인 「넬리(Nelly)」(2002)를 비롯하여 《캐나다문학》 16집에 「깻잎」(2013), '캐나다한인문인협회' 카페에 「유령의 집」(2012), 「야만, 혹은 야만의 이름으로」(2013), 「샐먼이 걸렸다」(2013), 자전소설 「하얀 카네이션」(2013), 중편 「뽑새」(2012), 「냔두띠」(2012), 「능신」(2012), 장편 『들쥐』(2013)와 『각하』(2014) 등을 발표하며 최근 가장 활발히 창작활동을 하고 있다.

이밖에 《캐나다문학》에 콩트나 소설을 발표한 작가들의 명단은 다

---

* 1944년생, 고려대 중퇴, 1975년 파라과이 이민, 1982년 캐나다 이주, 재외동포문학상 대상 수상, 한국일보 미주본사 문예공모, 국제펜클럽 재외동포문학작품 공모 입상, 국제펜클럽 회원.

음과 같다. 캐나다한인문인협회의 김영희, 김말희, 권순창, 이태준, 박성민, 김용순, 원옥재, 홍성화, 여동원, 현우성, 엄희용, 유인형, 박은주, 유계화, 함상용, 이상묵, 김시청, 정민곤, 이주상, 김미경, 정균섭, 강신봉, 심규찬, 이정생 등이 있다. 회원이 가장 많은 캐나다한인문인협회에 소설가 역시 가장 많다.

'(사)한국문인협회 캐나다 밴쿠버 지부'에는 김해영, 서정건, 홍현승 등이 소설을 발표하고 있다. '캘거리한인문인협회(http://cafe.daum.net/calgary403)'에는 고성복*과 정진형(BJ Avilla)이** 활동하고 있다.

'에드몬튼한인얼음꽃문학회(http://cafe.daum.net/EdmontonLiterary)'에는 홍춘식이, '캐나다한국문인협회(http://cafe.daum.net/KWA-CANADA)'에는 한상영이 『젊은 화가의 사랑』이라는 장편소설을 연재하고 있고, 이원배가 「고문관」을, 이종학***이 「한밤의 전화벨소리」 등을 발표했다. '캐나다한인문학가협회(http://cafe.daum.net/ckmoonhakga)'에는 소설작품이 아직 발표되지 않고 있다.

캐나다한인소설은 '캐나다한인문인협회'에서 발간하는 《캐나다문학》과 동 문협의 다음카페 'http://cafe.daum.net/koreansassocia'(2009년 개설)와 여타 다른 지역 캐나다한인들이 조직한 문인협회 발행의 문예지와 카페 등과 개인 소설집에서 찾아볼 수 있다. 그런데 각 지역의 문인협회 기관지는 매년 발간되는 것도 아닐 뿐더러 지면이 한정된 관계상

---

* 부산 출생, 1997년 캐나다 이민. 2011년 《스토리 문학》 수필 신인상, 2011년 제5회 경희해외동포문학상 소설부문 우수상, 2012년 제14회 재외동포문학상 소설부문 가작, 캘거리한인문인협회 회원.

** 종이책으로 발간되기 이전에 인터넷(아마존 킨들)을 통해 발간된 Intelligence Code(첩보 코드)(#1106425)의 저자이다.

*** 이종학은 에드몬튼한인얼음꽃문학회 활동에도 관여했고, 현재 캐나다한인문인협회와 캐나다한국문인협회 두 단체에서 작품을 발표하고 있다.

소설작품을 많이 수록할 수 없다는 한계를 갖기에 최근에는 인터넷 카페를 개설함으로써 이를 극복하고 있다. 장편소설의 경우 개인의 소설집을 전작 발행하거나 또는 신문이나 잡지에 연재하는 방식을 통해서 발표하는 방법이 있지만 캐나다한인 작가의 경우 이마저도 여의치 않다. 그런데 카페 개설 이후 인터넷상에 자유롭게 작품을 발표할 수 있어 인터넷 카페가 캐나다한인작가들의 훌륭한 발표매체로 활용되고 있다. 가령 '캐나다한인문인협회'의 카페에는 다음과 같은 장편소설이 발표되었다.

강기영의 『각하』(156회 연재, 2014.1.31.~2014.7.31), 『들쥐』(58회 연재, 2012.11.3.~2013.1.25), 전정우의 『개 같은 세상에서 위대한 역사』(144회 연재, 2013.5.20.~2013.11.4.), 『얼굴 없는 나르시스』(114회 연재, 2014.10.10.~2015.4.22), 『강보다 깊은 국경』(2015.9.28.~2016.2.28)과 같은 작품이 카페 연재를 통해서 선보였다. 카페의 가장 큰 성과는 무엇보다도 장편소설을 발표할 수 있는 지면이 확보되면서 소설이 다양화되고 있다는 점이다.

3) 주요 수필가와 수필집

박순배는 캐나다한인문인협회의 제7대 회장을 역임했고, 《에세이문학》으로 등단했으며, 『온타리오 호숫가에서』(보이스사, 1988), 『캐나다에 심은 조선호박』(개미, 1999), 『타는 목마름으로』(선우미디어, 2004), 『고추잠자리가 날 때쯤이면』(에세이문학, 2010) 등의 수필집을 냈다.

이동렬은 캐나다 웨스턴 온타리오대학 교육심리학과 교수와 이화여자대학교 심리학과 교환교수를 역임한 수필가로서 지금까지 가장 많은 수필집을 발간하였다. 『남의 땅에서 키운 꿈』(범우사, 1986), 『설원에서 부르는 노래』(범우사, 1989), 『흐르는 세월을 붙들고』(범우사, 1994), 『청산아 왜 말이 없느냐』(범우사, 1998), 『향기가 들리는 마을』(선우미디어, 2000), 『세월에 시정을 싣고』(하서출판사, 2002), 『꽃 피고 세월 가면』(선우미디어, 2006), 『바람 부는 들판에 서서』(선우미디어, 2008), 『청고개를 넘으면』(선우미디어, 2010), 『청천하늘에 잔별도 많고』(선우미디어, 2012), 『꽃 피면 달 생각하고』(선우미디어, 2013), 『꼭 읽어야 할 시조이야기』(선우미디어, 2015) 등의 수필집이 있다.

신영봉은 이화여대 대학원을 졸업하고 1995년 캐나다에 이민하여 《캐나다한국일보》 자료실장을 역임했고, 수필집 『어떤 약속』(혜안, 2000), 『그리운 나무』(시한울, 2014)를 발간했다.

여동원은 1968년 캐나다에 이민했고, '캐나다한인문인협회'의 제13대 회장을 역임했다. 수필집 『이민낙서』(태양출판사, 1980), 『낯선 거리에서의 사색』(시와시학, 1994) 등이 있다.

한순자는 2001년 '캐나다한인문인협회' 주최의 신춘문예로 등단한 수필가로서 건국대 국문과를 졸업했다. 『인생에 실패는 없다 다만 또 다른 삶이 있을 뿐이다』(삶과꿈, 2002), 『나이만큼 행복한 여자』(태인문화사, 2004), 『밀리언달러티켓 나도 한 장』(태인문화사, 2006), 『알콩달콩 삼순이네 가족』(태인문화사, 2008), 『베짱이의 노래』(태인문화사, 2011), 『행복이라는 이름의 여행』(태인문화사, 2014) 등의 수필집이 있다.

성우제는 소설가 성석제의 동생으로, 고려대학교 불문과를 졸업한 후 《시사저널》의 기자로 근무하다가 2002년에 캐나다로 이민했다. 2005년에 제7회 재외동포문학상 소설부문 대상을 수상했으며, 수상작은 「내 이름은 양봉자」이다. 수필집에 『느리게 가는 버스-캐나다에서 바라본 세상』(강, 2006), 『커피머니메이커』(시사in북, 2012), 『외씨버선 길』(휴, 2013), 『폭삭 속았수다』(강, 2014) 등이 있다.

민혜기는 《한국수필》로 등단(2001)했으며, '캐나다한인문인협회'의 제16대 회장을 역임했다. 『흔들렸던 터전 위에』(나눔사, 2006), 『토론토에서 히말라야 고산족 마을을 따라』(나눔사, 2006) 등의 수필집이 있다.

원옥재는 제19대 '캐나다한인문인협회' 회장을 역임했으며, '캐나다한인문인협회' 주최의 《캐나다 한국일보》 신춘문예를 통해 소설가로 등단한 후 《에세이문학》을 통해 수필가로 재등단했고, 수필집에 『내가 선 땅에서』(보이스사, 1989), 『낯선 땅에 꿈을 세우며』(선우미디어, 2003)가 있다.

손정숙은 제20대 '캐나다한인문인협회' 회장을 맡았으며, 계간 《수필춘추》 신인상으로 등단했다. 서울대 대학원을 졸업했고, 캐나다학교협의회 회장을 역임했다. 수필집 『아니온 듯 다녀가는 길』(신세림, 2001), 『흐르는 별무리』(진실한 사람들, 2010), 『정오의 그림자』(진실한 사람들, 2014)을 발간했다.

장정숙은 1973년에 캐나다로 이민했고, 수필집에 『바위를 뚫고 나온 구절초』(선우미디어, 2010), 『어머니의 뜰』(선우미디어, 2005)이 있다.

최금란은 1982년에 이민했고, 『백야에 핀 그리움』(고려원, 1987), 『여보세요 여기 캐나다예요』(고려원, 1990) 등이 있다.

유인형은 수필집에 『캐나다에서 온 편지』(단대출판부, 1999), 『초록빛 먼 지평선에』(쎄레, 1986), 『세월이 바람 되어』(대원사, 1993) 등이 있다.

김창길은 수상집 『이민전화』(계문사, 1978)를 발간했다.

조정대는 수상집 『그대 음성 그리워 산길을 걷는다』(성바오로출판사,

2007)를 출판했다.

이유식은 『내 마지막 노을빛 사랑』(문학관, 2001)을 발간했다.

현재까지 수필집(수상집)을 한 권 이상 발간한 작가로는 김영란, 김영주, 김창길, 민혜기, 박순배, 반병섭, 성우제, 손정숙, 신경용, 신영봉, 안봉자, 여동원, 원옥재, 유인형, 이동렬, 이석현, 장정숙, 조정대, 최금란, 한순자 등이 있다.*

4) 주요 평론가와 평론

'캐나다한인문인협회'와 《캐나다 한국일보》의 공동주최의 신춘문예를 통하여 박충도(제2회, 1979), 이승만(제2회, 1979), 이충렬(제3회, 1980), 이병수(제4회, 1981) 등 4명의 평론가가 배출되었다. 하지만 이들 가운데 평론활동을 지속해온 사람은 박충도 뿐이다. 캐나다한인 문단에는 현재 박충도, 변창섭 등이 꾸준하게 평론을 발표하고 있으며, 지금은 고인이 된 시인 이석현도 간혹 평론을 발표했다. 박충도는 《이민문학》 5집(1989)에 「이민문학의 역사성」이란 소론을 발표한 이래 본격적 평론보다는 주로 소평 중심의 글을 발표해왔다. 그리고 시인인 박민규는 철학전공자로서 단 한편에 불과하지만 무게 있는 평론을 썼다. 건축사인 변창섭은 『현대시 이해』라는 시론집을 펴낸 바 있는 시인이기도 하다.

이밖에 '캐나다한국문인협회'에서 활동하고 있는 한상영과 '(사)한국문인협회 캐나다밴쿠버지부'에서 활동하고 있는 이영철과 홍현승이 평론활동을 시작했다. 앞으로 이들의 본격적인 평론활동이 기대된다.

---

* 송명희, 앞의 책, 280~282면.

요크대학교에서 한국학을 강의하고 있는 태레사 현(현태리)* 교수가 이화여자대학교 박사학위논문으로 제출한 『번역과 창작-한국 근대 여성 작가를 중심으로』(이화여자대학교출판부, 2004)는 1900년대 초부터 1930년대 말까지 한국어로 번역된 외국문학 작품과 이 시기에 여성에 의해 쓰여졌거나 여성에 관한 이야기를 다룬 새로운 형태의 작품 간의 상관관계를 밝힌 책이다. 이 책은 여성 번역가와 작가들이 1920~30년대 한국의 문학 및 문화의 발달에 얼마나 밀접한 관련을 지녔는가를 검토한 저서로서 한국어로 번역되어 있다. 원서의 제목은 『Writing Women in Korea: Translation and Feminism in the Colonial Period』(2003)이다. 한국학 교수인 그녀가 한국문학 평론에 지속적인 관심을 갖고 글을 써준다면 한인문단의 발전에 큰 도움이 될 것이다.

10. 연구자 및 연구단체, 연구자료, 논문목록

캐나다한인문학 연구의 거의 유일한 연구자는 송명희(부경대학교)이다. 2009년부터 캐나다한인문학을 연구해온 송명희는 『캐나다한인 문학연구』(지식과교양, 2016)를 통해 1977년부터 시작된 캐나다한인문학을 2015년까지 전 장르에 걸쳐 연구하였다. 374쪽에 달하는 이 저서는 제Ⅰ부 서론, 제Ⅱ부 캐나다한인문단의 형성, 제Ⅲ부 캐나다한인시,

---

* 토론토의 요크대학교 동양학부 교수이며, 한국인 남편과 결혼한 캐나다 여성으로 본명 '테레사 현(Theresa Hyun)'이다. University of Hawaii Press에서 「Writing Women in Korea: Translation and Feminism in the Colonial Period」(번역과 창작-한국 근대 여성 작가를 중심으로)으로 박사학위 받음. 한국에서 《시와 시학》을 통해 시인으로 등단하여 『판문점에서의 차 한 잔』(2012) 등을 발간하였고, 경희대학교 교환교수를 역임했다.

제IV부 캐나다한인소설, 제V부 캐나다한인수필, 제VI부 캐나다 한인 문학비평, 제VII부 결론으로 구성되어 있다. 캐나다한인문단의 형성과정 및 현황, 시(동시 포함), 소설(동화 포함), 수필, 비평 등 전 장르에 걸쳐서 깊이 있게 작품을 연구하고 분석하고 있다.

문학관련 도서는 아니지만 김성건(서원대학교)의 『캐나다의 문화와 사회』(부산대학교출판부, 2001)도 캐나다연구에 참고할 수 있는 단행본 저서이다.

캐나다한인문학을 연구하는 국내 단체는 없으며, 캐나다연구 단체로서 '한국캐나다학회(the Korean Association for Canadian Studies: KACS)'를 들 수 있다. 이 학회는 1992년 4월 1일에 창립하여 『Asian Journal of Canadian Studies』를 연 2회 발간하고 있다. 이밖에는 연세대학교 동서문제연구원(Institute of East and West Studies) 내의 '캐나다연구센터'를 들 수 있다. 이곳에서는 연간으로 발간되는 《캐나다연구(The Korean Journal of Canadian Studies)》를 1989년 12월 창간하여 1권(1989)~10권(2002)을 발간했다. 그간 87편의 논문을 게재한 《캐나다연구》는 사회과학 위주의 논문만이 발표되었을 뿐 문학 관련 논문은 전무하다.

III. 결론 및 정책 제안

자크 아탈리(Jacques Attali)는 21C를 노마드의 시대로 규정했다. 현대의 노마디즘(nomadism)은 단순히 공간적인 이동만을 가리키는 것이 아니라, 버려진 불모지를 새로운 생성의 땅으로 바꿔가는 것, 곧 한자리에 앉아서도 특정한 가치와 삶의 방식에 매달리지 않고 끊임없이 자신을 바꾸어 가는 창조적인 행위를 의미한다. 그런 뜻에서 현대의 자발적인 이주자들도 노마드의 한 유형이라고 할 수 있을 것이다.

   그동안 국민국가의 강고한 시스템 속에서 해외에 이주하여 살아가는 재외한인들은 모국과 거주국, 주변과 중심, 피부색과 언어, 그리고 달라진 문화의 문제로 정체성 갈등과 문화적 혼란을 겪어 왔다. 그런데 교통통신의 발달과 인터넷과 모바일로 시공간의 경계를 초월하여 세계가 연결되는 21C에는 정주민적 고정관념과 위계질서로부터 해방되는 노마디즘의 사고가 필요하다. 세계화가 보편화된 21C에 사람들은 자신이 태어난 나라에서 한평생을 살지 않고 여러 가지 이유로 거주지를 옮겨가며 살아간다. 재외한인들이야말로 트랜스내셔널리즘(trans-nationalism)과 신 노마드의 구체적인 증거가 아닐까 생각한다. 즉 21C에는 국민국가의 경계를 넘는 국제적 인구 이동과 트랜스내셔널리즘이 보편적 현상이 되었으며, 기존의 문화에서 관습처럼 굳어져 왔던 다양한 경계들(boundaries)이 무너지고 있다.*

   현재 재외한인은 전 세계 220개국 중 194개국에 743만688명(2017 외교부 재외동포현황)이 분포되어 있다. 이는 우리나라 인구의 14%에 달하는 한인들이 대한민국이라는 국가의 경계를 넘어 전 세계로 이동하여 새로운 삶을 살고 있다는 뜻이다. 이 가운데 미주지역에는 미국 249만2,252명, 캐나다 24만942명, 중남미 10만6,794명 등 총 283만9,988명의 한인

---

* 송명희, 『트랜스내셔널리즘과 재외한인문학』, 지식과교양, 2017, 11~12면.

이 살고 있다. 세계화 시대에는 국경을 넘는 이주와 정착은 완결된 과거가 아니라 끊임없이 진행되는 역동적인 현재의 역사이다.

그동안 코리안 디아스포라의 논의는 한인들의 이주 배경과 민족정체성에 대한 논의가 주를 이루었다. 윤인진은 코리안 디아스포라를 "한민족의 혈통을 가진 사람들이 모국을 떠나 세계 여러 지역으로 이주하여 살아가는 한민족 분산"*으로 정의하면서 재외한인의 경험에는 이주, 차별, 적응, 문화접변, 동화, 공동체, 민족문화와 민족정체성과 같은 다양한 주제들이 있으며, 이주와 정착 과정에서 나타나는, 서로 긴밀히 연결된 이들 주제를 통합적인 시각에서 총체적으로 이해하는 것이 필요하며, 이때 디아스포라는 재외한인의 경험의 다양한 측면을 포괄하면서 그들과의 연관성을 설명해야 한다고 했다.**

그런데 최근 디아스포라는 더이상 유랑자가 아니라 해외에 거주하는 유용한 국가적 '자원'으로 새롭게 포지셔닝(positioning)되고 있다. 따라서 디아스포라의 논의도 새로운 차원으로 전개되어야 한다. 가령 유태인 네트워크나 화교 네트워크는 전 세계 곳곳에 사람과 자본을 심어 놓은 이른바 현지화·세계화 전략을 꾸준히 전개해 왔다는 점에서 중요한 사례가 되고 있다.*** 우리나라의 경우에도 이미 세계한상대회와 한상 네트워크에서 확인되고 있듯이 743만 명에 달하는 재외한인을 네트워크화하고, 자산화하여 이를 국가적으로 활용하는 방안을 모색하는 것은 글로벌 한국의 미래를 위해 매우 중요한 의의와 가치를

---

* 윤인진, 앞의 책, 8면.
** 위의 책, 4면.
*** 정성호, 「코리안 디아스포라: 공동체에서 네트워크로」, 《한국인구학》 31-3, 한국인구학회, 2008, 107면.

갖는다. 즉 한민족 디아스포라는 경제발전뿐만 아니라 민족통일, 한민족의 문화적 가치의 세계화와 확산에 있어 중요하고 의미 있는 역할을 할 것으로 예상되는 중요한 자산이다.*

따라서 디아스포라 연구는 한인들의 이주와 정착의 경험에 대한 분석을 넘어서서 이들을 한민족의 발전이라는 측면에서 소중한 인적 물적 자산으로 재평가하고, 모국과의 유대를 강화하여 모국 발전의 소중한 자원으로 어떻게 활용할 것인가라는 새로운 차원으로 전환되어야 한다. 한상 네트워크가 모국 경제발전과 고도성장에 중요한 역할을 할 수 있다는 가능성을 보여주었듯이 재외한인 문학인들을 인적 자원과 문화자본의 측면에서 한민족의 국가 경쟁력 제고와 발전에 적극 활용하는 전략을 수립해야 할 시점에 이르렀다.** 이제 코리안 디아스포라는 경제발전뿐만 아니라 민족통일의 달성, 한민족의 문화적 가치의 보존·계승·세계화에도 중요한 역할을 할 것이기 때문이다.

현재 캐나다의 한인문학은 이민 1세대 중심으로 이루어지고 있으며, 재미한인문학이 여러 세대를 거쳐 오면서 미국 주류문학에서도 주목하는 이창래 등의 작가를 배출한 것에 비한다면 주목할 만한 작가가 아직 배출되지 않고 있다. 캐나다한인 문학이 처한 1세대 중심의, 250여 명(캐나다한인문인협회 100여 명, 기타지역 150여 명) 남짓한 문인 숫자와 40여 년에 불과한 짧은 역사가 중요한 원인이라고 생각한다. 더구나 캐나다한인은 인구 규모가 24만 명에 불과하며, 이민자의 수적 증가도 미미하고, 한국의 경제적 위상이 높아지면서 역이민을 하는 사례도 늘어나고

---

* 김영술, 「세계 한민족 네트워크의 활용 방안연구」, 《한국학논집》 36, 계명대학교 한국학연구원, 2008, 259면.
** 위의 논문, 264면.

있는 제반 상황과 모국 추수적인 문학 교류도 이에 영향을 미치고 있다.

　재미한인 작가들 - 강용흘, 김용익, 김은국 등 1세대 작가로부터 최근 이창래, 차학경, 노라 옥자 켈러, 김난영, 수잔 최, 캐시 송 등 -이 영어로 작품을 써서 주류문단에 진출하려 노력해온 것과 달리 캐나다한인문단에서는 캐나다의 현지어인 영어나 프랑스어로 작품을 써서 캐나다 주류문단에서 두각을 드러낸 작가를 아직 찾아볼 수 없다. 한인작가들은 시, 수필, 소설, 희곡, 평론, 아동문학, 번역 등 여러 장르에서 활발한 활동을 하며 영어 작품 발표나 한영작품집도 발간하고 있지만 현지어 창작능력 제고, 좀 더 두터운 작가층과 독자층 그리고 역사의 축적이 필요해 보인다.

　캐나다한인문학은 2000년을 전후하여 국내에 재외한인문학 연구의 붐이 크게 일어났음에도 연구자들의 관심을 끌지 못한 채 소외되어 왔다. 그 이유는 그동안의 재외한인문학 연구가 중국, 미국, 일본, CIS 고려인 문학 등 재외한인의 숫자가 많고, 문단 형성의 역사가 오래된 지역부터 먼저 이루어졌기 때문이다. 뿐만 아니라 캐나다는 지리적으로 미국과 연접해 있고, 역사·문화·관습·제도 등에서 미국과 유사성을 보이며, 한인들의 이민 동기(고학력자들이 자녀교육이나 보다 높은 삶의 질을 추구하기 위한 자발적 이민)도 미국과 유사하다는 점에서 캐나다한인문단을 재미한인문단의 한 변방 정도로 여겨 온 것이 사실이다. 그리고 이것은 캐나다한인문학에 대한 연구의 무관심으로 이어졌다.*

---

* 송명희, 『캐나다한인 문학연구』, 30~51면.

캐나다한인문학은 다른 지역의 재외한인문학에 비해 역사가 일천한 것이 사실이지만 한인문단이 형성되어 활동을 시작한 지 40년이 넘은 시점에서 체계적으로 그들의 문학을 정리하고 평가하여야 할 필요성과 함께 그들 문학이 나아갈 방향과 정체성을 올바로 제시해야 할 필요성이 대두되고 있다. 하지만 캐나다의 한인문단이나 학계에서는 이를 수행할 자체적 인력이 부재하는 만큼 모국의 연구자들의 지원 연구가 필요하다. 이는 중국조선족 문학을 제외한 다른 지역의 한인문학의 사정도 크게 다르지 않다. 캐나다한인문학은 초창기 문단을 형성했던 문인들 중 작고문인의 수가 증가하고 있는 상황(이덕형-2008, 이석현-2009, 이재락-2012, 유인형-2013 작고)에서 국내의 연구진이 이들 문학을 체계적으로 자료를 수집하고, 집중적으로 연구하지 않는다면 현 단계에서도 자료가 소실될 가능성이 큰 상황이다.

　북미지역은 모국에서 등단한 기성문인들이 중심이 되어 문단을 형성한 만큼 한국문단과 네트워크가 잘 형성되어 있다. 이는 현지 한인문단에서 등단한 이후 모국문단에서 재등단을 하거나 모국의 문예지에 작품 발표, 한국에서의 작품집 출판, 모국 문인단체 지부 설립이나 회원 가입, 또는 모국 문인들의 빈번한 초청행사 등에서 잘 확인된다. 하지만 이런 현상은 북미지역 한인문학의 발전을 위해 긍정적 측면도 있지만 부정적 측면도 있는 것이 사실이다.

　즉 재미한인작가 이창래나 아쿠다와상을 수상한 재일한인작가 이회성, 이양지, 유미리, 현월 등도 그들의 경계인으로서의 위치를 문학적 개성으로 적극 활용함으로써 문학적 성공이 가능했다. 캐나다한인문학도 그들의 디아스포라의 삶과 경계인의 위치를 문학적 자산으로 삼을 때에 그들만의 개성적이면서도 세계적인 문학을 산출해낼 수 있을 것이다. 즉 캐나다한인문학은 한국문단과 긴밀한 네트워크나 모국 추수적追隨的 교류에서 벗어나서 디아스포라 경험이 가져온 노마드의 정체성, 경계성, 문화적 혼종성을 개성으로 구현한 문학적 블루오션을 적극 개척해야 한다.

오늘날 디아스포라는 전 지구적인 보편적 현상이다. 재외동포에게 재외국민이라는 새로운 국민정체성을 부여하고 있는 현 시점에서 거주국의 문학에도, 국문학의 범주에도 포함되지 못한 재외한인문학을 국문학이 아니라 한민족문학이라는 보다 넓고 새로운 개념 속에 포함시키는 트랜스내셔널리즘(trans-nationalism)의 시각이 문학연구에서도 필요하다.

현재 국제펜클럽 한국본부의 주최로 '세계한글작가대회'가 2015년을 시발로 하여 올해(2018년)로 4회째를 맞고 있다. 이 대회는 세계에 흩어져 있는 재외한인작가들의 오프라인 네트워크로서 역할을 하며 그들의 교류와 소통의 장으로 기능한다. 그리고 재외한인문학에 대한 연구와 토론의 장으로서도 유용한 장이 되고 있다. 현재의 펜클럽 네트워크는 지부가 형성되어 있는 해외지역을 중심으로, 또한 펜에 회원으로 가입한 문인을 중심으로 이루어지고 있는 만큼 재외한인문단 전체를 아우를 수 있는 광범위한 네트워킹이 필요하다. 이에 대한 효율적인 방법으로 온라인 네트워크를 제안한다. 글로벌 온라인 네트워크 구축*은 재외한인 문인과 문학을 지속적이고 상시적으로 교류하고

---

* '세계한민족작가연합(World Korean Writers Network)'은 2008년 3월 6일 임헌영, 안혜숙이 공동대표로 하여 창립하여 한동안 홈페이지를 운영했었다. 2009년에 '세계한인작가연합'으로 개칭하였으며, 1997년부터 안혜숙이 대표로 있는 《문학의식》과 연계하여 활동하고 있다. 하지만 재외한인문학

소통 가능하게 만들 것이다.

세계한글작가대회와 같은 소통과 교류의 장도 필요하지만 지역별로 작품집의 발간이나 문학사전의 발간이 절실하다. 가령 재미한인들은 미주이민 100주년 기념으로 『한인문학대사전』(월간문학출판부, 2003), 재미 현역시인 101선 대표작 시선집으로 『한미문학전집 1』(한미문학진흥재단, 2011) 등을 발간하였다. 이와 같은 출판이 다른 지역의 재외한인문학에서도 이루어져야 한다. 그리고 '재외한인 문학사전' 또는 각 지역의 '문학사전'과 같은 것이 출판되어야 한다. 이에는 재외한인문단의 경제적 열악함과 이를 수행할 인적 자원의 부재를 고려하여 모국의 지원이 절실하다. 그리고 현재에도 재외동포재단의 '재외동포문학상'이 제정되어 있지만 매년 발표된 재외한인의 작품 가운데 최우수상을 뽑아 수상하는 제도*, '올해의 재외한인문학'과 같은 작품집도 발간할 필요성이 대두된다. 그리고 그들의 기관지 발간과 문학활동을 지원하는 여러 기금들도 필요하다.**

재외한인들의 문학을 연구자들이 접근 가능하도록 데이터베이스화할 필요성도 중요하게 제기된다. 이는 재외한인문학을 한국의 독자들에게 읽을 수 있게 만들 뿐만 아니라 재외한인문학 연구를 활성화시키는 데 결정적인 기회를 제공할 것이다. 지금도 조규익의 『해방전 재미한인 이민문학』(전6권)(월인, 1998), 김환기의 『아르헨티나 코리안 문학 선집』(보고사, 2013), 『브라질 코리안 문학 선집』 1, 2(보고사, 2013), 김환기(외)의 『재일디아스포라 문학선집』(2018), 김종회의 『중앙아시아 고려인

네트워크로 제대로 기능하고 있다고 볼 수 없다.
* 펜클럽 한국본부는 '해외작가상'이란 제도를 통해 이를 시행하고 있다.
** 현재에도 재외동포재단을 통해 발간비의 지원이 일부 이루어지고 있다.

디아스포라 문학』(국학자료원, 2010), 임채완(외)의 『근현대 중국조선족 문헌집』(북코리아, 2012)과 같은 작품선집이 나와 있지만 앞으로는 여러 지역 한인문학의 작품선집 발간이 더욱 요청된다. 사실 미국이나 캐나다의 경우 개인의 작품집 발간이 거의 한국에서 이루어지고 있다. 하지만 이것이 한국의 독자들과 거의 연결이 안 되고 있는 상황이다. 미국에 있는 이창래의 작품들이 한국어로 번역되어 출판되고 있는 것과 대조적이다.

김필립의 『소비에트중앙아시아 고려인문학사』(2004), 김의락의 『경계를 넘는 새로운 글쓰기 아시아계 미국문학 연구』(2003), 김환기의 『재일 디아스포라문학』(2006), 정덕준(외)의 『중국조선족 문학의 어제와 오늘』(2006)과 『CIS 고려인 문학사와 론』(2016), 이동하·정효구의 『재미한인문학연구』(2003), 유선모의 『한국계 미국 작가론』(2004), 임진희의 『한국계 미국여성문학』(2005), 박영호의 『미주한인소설연구』(2009), 송명희의 『미주지역한인문학의 어제와 오늘』(공저)(2010), 『캐나다한인문학연구』(2016), 『트랜스내셔널리즘과 재외한인문학』(2017), 이명재의 『억압과 망각 그리고 디아스포라』(2004), 『소련지역의 한글문학』(2002), 김종회의 『한민족문학사 1, 2』(2015), 『한민족디아스포라문학』(2015), 『중국 조선족 디아스포라 문학』(2016), 김종회(편)의 『한민족문화권의 문학』 1, 2(2003, 2006), 조규익의 『해방전 재미한인 이민문학 1』(1998), 『소인예술단과 전문예술단의 한글문학』(2013), 『강태수의 삶과 문학』(2012), 『한진의 삶과 문학』(2013), 유선모의 『소수민족문학의 이해-한국계편』(2001), 최미정의 『재미한인 디아스포라 시문학연구』(2010), 김현택(외)의 『재외한인작가연구』(2001), 정은경의 『디아스포라 문학』

(2007), 이영미의 『한인문화와 트랜스네이션』(2009), 최병우의 『이산과 이주 그리고 한국현대소설』(2013), 『조선족 소설의 틀과 결』(2012), 오정혜의 『중국조선족 시문학 연구』(2008), 황송문의 『중국조선족 시문학의 변화양상 연구』(2003), 이해영의 『중국 조선족 사회사와 장편소설』(2006) 등과 같은 연구 저서들이 이미 다수 발간되어 있다.

따라서 권역별 학자들이 모여 권역별 문학사를 먼저 쓰고, 다시 재외한인문학 전체를 통괄하는 재외한인문학사를 기술하는 문학사 기술도 추진해야 할 것이다. 나아가 북한문학까지 포함한 한민족문학사가 기술되어야 할 필요성이 통일 논의가 보다 구체화된 현재 더욱 강하게 제기되고 있다.

국내에서 등단하여 이주한 작가들과 달리 현지 문단에서 작가로 등단하려는 사람들은 제대로 문학수업을 받을 수 있는 곳도, 방법도 모르고 있다. 따라서 현재 시행하고 있는 차세대를 위한 한국어집중캠프처럼 재외한인, 특히 차세대 문인 육성을 위한 한국문학 집중캠프, 창작집중캠프와 같은 제도를 만들 필요가 있을 것이다. 특히 이민 2세로 넘어가면 한국어는 그저 낯선 외국어의 하나에 불과하다. 언어가 민족정체성 형성에 중요한 필수적 요소이듯이 문학은 민족정체성 형성은 물론이며, 모국의 언어와 문화를 계승하고 확산시키는 데 가장 중요한 요소이다. 현재 캐나다한인문단에는 1세 중심의 한인문단이 언제까지 지속될 수 있을지 불안을 느끼는 문인들이 많다. 따라서 한인작가 후속세대를 양성할 수 있는 집중캠프를 시행하고, 차세대를 위한 창작기금 같은 제도를 만들 필요가 있다.

세계 곳곳에서 떨어져 살아가면서도 자발적으로 문단을 만들어 활동을 하고 있는 재외한인작가들은 우리와 전혀 동떨어져 존재하는 것이 아니라 상호교류와 교섭의 밀접한 관계에 있다. 교통통신의 발달과 인터넷과 모바일의 비약적 발전은 세계를 실시간으로 연결시키며 지역이나 공간적 거리를 축소시키고, 시공간의 제약이 없는 소통을 통해 국경을 초월하게 만들었다. 따라서 민족문학을 국민국가(nation-state)의 단위로 제한하여 연구하는 속지주의는 이제 의미가 없어졌다.

베네딕트 앤더슨(Benedict Anderson)이 말했듯이 민족은 상상의 공동체(imagined community)이다. 재외한인들이 마음속에 잠재된 민족주의는 장거리 민족주의(long distance nationalism)라고 할 수 있다. 장거리 민족주의는 지역적 장소에 구애받지 않는다. 디아스포라가 보편화된 시대에는 자연스럽게 초국가적이고 국경을 초월한 장거리 민족주의가 대두하게 된다는 것을 재외한인들의 디아스포라 문학에서 발견하지 않을 수 없다.

오늘날 세계 각처에서 재외한인들이 모국어인 한글로 문학을 하면서 모국과 네트워크를 유지한다는 것은 무엇을 의미하는가. 그것은 언어·지역·혈연·문화·정치·경제생활·역사 등 민족 구성의 모든 것을 다 공유하지는 않지만, 그리고 멀리 떨어져 직접 알거나 만나거나 이야기를 나눠본 적이 없어도 마음속에 한민족이라는 공동체의식을 품고 있다는 증거이다. 세계화 시대에는 누구라도 자신이 태어난 나라에서 평생을 살지 않고 여러 이유로 거주지를 여러 곳으로 옮겨가며 살아간다. 그러나 몸이 태어난 나라에서 살지 않는다고 해서 마음속에 품고 있는 민족이라는 공동체 의식마저 갖지 않아야 할 이유는 없을 것이다. 특히 그것을 가능하게 하는 것은 문학일 것이다. 재외한인들은 모국을 떠나 현지 정착을 추구하지만 내적 정서적으로 모국과 결합된 상상의 민족 공동체이다.*

무엇이 그것을 가능하게 하는가? 그것은 앤더슨이 말한 지역적 장소에 구애받지 않는 '장거리 민족주의'가 크게 작용했기 때문이라고 생각한다. 그리고 장거리 민족주의를 촉발시키는 가장 중요한 요소는 문학일 것이다. 앤더슨이 말한 상상의 공동체는 동일한 민족언어를 사용하는 공동체에 초점이 맞추어져 있다. 그리고 인쇄매체인 소설과 신문은 민족이라는 상상의 공동체를 재현하는 기술적 수단이다.

캐나다한인들은 고학력 중산층 출신의 자발적인 이민자들로, 토론토 등 대도시를 중심으로 코리아타운을 형성하며 한인커뮤니티에 의존해 살아왔다. 한인작가들은 문인협회라는 커뮤니티를 통한 문학활동과 《한국일보》, 《중앙일보》, 《조선일보》 같은 현지의 한글신문과 한국어방송 등을 통해 한인 공동체와 연결된다. 즉 상상의 공동체 의식을 형성하는 데 있어 문학은 이미 커다란 기여를 해왔다. 그리고 이와 같은 배경에는 캐나다가 이민자 정책으로 다문화주의를 채택함으로써 소수민족의 문화적 다양성을 인정한 것도 크게 작용했다.

장거리 민족주의란 어떤 의미에서는 통신혁명이 가져온 사이버 민족주의라고 호명해도 무방할 것이다. 디아스포라 문학인을 중심으로 사이버상에서 글로벌 네트워크를 구축하고 이들을 중심으로 이 네트워크를 재외한인 간 또는 모국과의 문학 교류와 한류의 세계화에 긍정적으로 활용하고, 한글문학을 확장하며, 민족통일과 한민족의 문화적

---

* 송명희, 『트랜스내셔널리즘과 재외한인문학』, 15~18면,

가치와 정신을 계승하고 확산시키는 데 활용해 나가야 할 전략적 시점에 와 있다.

그런데 한민족 네트워크 형성에서 재외한인들이 모국과 거주국의 이중의 정체성을 가진 존재라는 점에 유의할 필요가 있다. 즉 그들은 단일한 민족정체성을 가진 'Korean'이 아니라 'Korean Canadian'이라는 이중정체성의 소유자들이라는 점을 명심하고, 바로 그 이중성과 혼종성, 통문화성을 유용하게 활용할 필요가 있다. 그리고 그들이 가진 혼종성이야말로 글로벌 시대의 국가 경쟁력을 제고하는 긍정적 요인이 된다는 점을, 그들의 모국과 거주국의 어느 중심에도 속하지 않는 아웃사이더 의식이야말로 중심의 권력과 모순을 비판하고 해체할 수 있는 힘을 가진다는 점을 주목해야 할 것이다.

대한민국 정부는 이미 재외한인을 국민의 일원으로 간주하며 재외국민으로 호명하고 있는 만큼 재외한인들과의 교류와 협력관계를 강화함으로써 모국의 발전을 위해 그들을 활용하는 정책을 다양한 차원에서 구상해야 한다. 그러기 위해서는 그들의 현지에서의 삶의 질을 개선시키기 위한 보다 적극적이고 포용적인 정책 방안을 추진하여야 한다. 재외한인들의 국내에서의 법적 정치적 지위뿐만 아니라 거주국에서의 법적 사회적 정치적 경제적 지위 향상을 위해서도 적극적으로 나서야 하는 것이다.

이미 세계는 글로벌화되어 있고, 국민국가의 경계를 초월하는 탈영토화를 통해 글로벌 민족공동체가 탄생되고 있다. 세계화의 시대에 해외에서 이주하여 살아가는 재외한인이야말로 글로벌 한인공동체의 주역으로 새롭게 포지셔닝해야 한다. 따라서 재외한인을 모국과 연결시키고 동시에 194개국에 산재한 한인들끼리의 네트워킹이 적극 요청된다. 경제, 과학기술뿐만 아니라 문학과 예술, 교육 등의 분야에서 오프라인과 온라인의 네트워킹을 통한 교류와 협력을 활성화해야 한다. 전 세계에 산재해 살아가는 한인을 묶어주는 글로벌 네트워크의 구축이야말로 탈국경의 무한경쟁의 시대를 성공적으로 이끌 수 있는 효과적인 방법이 될 것이다.

그리고 재외한인문인 단체와 국내의 지역문인 단체가 자매결연을 맺어 매해 상호방문하는 형식으로 교류를 확대하는 방안을 제안한다. 그래야 구체적으로 상호이해와 협력이 가능해지고 민족공동체로서의 일체감이 형성된다. 그러기 위해서는 각 지역문인 단체에 재외한인문인 단체와 교류를 활성화하는 기금 지원이 필요할 것이다.

전 세계적인 한인 네트워킹을 통한 협력체계를 강화함으로써 한인 상호간의 이해와 권익을 증진하는 원원전략을 수립하고, 모국의 국제경쟁력 제고와 평화통일을 대비하는 데 적극 나서야 한다. 따라서 정부는 재외한인의 한국인으로서의 정체성 확립을 위한 교육과 문화활동을 보다 적극적으로 지원해야 한다.

(한국문학번역원 보고서, 2018)

【색인】

(1)
14행시　211
1행시　210

(2)
2층　126, 128
2층 포치(porch)　138
2행시　211

(3)
3행시　210

(4)
4월의 메아리　277
4음보　211

(A)
Arirang Korea(OMNITV.ca)　271

(B)
BBC 방송　293
BTS　50

(C)
CIS 고려인 문학사와 론　319

(F)
FBI　132

(G)
G현의 낭만　88

(K)
Korean　115
Korean-American　115
K팝(Korea Pop)　293

(M)
Mourning dove　138

(ㄱ)
가부장주의　286
가을 산마을　299
가을 여행　142
가족주의　286
가해의식　100
가해자　99
각하　279, 304, 306
감상　71
강갑중　122, 126
강기영　279, 304, 306
강남스타일　293

강대국　35
강만국　117, 122, 138
강목수　266
강물이 되어　184
강물이고 싶어라　226
강보다 깊은 국경　279, 303, 306
강성영　117, 120, 122, 133
강용흘　144
강정실　70
강제 이주　14
강태수의 삶과 문학　319
강한자　271
개 같은 세상에서
　　　위대한 역사　279, 303, 306
개성　71
개썰매　70
거룩한 땅　149
거리(distance)　178
거울　82
거주국　15
거주처　49
검열　94
검은 며느리　277, 303
검은 피부, 하얀 가면　23
겨울 나이아가라　300
겨울 창가에서　299
경계를 넘는 새로운 글쓰기

아시아계 미국문학 연구　319
경계인　18, 316
경관　17
경향 앤 티비(&TV)　272
경향미디어 그룹　269
경희해외동포문학상　128
계단에 서서　21
고다드(M. C. Goddard)　168
고독 바이러스　301
고독 속에 묻어 둔 낙엽　303
고래잡이　53
고려인　14
고려인 자치국　26
고려인을 위하여　34
고르바초프　66
고립　282
고문관　305
고미자　120, 215
고성복　266, 305
고유문화　282
고착화　42
고추잠자리가 날 때쯤이면　306
고향　21, 22, 26
곱사등이 애가　151
공간　17, 22
공간과 장소　21
공간의 시학　184

공동체　22
공생(symbiosis)　106
공진성　120, 152
광고　91
광고비　94
광고주　94
광대-페르소나　203
교감　167
교민　237
교민단체　259
교포사회　126
교포의 정원　299
구소련권　15
구월의 원숭이　144
구포장터　74
국경　43
국민국가　132, 321
국민정체성　36, 37
국밥 속의 민들레　277, 303
국적　42
국제 PEN한국본부 해외작가상　302
국제펜클럽 한국본부　317
국제펜클럽 한국본부
　　　　캐나다지역위원회　266
궁내의 살인　160
권성한　120, 122
권성환　117

권순창　144, 301
권은필　49, 65
권천학　90, 301
귀화　38
귀환　29
그 바람의 행적　303
그 사막에는 야생화가 있다　304
그날은 오는가　300
그대 안의 길　302
그대 오는 길 등불 밝히고　205
그대 오신다기에　301
그대 음성 그리워 산길을 걷는다　308
그대를 만나게 되리　196
그들의 목소리(independent voices)　285
그러며 꽃 피는 것이다　200
그레그 메디슨　43
그리운 나무　307
그리움　74, 192
근대시　144
근현대 중국조선족 문헌집　319
글 없는 일기장　302
글로벌코리언　271
글로벌화　132
기도　168
기도가 담긴 아침 풍경　160
기도로 여는 아침　124, 160
기독교　139

기린의 꿈　133
기차　46
기행문　118
긴 하루　187
길미자　301
길버트 강　70
길보다 먼 여정　300
길에서 도(道)를 닦다　302
길의 크로노토프　66, 67
김 블라디미르　16, 34
김경옥　117, 122, 138
김경호　120, 155
김경희　272
김기영　117, 143, 146
김난영　314
김동선　120, 121, 122, 138
김동환　300
김명환　144
김목례　266
김민구　271
김민식　266
김민환　272
김병학　16
김병현　144
김삼철　121
김상희　120, 121, 122, 138, 142
김성건　311

김성규　120
김성혜　121, 145
김숙경　302
김야곱　121
김양식　211
김영매　301
김영숙　117, 120, 167
김영애　266
김영임　121, 138
김영주　300
김영희　120
김완수　269
김완하　209
김외숙　277
김용익　144
김우영　121
김유미　114
김은국　144
김의락　319
김인혜　120
김정희　304
김종천　269
김종회　146, 318, 319
김지연　270
김창길　308
김창환　121
김채형　286, 304

김필립　319
김해영　305
김현택　319
김호관　114, 120
김호길　144
김환기　318, 319
김환진　121
김희웅　121
김희조　265
깊이 숨 쉬는 것이어서　195
꼭 읽어야 할 시조이야기　307
꼭두각시놀음　70, 81
꽃 피고 세월 가면　307
꽃 피면 달 생각하고　307
꽃무릇　213
꽃샘바람　87
꽃신　144
꽃잎의 아픔　303

(ㄴ)

나(ego)　204
나는 그저 물이면 된다　300
나는 열강에서 태어났다　35
나를 거울에 비추어 본다　228
나를 바라보시는 그대에게　159
나비는 단풍잎 밑에서 봄을 부른다　128
나와 무궁화　302

나이만큼 행복한 여자　307
나이아가라(Niagara)　259
낙원　25
낙타처럼 그리움 등에 업고　301
날 위한 이별　301
남릴리　121, 122, 142
남의 땅에서 키운 꿈　306
남항　74
낯선 거리에서의 사색　307
낯선 땅에 꿈을 세우며　308
낯설음　32
내 곁을 지나는 바람　160
내 마지막 노을빛 사랑　309
내 모국어로 부는 바람　301
내 사랑 나이아가라　303
내가 사는 데서
　　그대의 집 갑절로 그립다　300
내가 선 땅에서　308
내부세계　204
내부자　26
내재화　23
내적 반영　229
냔두띠　304
너 가까이 가는 마음으로　300
너싱 홈　153
너에게　301
네덜란드어　273

네이티브 스피커　144
네트워크　164
넬리(Nelly)　304
노년　142
노년 정체성　85
노년기　158
노라 옥자 켈러　315
노마드　51, 66, 311
노마드(nomad)　51
노마디즘　41, 63, 311
노바 스코샤(Nova Scotia)주　259
노숙　301
노스욕(North York)　250
노태우　66
누가 너에게 호수를 주었는가　300
누군가 사랑이 향기라 하여　204
눈 먼 말　303
눈 속으로 간 여자　277, 303
뉴브런즈웍(New Brunswick)　259
뉴욕　165
뉴욕문학　126
뉴펀들랜드 래브라도
　　　(Newfoundland and Labrador)주　259
느리게 가는 버스　308
느와르(noir)　131
늙어감에 대하여　86
늙은 한　139

능신　304
니체(Friedrich Wilhelm Nietzsche)　186
님의 침묵　170

(ㄷ)

다문화주의　116, 135
다민족　124
다양성　111
다원성　111
다의성(ambiguity)　193
다중언어정책　274
다중정체성　24
단편소설　126
당신에게선　169
당신의 계절　202, 214
대량생산체제　91
대량소비　91
대한민국　30
더께　31
도그마　90
독립국가　15
독일　238
독일어　273
동녘하늘　133
동시집　299
동양의 시　144
동요시집　299

동일성　38
동일시　26, 204
동화　36, 115
동화정책　116
동화집　299
두 개의 산　302, 303
두만강　14
듀오링고(Duolingo)　292
드림하우스　278, 286
들뢰즈　60
들리는 소리　299
들쥐　279, 304, 305
등불 하나　204, 205, 207
디아스포라　16, 39
디아스포라 문학　319
딸의 모습　277
땅 끝에 핀 야생화　303

(ㄹ)

러시아　15, 44, 236
러시아문학　35
러시아어　15
러시안 목각인형　23
런던(London)　259
레라　51
로렌스　125
로스앤젤레스　165

로키산마루의 노을　300
리아　303
리자이나(Regina)　259
링컨 생가에서　301

(ㅁ)

마니토바　244
마니토바코리아타임즈　270
마르쿠제(Herbert Marcuse)　191
마른 뼈에 대언하라　300
마운틴 레이니어　73
마음의 그림(mental pictures)　199
마정음　120, 121
마침표　74
맑은 물 문학　262
망향의식　288
매니토바주　244, 259
매스미디어　94
매직　303
먹이사슬　98
멀고 먼 당신　300
메타포(metapho)　25, 226
멕시코　125
멜팅 팟　115
명계웅　114, 121
명상 속의 혼돈　139
모국어　25, 26

모든 것은 흘러간다 155
모바일 164
모빌하우스 126
모스크바 44
모태회귀본능 184
목숨의 죄 97
목장의 메아리 300
몬트리올 245, 259
몽턴(Moncton) 259
무의식(unconsciousness) 183
무질서 49
무한성 50
문인주소록 119
문장선 117, 120
문장선 149
문학과 비평 301
문학과 의식 302
문학의 밤 114
문화 간 감수성 발전 모형이론 284
문화변용 281
문화예술 62
문화적응 284
문화충격 43, 275
물안개 304
물은 스스로 소리가 없지만 299
미국인 116
미동부 한국문인협회 126

미주 중앙일보 128, 138, 202
미주 팔봉문학상 160
미주 한국일보 136, 138, 140
미주문학 144
미주지역한인문학의 어제와 오늘 319
미주한인문학 145
미주한인소설연구 319
미행 302
민예영 122
민족 14
민족어 275
민족정체성 36
민족주의 15
민혜기 308
민혜영 138
밀리언달러티켓 나도 한 장 307
밀밭 262

(ㅂ)
바다 건너 글 동네 262
바다 건너 시동네 300
바람 그리고 행복 303
바람 깃 당겨 시간의
　　　　　갈기만 눕히네 300
바람 부는 들판에 서서 307
바람 전쟁과 평안 232
바람소리 304

바람에 기대어　190
바람의 잠　303
바슐라르(Gaston Bachelard)　184
바위를 뚫고 나온 구절초　308
바흐친(Mikhail Bakhtin)　67
박기선　268
박능재　265
박명순　121
박미하일　41
박민규　288
박보영　120
박봉금　121, 122, 138
박순배　306
박영호　319
박영희　301
박옥선　301
박인덕　144
박창호　117, 120, 202
박충도　289, 309
박충선　266
반가웠어, 윤정　204
반병섭　299
반전　126
발달단계론　88
발목 잡힌 새는 하늘을 본다　128
발트해　62
발화　285

밤은 태양이다　41
방두표　120, 121, 156, 157
방랑　50
방랑자　50
방세형　266
방탄소년단　292
방하식　114
방향감각　301
방화식　120
배링해협　125
배성수　135
배은자　121, 142
배제　24, 34
백두산 들쭉밭에서　301
백야에 핀 그리움　308
백용권　272
백인　23
백지영　120, 121
백해　54
밴쿠버 조선일보　264
밴쿠버 중앙일보　264
밴쿠버 한국일보　264, 268
밴쿠버 한인회　261
밴프 국립공원(Banff National Park)　252
번역과 창작 - 한국 근대 여성 작가를
　　　　　　중심으로　310
법원 가는 길　286

베네딕트 앤더슨　321
베니스 블루1　304
베니스 블루2　304
베리(J.W. Berry)　282
베짱이의 노래　307
베트남　238
베트남어　273
벽　136
변방에서　180
변창섭　309
변해야 한다　230
보금자리　25
보리스　48
보물 있는 그곳　149
복합문화주의　274
본능(eros)　191
부동산 캐나다　270
부르디외(P. Bourdieu)　94
부작용　49
분이　304
불꽃나무　301
불놀이　144
불모지　50
불심검문　61
불안　32
불확실성　52
브라질　238

브라질 코리안 문학 선집　318
브룩스(C Brooks)와 워렌
　　　　　(R. P. Warren)　199
브리티시컬럼비아　244
블랙 죠　278, 303
블루어(Bloor)　250
블루오션　317
비에 젖은 백합　137
비의 교향악 No.9　304
비켄티　48
비켄티 전　48
빅토리아　259
뽀시예트(포시예트)　28
뽑새　304
뿌리에의 욕망　14

(ㅅ)
사랑 그 일 도의 하늘에는　300
사랑이 무어라 알기도 전에　300
사르트르　231
사모곡　182, 184
사스캐츠완문학회　240
사이드(Edward Said)　289
사진가　72
사진사　72
사진시(photo poem)　70
사진시집　70

사티어(Satir)　177
사회생태론(social ecology)　110
산문시　204
산새　301
산은 산 따라 흘러도　301
살아있음이 이리도 기쁜데　299
상상의 공동체
　　　(imagined communities)　164
상생　101, 106
상징적 폭력　95
상징화　229
상트페테르부르크　46, 48
상호텍스트성　71
새둥지　142
새벽　161
새벽에 핀 수선화　137
새벽이 눈을 뜬다　173
새벽이 마중 옵니다　224
새순의 노래, 별에게　204
새싹문학상　299
새울　240, 299
색채상징　103
샐러드 볼(salad bowl)　116
샐먼이 걸렸다　304
샘 밀러(Sam Miller)　42
생명중심적 평등(biocentric equality)　111
생명체　99, 110

생의 한번밖에 없는 하루를　189
생존본능　20, 26
생태 파괴　91, 97
생태계　96, 110
생태여성론(eco-feminism)　110
생태주의　99, 112
생활세계　17
생활언어　43
서드베리(Sudbury)　259
서발턴　284
서사시　64
서스캐처원(Saskatchewan)　240
서스캐처원주　259
서울　300
서울문학　225
서정건　305
서준용　269
선물　224
선착장　74
설원에서 부르는 노래　307
성석제　307
성소 되게 하소서　168
성우제　307
성장만능　102
성층권　95
성큼성큼　299
세계관　90

세계크리스천문인협회　266
세계한글작가대회　317
세계한민족작가연합
　　(World Korean Writers Network)　317
세계화　50
세월에 시정을 싣고　280, 307
세월의 바닷가에서　300
세월이 바람 되어　308
세인트 존(St. John)　255, 259
소네트(sonnet)　211
소련　15
소련지역의 한글문학　319
소비에트연방　14
소비에트중앙아시아 고려인문학사　319
소비중독　95
소비지향적　91
소설　122
소설 속에 나타난 예수의 생애　146
소속감　22, 25
소수문화　274
소수민족　14, 124
소수민족문학　288
소수민족문학의 이해 – 한국계편　319
소외　85
소외감　25, 192
소외의식　32, 86
소인예술단과

전문예술단의 한글문학　319
소자들의 병신 춤　128
손바닥 속 인연　303
손성호　301
손승배　121
손정숙　308
송기한　217
송명희　310, 319
송상옥　144
송원재　271
송인자　120, 225
송재호　117, 121
수생트마리(Sault Ste. Marie)　259
수유　209
수잔 최　315
수지리　135
수치심　233
수필가　121
수필문학　139
수필집　301
수필춘추　308
숙녀는 건배를 들고　301
순교자　144
순수문학　155, 215, 301
순환구조　99
숨겨진 탈출구　145
숲.3　174

슈나이버그(Schnaibergs)　91
슈퍼에고　228, 230
스티븐 하퍼(Stephen Joseph Harper)　255
시1　28
시각매체　77
시각예술　71
시녀　71
시는 노예다　225
시대문학　124, 140, 159
시로 엮은 성지순례 거룩한 땅　149
시몬느 베이유(Simone Weil)　14
시문학　15, 167
시사저널　307
시사한겨레　269
시애틀　165
시와 시학　302
시와 정신　160
시월애詩月愛　302
시인의 혼　218
시적 주체　81
시조문학　301
시카고　165
시카고 문인회　114
시카고 문학　114, 115
시카고 아리랑　149
시카고의 0시　215
식민성　23

신금재　266
신동삭　120
신문　94
신문예　137
신세계　303
신앙시　149, 168
신영봉　307
신전神殿　108
신정순　120
신현숙　114
신호철　117, 120, 190
실버타운　125
실증주의 지리학　17
심층생태론(deep ecology)　110
싸이　292

(ㅇ)
아가페　197
아네모네　304
아니온 듯 다녀가는 길　308
아랍어　273
아르헨티나　238, 248
아르헨티나 코리안 문학 선집　318
아메리칸 드림　137
아멘, 아멘, 아멘　301
아버지는 왜 아들을 바치려
　　　　　하지 않는가?　139

아웃사이더 39
아이덴티티 17
아이스와인 303
아이야 들어 보아라 86
아쿠다와상 316
안 네스(Arne Naess) 110
안경 212
안봉자 301
안세현 265, 266
안전지대 18
안희선 265, 300
알레고리 126
알마티 46
알콩달콩 삼순이네 가족 307
애매성 193
애매성(ambiguity) 170
애착 14, 39
앨버타 244
앨버타주 244
앰비규티 190
야만, 혹은 야만의 이름으로 304
약속 136
양가성 196
양정순 120, 121
양지로만 흐르는 강 299
어느 가을날 177
어니스트 칼렌버그(Ernest Callenbach) 105

어떤 약속 307
어머니 299
어머니의 뜰 280, 308
어머니의 언어 185
어미 136
어윤순 277, 278, 303
어제는 나를 찾아 강물이 되고 301
억압과 망각 그리고 디아스포라 319
언어예술 71
언어장벽 256
얼 TV www.alltv.ca 271
얼굴 없는 나르시스 279, 303, 306
얼음꽃문학 262, 265
업녀 303
에드먼턴 259
에드먼턴한인얼음꽃문학회 240, 265, 302, 305
에드워드 렐프(Edward Relph) 16
에로스(eros) 191
에로스와 문명 191
에릭슨(Erik Erikson) 85
에밀리아를 부르면서 300
에세이문학 306
에코토피아(ecotopia) 90, 101
여동원 307
여보세요 여기 캐나다예요 308
여행 41, 50, 62
여행시 149

여행자   41
연   286, 304
연경혜   120
연세대학교 동서문제연구원   311
연속무늬 지우기   304
연아 마틴(Yonah Martin)   255
연해주   14
열등감   23
열린문학   300, 301
염화불화탄소   95
영도   74
영랑문학상   302
영성   167
영성주의   111
영역   17
영장류 출입금지   90, 301
영장류 출입금지-숲의 전설 2   100
영주권자   30
영토   45
예르나   53
예술가   50
예술사조   60
예지문학회   119
오로라   221
오봉완   120, 121, 160
오월이 오면   142
오이소박이   302

오정혜   320
오존   95
오존층   95
오타와(Ottawa)   249
오혜정   265, 266
온실가스   96
온천시조문학상 특별금상   302
온타리오   244
온타리오 호숫가에서   306
외국어   25
외부자   26
외씨버선길   308
요나콤플렉스(Jonah complex)   184
욕망의 지평   303
우리 집에 온 손님   138
우리 할머니는 아티스트   142
우리의 만찬   279
우슈또베   19
우울증   87
우주의 디자이너   222
우즈베크인   37
우즈베키스탄   15
우즈벡어   44
우치(愚癡)   81
워싱턴 DC   165
워털루   259
원동   34

원옥재　308
원죄의식　99
원주희　266
원체험　17
원초아(id)　232
월간문학　135, 300
월드인캐나다　271
웨스턴(Western)　250
웰링턴(Waterloo · Wellington)　259
위대한 자유의 부자유　301
위로의 서신 한 장　142
위안부　161
위태로운 춤　220
윈-윈(win-win)　106
윈저(Windsor)　259
윌리엄 엠프슨(William Empson)　170, 193
유계화　285
유근실　120
유대감　39
유랑자　51
유령의 집　304
유리거울　82
유명한 무명시인　301
유목민　51
유미리　316
유병옥　301
유색인　23

유선모　319
유선준　114, 120
유월의 홀씨　174
유인형　308
유일한　144
유진원　266
유쾌한 결혼식　303
육길원　114
육춘강　120, 121
윤덕현　271
윤동주　81, 229
윤리의식　90, 101
윤석빈　120, 121
윤용덕　269
윤인진　44, 280
율격　211
융합　71, 115, 133
은빛 세상　74
은총으로 살아가게 하소서　168
음수율　211
음유시인　50
응시　231
이 거리에서　79
이 스따니슬라브　16, 27
이국땅　18
이데올로기　102
이동　50, 63, 66

이동렬　279
이동하·정효구　319
이명자　286, 304
이명재　319
이미지　184, 199
이미혜　122, 138
이민 2세의 사랑연습　303
이민 카테고리(category)　253
이민길1　300
이민길2　300
이민낙서　307
이민문학　240, 309
이민문학론　288
이민문학의 역사성　309
이민전화　308
이민파티　278
이민파티 그 후　303
이방인　26, 192
이방인의 노래　300
이병수　309
이분법　100
이산과 이주 그리고 한국현대소설　320
이산문학　273, 280
이산자아　24
이산화탄소　96
이상묵　300
이상향　105

이상화　25
이석순　121
이석현　288, 299
이수지　121, 122, 135
이슬람 근본주의　131
이승만　309
이승신　255
이야기시(narrative poem)　152
이양지　316
이여근　117, 122, 124, 159
이역 하늘 아래서　299
이영　120
이영미　320
이영석　122, 138
이영식　269, 272
이영철　309
이원배　305
이유식　265, 266, 300, 309
이인범　121
이장성　271
이종학　277, 303, 305
이주　14
이주민　24, 42
이주조선인　26
이주하는 인류　42
이중정체성　283
이진종　266

이차희 121
이창래 144
이처럼 함께 301
이충렬 309
이태선 120
이태영 114, 121
이-푸 투안(Yi-Fu Tuan) 21
이해영 320
이해인 205
이현희 121
이혜정 121, 142
이회성 316
이효섭 121
이희라 266
익숙함 32
인간 공동체 16
인간중심주의 100
인디언 132
인본주의 16
인본주의 지리학 16
인생에 실패는 없다 다만
　　또 다른 삶이 있을 뿐이다 307
인쇄매체 77
인종 115
인종 모자이크 135
인종 용광로 135
인종의 용광로 115

인종주의 116
인터넷 164
인터넷 신문 271
일간지 268
일상생활 32
일요신문 270
일용 노동자 35
일제강점 30
일제강점기 14
임진희 319
임채완 319
입맛 77
잊어버린 이름인데 151

(ㅈ)

자궁 102
자기부정 85
자기실현(self realization) 111
자기완성 88
자본주의 94
자아 191
자아 성찰 229
자아 탐구 229
자아(ego) 232
자아성찰 82
자아의식 85
자아통합 88

자연환경　91
자외선　95
자유무역협정(FTA)　237
자유시　204
자작나무의 하루　176
자크 아탈리(Jacques Attali)　41, 49, 311
자화상　78
작살포　54
작은 행복　157
작품성　71
잔칫집과 같은 교회　300
장 아메리(Jean Améry)　86
장거리 민족주의(long distance nationalism)　321
장명길　277, 278, 285, 304
장석환　300
장소　14
장소감　22
장소경험　39
장소상실　16
장영은　120
장정숙　280, 308
장편소설　145
재러한인　43
재미한인　164
재미한인 디아스포라 시문학연구　319
재미한인문단　144

재미한인문학연구　319
재미한인시　144
재스퍼 국립공원(Jasper National Park)　252
재외국민참정권법　164
재외동포문학상　126
재외한인문학　16, 242
재외한인작가연구　319
재일 디아스포라문학　319
재일디아스포라 문학선집　318
재일한인작가　316
저무는 날의 사색　302
적응전략　36
전달문　144
전마리아　302
전정우　303, 306
전통어　275
절망　88
젊은 화가의 사랑　305
정 노인의 사랑　125
정강석　114
정덕준　319
정보화　256
정오의 그림자　308
정은경　319
정은희　120, 158
정종진　117, 122
정주　63

색인　343

정주성   41
정진형   305
정창수   114, 117, 120, 151
정체성   22
정화미   114, 121
정희자   120, 121
제 그림자 죽이기   304
제휴(affiliation)   289
조국   37
조규익   318, 319
조선인   42
조선족 소설의 틀과 결   320
조성준   255
조용옥   302
조정대   300, 308
조준상   270
조혜미   301
조화   101
조희자   120, 121, 140
존 그레이(John Gray)   187
죄의식   99, 101
죄책감   232
주간지   268
주거지   42
주류문화   282
주류사회   36, 124
주변성   289

주변인   18
주변화   282
주부백일장   114
주요한   144
주제의식   125
주체의식   18
죽은 여인이 보낸 키스   278
중국 조선족 디아스포라 문학   319
중국 조선족 사회사와 장편소설   320
중국어   273
중국조선족   316
중국조선족 문학의 어제와 오늘   319
중국조선족 시문학 연구   320
중국조선족 시문학의 변화양상 연구   320
중상류층   36
중앙아시아   20
중앙아시아 고려인 디아스포라 문학   319
중앙아시아지역   14, 15
지울 수 없는 그림자   300
진실   136
진에瞋恚   81
진정한 장소감   22
질그릇 같은 나에게도   300

(ㅊ)

차덕선   120
차별   24, 34

차별화　118
차학경　315
참여문학　302
참여의식　40
참정권　40
참회록　229
창작언어　43
창조문예　124, 160
채수경　120
채팀　259
책임의식　99
천국의 뼈에로　303
천산　20
천산에 올라　17
철새를 기다리며　126
첨단산업　95
청고개를 넘으면　307
청동거울 속의 하늘　301
청산아 왜 말이 없느냐　307
청천하늘에 잔별도 많고　307
청춘이란 어떤 기간이 아니라
　　　　　마음가짐을 뜻한다　142
체류지　25
초당　144
초록 대화　102, 104
초록비타민의 서러움 혹은　301
초록빛 먼 지평선에　308

초자아(super-ego)　232
촉각 이미지　198
촉각적　199
최광력　266
최국환　120, 121
최금란　308
최미정　319
최백산　144
최병우　320
최상숙　120, 121
최상준　120
최석　16, 30
최순봉　117, 120, 121, 139
최옥연　120
최인선　122
최필원　304
추석　37
출국증명서　51
출발은 페쉬아와　130
출산율　40
출신국　115
춤추는 포크와 나이프　303
치유　192
친구여 길 떠날까　215
친밀감　28
침대열차　51

（ㅋ）

카자흐스탄　15
카자흐어　43
카잔역　51, 52
칼 융(Carl Gustav Jung)　183
캐나다　90, 236
캐나다 밴쿠버 조선일보　268
캐나다 밴쿠버 중앙일보　268
캐나다 우먼파워　270
캐나다 조선일보　264
캐나다 한국인　269
캐나다 한국일보　263, 268
캐나다경제신문　270
캐나다문학　240, 262, 289
캐나다에 심은 조선호박　306
캐나다에서 온 편지　308
캐나다연구　311
캐나다연구센터　311
캐나다의 문화와 사회　310
캐나다한국문인협회(Korean Writer's Association of Canada)　239, 264
캐나다한글학교연합회　259
캐나다한인　243
캐나다한인 문학연구　310, 319
캐나다한인문인협회　239
캐나다한인문학가협회　305
캐나다헤럴드　268

캐나디언의 문협(Canadian Authors Association, Burnaby writers Society)　265
캐릭터　138
캐시 송　315
캘거리　259
캘거리한인문인협회　240, 265, 300, 305
커피머니메이커　308
케빈 챙과 장갑태 씨　135
케이 토론토(K_Toronto)　272
켄트(Chatham · Kent)　259
코로나블루　87
코리안 디아스포라　44
코스타리카에 핀 물망초　129, 132
콤플렉스　23
콩트　126
쾌락원칙을 넘어서　191
퀘벡　244
퀘벡주　244
크로노토프　67
크로스오버(crossover)　71
크리스챤 월드　269
키예프　51
키예프행　52
킹스턴(Kingston)　259

(ㅌ)

타나토스(thanatos)　191
타는 목마름으로　306
타인지향적　204
타자화　85
타지키스탄　43
타향　26
탈레반　131
탈북자　132
탈영토화　60
탈장르화　71
탐욕貪慾　81
탐진치貪瞋癡　81
태레사 현(현태리)　302
태아　101, 102
태아-파종일기　101
태아가 보이는 세상　303
테임즈강변에서 달빛사냥　301
테크놀로지　110
텔레비전　94
톈산 산맥 아래에서　31
토론토 교차로　269
토론토 기독교 방송　272
토론토 중앙일보　264, 268
토론토대학　293
토론토에서 히말라야 고산족
　　　　　　　마을을 따라　308

통문화성(cross-cultural)　133
통합(integration)　282
트라우마　18
트랜스내셔널리즘
　　　(trans-nationalism)　132, 317
트랜스내셔널리즘과 재외한인문학　319
티알캐나다(TR Canada)　272

(ㅍ)

파라과이　238, 248
파란 숨소리　129, 132
파랑날개 물고기　301
파생(filiation)　289
파키스탄　131, 132
판문점에서의 차 한 잔　302
패러디(parody)　208
패러디시　205
퍼포먼스　80
페르소나(persona)　203
펜데믹　87
평론　143
평론가　144
평안의 텃밭을 만든다 2　231
평화　101
평화를 향해 철마는 달린다　302
포경선　54
포스트모더니즘　71

포식자　99
포용　101
폭삭 속았수다　308
폴과 제이슨　286
폴란드어　273
푸르게 걸어가는 길　302
푸른 덫　304
풀의 기원　278, 304
풍문에 의하면-숲의 전설 3　105
퓨전(fusion)　71
프란츠 파농(Frantz Omar Fanon)　23
프레드릭턴(Fredericton)　259
프레온가스(freon gas)　95
프레이저 밸리(Fraser Valley)　259
프로이트(Sigmund Freud)　183
프리츠 파펜하임(Fritz Pappenheim)　85
프린스 에드워드 아일랜드
　　　(Prince Edward Island)주　259
피고　91
피의 충동　277
피터 소머빌(Peter Sommerville)　25
피터보로(Peterborough)　259
피해자　97, 99

(ㅎ)
하나로 천을 따는 승리자　142
하얀 카네이션　304

하이쿠　210
하이퍼노마드　50
한밤의 전화벨소리　305
한 얼굴이 있습니다　198
한-캐 무비자 협정　249
한국계 미국여성문학　319
한국계 미국 작가론　319
한국문인협회 미주지회　156
한국문인협회 캐나다 밴쿠버지부　239
한국문학번역원　324
한국소설　304
한국수필　135, 308
한국신문　128
한국어　27, 273
한국어학교(한글학교)　294
한국에서의 소년시절　144
한국인　15, 38
한국전쟁　236
한국캐나다학회　311
한류(Hallyu)　293
한미문학전집 1　318
한민족　34
한민족디아스포라문학　319
한민족문학사 1, 2　319
한민족문화권의 문학　319
한반도　14
한상영　305, 309

한순자　307
한용운　170
한인문단　239
한인문학　124
한인문학대사전　318
한인문화와 트랜스네이션　320
한인사회　254
한인순　121
한정동 아동문학상　299
한진의 삶과 문학　319
한카문학　262, 264
한태석　121
한하운 문학상　302
해밀턴(Hamilton)　259
해방 60주년의 점심식사　33
해방전 재미한인 이민문학　318
해방전 재미한인 이민문학 1　319
해외동포문학상　124
해체　39
행복이라는 이름의 여행　307
향기가 들리는 마을　307
허무주의　85
허영애　121
허정자　117, 121, 141
헬렌의 시간　58
현대문학　144
현대시 이해　309

현대언어협회　292
현월　316
혈통　38
형　286
호모 노마드　41
호박등이 켜진 하얀 벽돌집　303
호세 알만도　125
호세 알만도의 별자리　124
혼란의 순간들　304
혼성　70
혼종성　289
혼종성(hybridity)　71, 133
혼혈문학　289
홀레브　33
홍마가　120
홍민자　114, 122
홍성인　270
홍정희　301
홍진희　122, 138
홍춘식　304
홍현승　305, 309
화물선　46, 48, 49
화의畵意　71
화자　36, 82
화제　70
화해와 상생의 탈출구로서의
　　　　　지구촌 문학　145

환경주의　110
황송문　320
황영애　144
황폐화　44, 49
회사원이 되기까지　137
흐르는 별무리　308
흐르는 세월을 붙들고　307
흐름　172
흔들렸던 터전 위에　308
희곡　143

【작가연보】

송명희(宋明姬)

부경대학교 명예교수, 〈달맞이언덕인문학포럼〉과 〈문학예술치료학회〉 회장으로 있으며, 〈한국문학이론과비평학회〉 회장, 〈한국언어문학교육학회〉 회장, 〈부경대학교 인문사회과학연구소〉 소장, 〈해운대포럼〉 회장, 〈달맞이언덕축제 운영위원장〉, 〈사진단체 중강〉 회장을 역임했다.
1980년 『현대문학』을 통해 문학평론가로 등단한 이래 50여 권이 넘는 저서를 발간했으며, 마르퀴즈 후즈후 세계인명사전(2010)에 등재되었다.

문화체육관광부 우수학술도서에 『타자의 서사학』(푸른사상, 2004), 『젠더와 권력 그리고 몸』(푸른사상, 2007), 『페미니즘 비평』(한국문화사, 2012), 『인문학자 노년을 성찰하다』(푸른사상, 2012), **대한민국학술원 우수학술도서**에 『미주지역한인문학의 어제와 오늘』(한국문화사, 2010), 『트랜스내셔널리즘과 재외한인문학』(지식과교양, 2017), **세종우수도서(학술부문)**에 『다시 살아나라, 김명순』(지식과교양, 2019) 등이 선정되었다.

단행본 저서에 『여성해방과 문학』(지평, 1988), 『문학과 성의 이데올로기』(새미, 1994), 『이광수의 민족주의와 페미니즘』(국학자료원, 1997), 『탈중심의 시학』(새미, 1998), 『섹슈얼리티·젠더·페미니즘』(푸른사상, 2000), 『현대소설의 이론과 분석』(푸른사상, 2006), 『디지털시대의 수필 쓰기와 읽기』(푸른사상, 2006), 『시 읽기는 행복하다』(박문사, 2009), 『소설서사와 영상서사』(푸른사상, 2010), 『여성과 남성에 대해 생각한다』(푸른사상, 2010), 『수필학의 이론과 비평』(푸른사상, 2014), 『페미니스트 나혜석을 해부하다』(지식과교양, 2015), 『에세이로 인문학을 읽다』(수필과비평, 2016) 『캐나다한인문학연구』(지식과교양, 2016), 『한국문학의 담론 분석』(한국문화사, 2016), 『트랜스내셔널리즘과 재외한인문학』(지식과교양, 2017), 『문학을 읽는 몇 가지 코드』(한국문화사, 2017), 『치유 코드로 소설을 읽다』(지식과교양, 2019), 『소설의 텍스트와 콘텍스트』(지식과교양, 2022), 『김일엽의 문학과 사상』(지식과교양, 2022)이 있다.

편저에 『페미니즘 정전읽기1, 2』(푸른사상, 2002), 『이양하수필전집』(현대문학, 2009), 『김명순 작품집』(지만지, 2008), 『김명순 소설집 외로운 사람들』(한국문화사, 2011), 『김명순 단편집』(지만지, 2011)이 있다.

공저에 『여성의 눈으로 읽는 문화』(새미, 1997), 『페미니즘과 우리시대의 성담론』(새미, 1998), 『페미니스트, 남성을 말한다』(푸른사상, 2000), 『우리 이혼할까요』(푸른사상, 2003), 『한국현대문학사』(현대문학, 2002), 『한국현대문학사』(집문당, 2004), 『부산시민을 위한 근대인물사』(선인, 2004), 『나혜석 한국근대사를 거닐다』(푸른사상, 2011), 『박화성, 한국문학사를 관통하다』(푸른사상, 2013), 『배리어프리 화면해설 글쓰기』(지식과교양, 2017), 『여성과 문학』(월인, 2018), 『재외한인문학 예술과 치료』(지식과교양, 2018)이 있다.

시집에 『우리는 서로에게 가는 길을 잃어버렸다』(푸른사상, 2002), 『카프카를 읽는 아침』(푸른사상, 2020)
에세이집에 『여자의 가슴에 부는 바람』(일념, 1991), 『나는 이런 남자가 좋다』(푸른사상, 2002), 『인문학의 오솔길을 걷다』(푸른사상, 2014), 『트렌드를 읽으면 세상이 보인다』(푸른사상, 2021)가 있다.

수상에 〈한국비평문학상〉(1994), 〈봉생문화상〉(1998), 이주홍문학상(2002), 〈부경대학교 학술상〉(2002), 〈부경대학교 교수우수업적상〉(2008, 2010), 〈신곡문학상 대상〉(2013), 〈부경대학교 우수연구상〉(2013), 〈펜문학상 평론부문〉(2019)을 수상했다.